도덕교육연구시리즈 01

도덕과교육론

박대호 · 이재호

교육과학사

머리말

'도덕과교육론'이라는 제목이 달린 이 책은 장차 도덕과 수업을 담당할 예비교사와 현재 도덕과 수업을 담당하고 있는 교사의 공부에 도움이 될 만한 교재를 제공하려는 목적에서 집필되었다. 이러한 집필 목적을 보고 어떤 독자는 '도덕과 수업'이라는 말에 특별히 주목하면서, 이 책에는 도덕과 수업에 실질적인 도움을 제공하는, 이른바 '실제적 지침'이 담겨있으리라 생각하는 사람이 있을지 모른다. 아쉽지만 이 책은 독자의 그 기대에 부응하지 못했다는 점을 미리 밝혀둔다. 저자의 관심과 노력은 주로 도덕과교육의 '이론적 문제'를 제시하고 거기에 대한 나름의 해답을 모색하는 데 집중되어 있다. 나아가 이 책은, 입문서로서의 성격이 강한 책이 흔히 중립적 관점을 취하는 경향을 보이는 것과는 달리, 전체적으로 일관된 기조를 유지하고 있으며, 그만큼 뚜렷한 관점에서 집필되었다.

이 책을 관통하고 있는 저자의 관점은 한 가지 문제의식에 토대를 두고 있다. 역사적으로 독자적인 노선을 걸어온 윤리학과 도덕심리학의 연구 결과가 도덕과교육에 적용되어야 한다는 생각, 그리하여 도덕과교육은 그 두 학문이 일방적으로 적용되는 처방의 대상이라는 생각이 바로 그 문제의식을 나타낸다. 이러한 발상이 도덕과교육의 학문적 성격에 관한 한 일종의 통념으로 자리 잡아 왔다는 점은 주지의 사실이다. 그러나 이러한 통념의 기저에는, 논리상 도덕과교육이라는 것은 윤리학과 도덕심리학의 연구가 종결된 이후에라야 비로소 가능하다는 다소 상식에 어긋나는 전제가 깔려있다. 과연 그 소기의 성과를 이루었는가의 여부는 독자의 판단에 맡길 수밖에 없겠지만, 이 책에서 저자는 선뜻 수용하기 어려운 저 그릇된 전제의 교정을 직접 겨냥하고 있다. 이 책에 등장하는 '도덕과교육학의 정립'은 이 문제에 대한 저자의 관점을 압축적으로 표현하고 있다.

여기에 이어, 이 책의 기획과 관련한 한 가지를 덧붙이고자 한다. 한 서양 철학자는 「교육은 자기교육이다」라는 제목의 강연을 한 적이 있다고 한다. 그 철학자의 구체적인 생각이 무엇이었는가와는 상관없이, 저자는 이 책을 집필하면서 저 말을 한 번도 잊은 적이 없다. '古之學者爲己 今之學者爲人'(옛날의 공부는 자신을 위한 것이었는데, 오늘날의 공부는 남을 위한 것이다)이라는 말은 저자의 마음가짐을 약간 다른 방식으로 표현하고 있다. 실지로 교육이론을 공부하는 사람들 가운데는 그 공부가 오로지 '학생을 위한 것'이요, 그리하여 '남을 위한 것'이라고 생각하는 사람이 있을지도 모른다. 그러나 그것은 서양 사람들이 '황금률'이라고 부르는 공자의 '己所不欲 勿施於人'(자신이 하고 싶지 않은 일은 남에게 시키지 말라)이라는 도덕률, 그것도 가장 기본적인 도덕률을 위배하는 것이다. 이러한 자기 모순을 저지르지 않으려면, 교육이론을 공부하는 사람은 자신의 공부가 교육받는 사람에게 일어나야 할 변화, 한마디로 말하여 심성함양을 경험하는 과정이라는 점을 받아들이지 않으면 안 된다. 그리고 이 점은 '도덕과교육론'에 관한 글을 쓰는 사람에게도 그대로 적용된다고 보아야 하며, 그리하여 이 책은 저자 자신의 자기교육의 과정이라고 말해도 무방하다.

그러나 물론, '교육은 자기교육이다'라는 말의 실현을 위해서는 이 책이 그 말에 부합하는 정도의 '정신'을 담고 있지 않으면 안 된다. 저자가 도덕과교육의 다양한 이론적 문제와 함께 권위 있는 학자들의 저작을 취급하면서도 그것을 중립적인 관점에서 다루지 않고 일관된 기조를 유지하려고 한 것은 이상의 사정 때문이다. 그러나 현실이라는 것은 언제나 이상에 미달하며, 따라서 저자의 바람도 현실이 겪는 문제를 반복할 수밖에 없다. '문자를 통한 정신의 전달'이라는 것이 얼마나 어려운 일인지를 절감하고 있는 저자가 지금의 시점에서 그나마 할 수 있는 일은 이 책에 들어 있는 문자들이 하나의 일관된 정신으로 꿰뚫어져 있기를 바라는 것뿐이다.

이 책을 이루는 상당 부분의 내용은 학술지에 연구논문의 형태로 발표된 것이다. 저자는 여기저기에 흩어져 있던 글을 '도덕과교육론'이라는 주제에 부합하도록 수정하고 보완하는 일, 또 부족한 부분에 있어서는 새롭게 글을 쓰는 일을 하였다. 이 책의 미주에 연구논문의 출처가 밝혀져 있으니 참고하기 바란다. 비록 저자가 명확한 문제의식을 가지고 출간을 준비하였지만, 이 책은 '도덕과교육학의 정립'이라는 아이디어의 예비적 논의에 그친다고 말할 수 있을 정도로 보완의 여지를 남기고 있다. 저자는 향후 더 보완된 책이 출간될 수 있도록, 나아가 도덕과교육학의 이론적, 실제적 연구 성과가 가능한 한 일관된 정신을 반영하여 시리즈의 형태로 출간될 수 있도록 부단히 정진하겠다.

무엇보다도 저자가 지적 탐구의 여정에 입문하여 지금까지 공부하는 삶에 헌신하는 데 결정적인 영향을 주신 林炳德 선생님(한국교원대학교 명예교수)께 깊은 감사의 마음을 드린다. 사실 이 책 전체에 걸쳐 일관되게 흐르고 있는 정신의 원천은 전적으로 선생님의 학문 세계와 앎과 삶의 지평에 맞닿아 있다. 한없이 부족한 저자는 이 책을 통해 그 정신의 원천을 조금이라도 계승할 수 있기를 간절히 바라고 있지만, 도리어 선생님께 누가 되지 않을까 걱정스럽다. 끝으로, 어려운 출판 여건에도 불구하고 독자와 만날 수 있는 소중한 기회를 허락해 주신 교육과학사의 한정주 대표님, 이정호 편집실장님, 그리고 서보운 과장님께도 깊은 감사의 마음을 드린다.

2025년 새해

朴大虎, 李在浩

목차

제1장

도덕과교육의 이해

도덕과교육은 도덕을 한 개인의 삶의 원리로 받아들이도록 이끄는 일이요, '인간다운 삶'을 살아갈 수 있도록 하는 일이다. 도덕이 인간의 활동 일체와 관련을 맺고 그것을 규제한다는 사실을 인정하면, 도덕과교육은 인간다운 삶을 살아가기 위해서는 반드시 요구되는 일이라고 보아야 할 것이다. 물론, 도덕교육은 생활을 통해서도 이루어진다고 보아야 하는 만큼, '도덕과교육의 정체성', '인성교육과 도덕과교육의 관련성', '도덕과교육의 성격' 문제는 별도의 상세한 고찰이 필요하다.

이상의 문제를 본격적으로 고찰하기에 앞서, 도덕과교육의 목적과 실천 간의 관계를 문제삼을 필요가 있다. 일반적으로 그 관계는 도덕과교육의 목적으로서의 인성(혹은 도덕성)이 이미 목록의 형태로 명문화되어 있고, 그것을 위한 실천은 그 규정을 전달한다는 식으로 이해된다. 그러나 인성(혹은 도덕성)을 그것의 실현을 위한 도덕과교육의 실천과 무관하게, 또는 그것에 앞서서 규정할 수 있다고 생각하는 것은 그것의 온전한 의미를 드러내기에 적합하지 않을 뿐만 아니라, 도덕과교육의 실천이 갖는 의미와 가치를 격하시키는 태도이다. 이 장에서는 양자의 바람직한 관련이라는 기초적 문제의식을 바탕으로 하여, 위의 세 가지 문제에 대한 응답을 시도한다.

1. 도덕과교육의 정체성

도덕과교육의 정체성 문제를 염두에 둘 때 자연스럽게 제기되는 것은 도덕교육에서 가장 근본적이고 핵심적인 주제에 해당하는 '지식과 행동의 관련 문제'이다. 지식을 배우면 행동으로 올바로 실천한다는 '지행합일'(知行合一)과 지식을 배워도 행동으로 올바로 실천하지 않는다는 '지행괴리'(知行乖離)로 명명되어 온 두 입장은 도덕교육에 관한 논의에서 동서고금을 막론하고 끊임없이 제기되어 왔다. 이 사실에 비추어 보면, 양자의 관련 문제는 도덕과 수업의 성격을 비롯하여 그것의 정체성 문제와 밀접한 관련을 맺고 있다는 생각을 가능하게 한다.[1)]

사실을 두고 말하자면 여타의 교과들과 비슷한 상황임에도 불구하고, 특별히 도덕 교과는 '실효성 물음'에 관한 한 자유롭지 못한 실정에 처해 있다고 말해도 과언이 아니다. 그 이유는 도덕과 수업이 올바른 행동을 '보장할 수 없다'는 입장이 강한 통념으로 작용하고 있기 때문으로 이해된다. 이러한 통념은 도덕과교육의 무용론까지는 아니더라도 도덕 교과에 대한 부정적 시각의 확산에 적지 않은 영향을 미치고 있다고 볼 수 있다.

그렇다면, 도덕적 지식을 통해 학생의 마음의 핵심부를 울리고 학생의 행동을 변화시키는 일은 요원한 일인가? 우리 사회에는 도덕과 수업을 체계적으로 배우지 않고도 도덕적 존경의 대상이 되는 '관례인'과 더불어, 지식과 덕이 분리되지 않은 삶, 달리 말하면 앎과 삶이 분리되지 않도록 살기 위하여 묵묵히 노력하는 '지식인'도 있다. 생각해 볼 점은 이 양자의 심성이 표현된 상태, 즉 그들의 행동이 서로 다르다고 보기가 어렵다는 것이다. 이 점에서 교과를 통한 도덕교육과 생활을 통한 도덕교육은 상이한 방향에서 훌륭한 인간을 형성하는 데 기여하고 있다고 보아야 한다.

문제는 도덕교육을 오로지 가시적 성과, 실용적 가치에 입각하여 실효성을 의심하는, 사람들의 마음에 뿌리 깊게 닿아있는 생각이다. 이는 도덕교육에 대한 근본적 차원에서의 사람들의 인식 전환이 있지 않은 한 해결하기 쉽지 않은 문제이다. 이러한 상황에서 도덕과교육의 정체성 문제와 관련하여 '할 수 있는' 일은 도덕과교육을 부정하려는 시도가 왜 문제인지를 심도 있게 밝히고, 그 문제를 극복하기 위하여 도덕과교육은 어떠한 노력을 기울여야 하는가에 대한 과제를 제시하는 것이다.

이를 염두에 두고, 이 절에서는 도덕교육에 관한 종래의 지배적인 사고를 크게 두 가지, 즉 이해 없는 행동의 입장에 해당하는 '단순 모형'과 경험적 마음으로서의 이해를 강조하는 '확대 모형'[2]으로 명명하고 양자의 특징과 한계를 살펴본 후 대안적 관점－해석학적 마음으로서의 이해를 강조하는 '심화 모형'－을 제시해 보겠다.

이해 없는 행동: 단순 모형

도덕은 '인간의 행동을 기술하고 규제하는 원리'[3)]로서 인간의 행동에 예외를 두지 않고 적용된다. 누구라도 인정하는 바와 같이, 사회적 존재로서의 인간은 스스로가 의식하는가의 여부와는 무관하게 도덕을 받아들이고 실천하고 있으며, 이 점에서 도덕은 모든 사람에게 공히 적용되는 보편적 관심사이다. 그러나 이러한 사정과는 완전히 별개의 문제라도 되는 듯이, 도덕과교육은 교육과정이 개정될 때마다 '정체성 확립'을 강조해 왔다. 물론, 도덕교육의 중요성을 크게 강조하면서도 도덕과의 시수를 2시간에서 1시간으로 축소한 제6차 교육과정기(1992년 6월 고시)를 떠올리면, 그 표현은 충분히 이해할 만하다.

도덕교육의 강조라는 본래의 의도를 비켜 가는 듯한 이상의 조치 이면에는 다음과 같은 생각이 전제된 것으로 보인다. 첫째, 도덕적 지식을 아는 것이 중요한 것이 아니라 그것을 행동으로 실천하는 '능력'이 중요하며, 도덕과교육은 그 능력을 키우는 데 역부족이다. 둘째, 학생들은 일상생활을 통하여 도덕적 지식의 의미를 상당한 정도로 알고 있으며, 따라서 이미 알고 있는 내용을 교사가 재생하고 확인시키는 것은 불필요하다. 차라리 몸소 실천하면서 인성을 함양하는 것이 교육의 효과를 극대화하는 방안이 된다.

위의 두 가지 생각은 일상적 행동에 초점을 두고 있으면서 도덕적 지식의 전달을 핵심 과업으로 하는 도덕과 수업을 존중하지 않는다. 아닌 게 아니라, 실천을 일방적으로 강조하는 관점, 혹은 '생활을 통한 도덕교육'만으로도 충분하다는 견해는 도덕적 지식을 통하여 심성을 함양하는 것이 학생 자신의 삶과 어떤 관련을 맺고 있는가에 대한 '성찰'의 기회를 원천적으로 봉쇄하고 만다. 이 입장은 '이해'의 문제를 소홀히 취급하거나 아예 도외시하고 있다는 점에서, 이른바 '이해 없는 행동'의 입장을 견지하고 있다. 이해와 행동 사이의 단절을 기정사실화한 상태에서 도덕교육을 강조하는 이 입장은 '단순 모형'에 해당한다.

단순 모형에서는, '이해 없는 행동'이라는 말에 시사되어 있듯이, 도덕에 대한 이론적 관심을 가르칠 필요가 없다고 생각하는 것이다. 그러나 그 생각이 타당한지는 여전히 의문이다. 도덕적 사고의 이론적 기반에 해당하는 서양의 '윤리학'(倫理學), 그리고 우리의 학문적 전통으로서의 '심성론'(心性論)과 '수양론'(修養論)이 엄연히 오늘날까지 이어오고 있는 이상, 오로지 실용적 가치, 지식의 실천 여부, 가시적 성과 등 외재적 조건에 비추어서 교과를 축소하거나 폐지할 경우, 우리는 귀중한 교육적 유산으로서의 정신세계 일부를 학교교육에서 제외하게 되는 재앙과도 같은 결과를 초래하게 된다.

경험적 마음으로서의 이해: 확대 모형

그동안 도덕 교과는 지행의 괴리라는 난제를 해소하는 방안으로, 종래의 지식 위주의 방식과는 다른 적극적인 교육적 처방에 관심을 기울여 왔다. 그 대표적인 사례로, 도덕적 지식을 이해하는 것도 필요하지만 그것만으로는 올바른 행동을 유발하는 데 한계가 있다고 판단하여, 도덕과 수업에서 '정서교육', '행동교육', 또는 실천 의지를 다지기 위한 별도의 '의지교육'을 위한 활동을 강조해 왔다. 이러한 교육적 처방에는 종래의 지식교육, 즉 이해 중심의 수업이 정서, 의지, 행동 등을 배제한 순전한 '인지적 활동'이라는 부정적인 시각이 전제되어 있다. 즉, 이해 중심의 수업이 지행의 괴리 문제를 해소하는 데 별다른 도움을 주지 못함으로써, 결과적으로는 실효성의 면에서 실패하였다는 것이다. 그러나 종래의 이해 중심의 수업이 지식교육을 가리키는 것은 사실이지만, 그것을 지식교육의 전부로 보아서는 안 된다.

오늘날 교육과 수업에 대하여 언급할 때 비판의 대상으로 자주 거론되는 것은 '지식교육', 즉 이해 중심의 수업이다.[4] 이해 중심의 수업으로 통칭 되는 지식교육은 덕목이나 행동의 도덕적 의미를 통념 혹은 상식 수준에서 파악하는 것을 '이해의 종결'로 한정한다는 데 그 특징이 있다. 앞서 언급하였듯이, 오늘날 도덕과 수업은 도덕적 지식의 의미를 이해하는 일 자체를 비판의 대상으로까지 보지는 않지만, 그것만으로는 부족하다는 문제의식에 기반하여, 도덕적 정서, 의지, 행동 등에 더욱 초점을 두어온 것이 사실이다.

위의 이해 중심의 수업에서와 같이, 이해를 도덕적 의미의 통념 혹은 상식 수준에서 파악하는 것은 이따금 부정조로 사람들의 입에 오르내리는 지식교육에서의 '지식'이라는 말이 가지는 의미를, 듀이(J. Dewey)의 표현을 빌려 말하자면, '이집트 고고학에 관한 지식만큼이나 무기력하고 비효과적인 지식'[5]으로 이해하는 것과 다르지 않다. 지식을 이렇게 이해하고 나면, 지식 위주 혹은 이해 위주의 수업만으로는 도덕과교육을 내실화하는 데 한계점에 봉착할 수밖에 없다는 주장이 설득력을 얻는 것은 당연하다.

한편, 최근까지도 도덕과교육의 방법론으로 특별히 주목받고 있는 '통합적 접근'은 인지, 정서, 의지, 행동을 모두 아우르려는 방법적 고려에서 등장했다는 점에서 대안적 안목의 가능성을 시사하고 있다. 통합적 접근의 시도는 그 자체로 매우 의미 있는 일이다. 그러나 지식과 이해의 성격에 관한 한, 이 접근에서는 도덕과 수업을 통하여 형성하고자 하는 '지식'의 의미와 그 가치 수준을 일상적 차원의 '행동'에 맞추고 있으며, 그리하여 인지, 정서, 행동이 동일한 차원에서 병렬관계를 이루는 것으로 파악되고 있다. 이 접근에서의 이해 역시 일상적 차원에서의 도덕의 의미를 '인지'하는 것으로 한정하고 있다는 데 그 특징이 있다. 요컨대 종래의 도덕과교육과 최근 주목받고 있는 통합적 접근이 공통으로 가정하고 있는 것은 '경험적 마음으로서의 이해'이다. 이러한 발상은 지식과 행동을 '직접적'으로 관련시킬 수 있는 적극적이고 현실적인 방안으로 연결된다. 물론, 현실적인 방안의 강구와 그것의 적용은 '행동'에 특별히 주목하도록 만드는 경향이 있고, 따라서 거기에서는 도덕적 지식의 이해가 자연스럽게 뒷전으로 물러나게 되는 문제가 제기되기도 한다는 점을 염두에 두어야 한다.

현행 도덕과교육은 통합적 접근의 아이디어를 받아들여 도덕적 지식의 이해를 출발점으로 하여 바람직한 규범을 실습·실연하고, 실천 의지(행동 의지)를 기르는 것까지를 도덕과교육의 과업으로 규정함으로써 이해와 행동 사이의 단절을 극복하기 위한 노력을 기울이고 있다. 이 입장은 경험적 마음으로서의 이해를 겨냥하는 사고방식으로 '확대 모형'에 해당한다. 그러나 확대 모형에는 정서와 행동을 위한 별도의 시간을 할애할 필요가 있다거나, 심지어는 학생의 기본생활 습관을 형성하기 위하여 몸으로 직접 활동해보는 것으로 도덕과 수업이 이루어져야 한다는 생각이 반영되어 있다.

요컨대 확대 모형은, 이해와 행동 사이의 단절, 즉 이해 없는 행동을 표방하고 있는 단순 모형과는 달리, 지식과 행동, 이해와 행동 사이의 연결고리를 핵심적인 문제로 삼고 있다. 그러나 이때의 이해는 구체적인 행동 사태 하나하나를 처방하는 데 요구되는 경험적 마음으로서의 이해에 초점을 두기 때문에, 도덕과 수업에서의 이해가 통념 수준에서의 논의로만 한정될 가능성이 크다. 이 경우에는 심성을 함양하고 그 심성이 행동으로 올바르게 표현되는 데 있어서 '이해'가 어떻게 작용하는지의 문제가 중요하게 취급되지 않는다. 이는 도덕적 지식을 이해한다는 것에 어떤 중요한 측면이 들어있고, 심성이 행동과 어떤 관련을 맺고 있는가를 설명하는 데 어려움이 따른다. 이 점에서 확대 모형은 보완의 여지를 남겨 두고 있다.

해석학적 마음으로서의 이해: 심화 모형

확대 모형은 이해 없는 행동을 표방하는 단순 모형의 한계를 극복하는 모형이라는 평가가 가능하며, 그리하여 겉으로 보기에는 도덕과교육의 정체성을 확보할 수 있을 만한 모형으로 평가받을 수 있을지도 모른다. 모르고 행동하는 것보다 알고 행동하는 것이 중요하다면 도덕과교육은 반드시 필요하다는 주장으로 자연스럽게 연결된다는 것이다. 그러나 사정은 완전히 반대이다. 확대 모형에서의 이해는 구체적인 행동 사태 하나하나를 처방하는 데 요구되는 경험적 마음으로서의 이해를 가리키는 만큼, 도덕과 수업에서와 같은 가치・덕목에 관한 심도 있는 대화는 무의미한 것이 되고 만다. 도덕적 지식에 관한 통념 수준의 이해만으로 충분하다면, 구태여 도덕과 수업을 통하여 도덕적 지식을 전달할 필요가 없다. 이 관점은 결국, 도덕과교육은 불필요하다는 결론으로 자연스럽게 연결된다.

그러나 지식과 행동을 '직접' 관련시키는 확대 모형의 발상은 애초부터 실현 불가능하다는 점을 지적하고자 한다. 지식과 행동의 직접적인 관련을 염두에 두면, 우리는 일상생활에서 마주치게 되는 일체의 도덕적 사태에 요구되는 도덕적 지식을 공부해야 한다. 그러나 일상생활의 도덕적 사태를 일일이 분석하여 가르칠 내용으로 정리한다는 것은 불가능에 가까우며, 설혹 그것이 가능하다고 하더라도 학생들에게 그 내용을 모두 가르치는 것은 불가능에 가까운 일이다. 나아가 그것을 가르칠 수 있고 또 가르친다고 해도 학생들이 도덕적 사태에 처하여 학교에서 배운 내용 가운데 그 사태에 가장 적합한 내용을 떠올릴 수 있는가의 여부는 전적으로 우연에 달린 문제이다. 이렇게 보면, 확대 모형은 비경제적일 뿐만 아니라 비현실적이다.

확대 모형의 한계를 넘어서기 위해서는 지식과 행동의 관련을 그것과는 다른 관점에서 바라볼 필요가 있다. 이 문제를 파악하는 데 '교육해석학'의 안목은 큰 도움을 제공한다.[6] 교육해석학은 해석학과 교육의 관련을 염두에 두고 해석학에서의 이해에 관한 통찰을 교육학의 입장에서 재조명하는 관점이다. 이 관점에 의하면, 도덕과 수업사태에서는 도덕적 지식의 이해의 문제가 누군가에 의해 이미 종결된 것으로 간주되는 것이 아니라 오히려 출발점으로 간주된다. 또한 도덕적 지식에 관한 통념 차원의 이해를 이해의 전부로 간주하지 않는다. 이 관점에서는 도덕적 지식을 대면하는 교사와 학생 간의 '살아있는 대화'에 의해 이해의 문제가 비로소 '정립'되는 것으로 바라본다.[7]

이 관점에 따르면, 이해가 종결된 사태라는 것은 사실상 있을 수 없으며, 실지로 존재하는 것은 '끊임없는 이해'뿐이다. 한 차시의 수업을 통하여 학생이 효에 대한 의미를 이해했다고 간주하고 효에 대한 애착, 효행을 실천하기 위한 의지가 순차적으로 이루어져야 한다는 입장에서 보면, 이때의 이해는 효에 대한 통념적 의미를 이해했다는 수준으로 그치고 만다. 그러나 도덕과 수업을 통하여 자신의 삶을 되돌아보고 반성하는 계기가 되기 위해서는 도덕적 지식을 가르치고 배우는 과정에서 언어가 교사와 학생의 심성, 사람됨의 요소와 부단한 관련을 맺을 수 있어야 한다. 실지로 존재하는 것은 끊임없는 이해뿐이라고 말할 때, 그 이해는 도덕적 지식이 머릿속에 입력된 수준이 아니라, 도덕적 지식이 마음의 한 부분을 이루게 되는 수준의 이해를 가리킨다.

일반적으로 이해는 위에서 말한 통념적 이해를 가리키는 것이며, 이 경우 이해는 '순환성'을 띠고 있다고 보기 어렵다. 예컨대, 협동을 '힘을 합쳐 문제를 해결하는 것'이라고 규정하고 그것의 의미가 종결되었다고 파악하는 것은 통념적 이해의 전형적인 사례이다. 반면, 교육해석학의 관점에는 이해의 '해석학적 순환'(hermeneutical circle)을 전제하고 있다. 특히, 이해의 인식론적 입장과 존재론적 입장을 종합한 해석학자로 잘 알려진 리쾨르(P. Ricoeur)의 삼중(三重)의 미메시스(Mimesis) 이론－전이해(MI), 이해(MII), 재이해(MIII)－에 따르면, 전이해는 이해를 통념적 틀, 통념적 가치에 비추어 이해하는 것이고, 이해는 텍스트 혹은 도덕적 지식을 기반으로 하여 본격적으로 이야기를 구성하는 과정이다. 재이해는 이야기 구성을 통하여 형성된 해석학적 마음의 이상태로서의 '깨달은 자아', '겸허한 자아'이며 그와 동시에, '실천적 지혜'가 최대한으로 발휘되어 자신의 삶, 자신의 행동에 투사하고 적용하는 상태이다.[8)]

이상의 다소 난해한 리쾨르의 설명은 도덕과 수업을 염두에 두고 다음과 같이 설명해도 좋을 것이다. '협동'에 관한 통념적 이해가 바로 전이해에 해당하며, 이해는 통념적 이해가 부정되는 상황에서 나타나는 현상이다. 재이해는 그 이해의 과정이 추구하고 지향하는 이상을 가리킨다. 즉, 교사는 '힘을 합쳐 문제를 해결하는 것'이라는 학생들의 통념을 확인하고 '우리 반 친구들이 모두 힘을 합쳐 한 사람을 괴롭히는 것'이 과연 협동인가 하는 질문을 던질 수 있고, 그런 식으로 교사와 학생은 협동에 관한 '결론 없는 이야기', 더 정확하게 말하여 '결론이 있을 수 없는 이야기'를 써 내려가는 것이다. 그 이야기의 과정에서 학생의 마음은 통념 수준의 이해를 넘어서는 이해에 도달하게 된다. 또한 '결론 없는'이라는 표현이 시사하듯이, 그 이해는 다시 통념적 이해(전이해)가 되고, 교사에 의하여 그것이 또다시 부정되는 식으로 그 이해는 끊임없이 '순환'하며, 그 순환은 재이해를 부단히 지향하고 추구한다. 해석학적 마음으로서의 이해, 해석학적 순환을 특징으로 하는 이해는 경험적 마음에 초점이 있는 것이 아니라 세계에 대한 이해, 세계에 대한 순수한 호기심과 열정을 배우며 살아가는 삶이 가치 있는 삶이라는 것을 깨닫는 마음 상태에 초점을 둔다. 그 마음 상태는 무한한 이상으로 나아가려고 하는 '열정의 상태'라고 말해도 좋을 것이다.[9)]

해석학적 마음이 도덕과 수업에 주는 시사점은, 교사와 학생은 도덕과 수업을 통하여 행동의 이면에 붙박여 있는 표현되기 이전 심성(기준)을 들추어내야 한다는 것이다. 그 과정에서 학생은 그 자신의 경험적 마음 이면에 들어있는 마음이 도덕적 지식의 이면에 들어있는 표현되기 이전의 마음, 기준으로서의 마음과 '교섭'하게 된다. 해석학적 마음으로서의 이해는 우리의 마음이 역동적이고 순환적인 도약의 과정을 밟도록 이끌어 주는 강력한 동인이다. 도덕과 수업은 표현되기 이전의 기준으로서의 마음을 학생 자신의 마음으로 받아들이면서, 또한 동시에 그러한 마음을 행동으로 표현하는 과정이다. 그러기 위해서는 교사와 학생 모두 교과서에 고정된 규칙, 지침, 저자의 의도를 넘어서서 '해석의 자유'를 누려야 한다. 도덕과 수업에서의 해석학적 마음으로서의 이해가 단지 경험적 마음에 그치지 않고 사람됨의 요소, 즉 온전한 심성을 위한 '형성 과정'을 고려한다는 점에서, 이 관점은 '심화 모형'에 해당한다.

심화 모형에 따르면, 도덕과 수업은 단순히 '사고와 언어'의 관계를 다루는 데 그치는 것이 아니라, 그것을 기반으로 하여 '언어와 사람'의 관계까지 다룬다. 또한 심화 모형은 교사와 학생의 마음 핵심부의 변화, 즉 '심성의 도약'을 직접적으로 겨냥한다. 인간의 끊임없는 사욕 추구가 지식과 인격(덕)을 분리하여 파악하는 데 부채질했다면, 지식에 '사람됨의 요소'가 분리 불가능한 상태로 들어있다는 사실을 가르칠 특별한 '제도적 장치'가 필요하다. 그것은 인간의 마음을 크고 아름답게 하는 교과 중의 교과, 바로 '도덕 교과'이다.

2. 인성교육과 도덕과교육

인성은 사람의 성품을 지칭하는 것으로서 개인의 사고와 태도 및 행동 특성을 총칭하는 규범적 의미를 담고 있는 개념이다.[10)]

인성이 규범적 의미를 담고 있다는 말은 그것이 우리의 삶을 인간다운 삶으로 만드는 데 결정적인 요인이라는 점과 관련되어 있다. 따라서 인성교육은 개인의 성품을 함양시키는 일, 즉 인성 함양에 목적이 있다. 인성의 규범적 의미를 여실하게 보여주는 이론은 성리학(性理學)의 인성론이다. '심은 성과 정을 포괄한다'(心統性情)는 말에 압축적으로 표현되어 있듯이, 심은 곧 심성을 의미한다. 심성은 인성과 상이한 용어이지만 동일한 의미를 내포하고 있는 개념이다.

그런데 최근 우리 사회는 이러한 교육적 믿음에 균열이 가고 있다고 말해도 과언이 아닐 정도로 인성의 의미와 가치가 왜곡되고 있다. 이를테면 일체의 교육활동에서 인성의 이상태(ideal state)에 대한 고려가 중요한 문제로 인식되어왔던 종래와는 달리, 인성 함양을 위한 다양한 접근 또는 별도의 특별한 교육적 조치를 강구해야 한다는 주장이 점점 설득력을 얻고 있다. 과거에 비해 증가하고 있는 범죄율, 패례와 패덕, 학교폭력 문제 등은 소위 '인성 부재 현상'에 그 원인을 두고 있기 때문이다. 이러한 진단은 문제를 즉각적으로 해결하기 위한 실질적이고 현실적인 처방으로서의 인성교육이 절박하게 요청된다는 대안적 관점으로 귀결된다. 어쩌면 상식인들 사이에서 즉각적이고 가시적인 성과를 바라는 조바심이 생긴 것은 매우 자연스럽고 당연한 현상처럼 보일 수 있다.

상식인들 사이에서 인성의 중요성과 인성교육의 필요성이 과거 어느 때보다도 많이 회자되고 있는 지금, 그리고 전향적(前向

的) 처방전의 성격을 띤 인성교육에 대한 관심이 더욱 고조되고 있는 이 시점에서 필요한 것은 인성에 대한 관점이 종래와 달리 어떻게 변화하고 있는지, 그리고 현재 실천되고 있는 인성교육에 문제가 있다면 그것이 무엇인지를 후향적(後向的) 시각에서 진단하고 올바른 방향을 탐색하는 일이다. 이하에서는 위의 질문에 대한 대답을 모색해 보고 그것이 도덕교육에 주는 시사를 고찰해 보겠다.

인성의 두 가지 관점

주지하고 있듯이, 이때까지의 인성교육은 크게 두 방향에서 이루어져 왔다. 하나는 생활로서의 인성교육이고 다른 하나는 교과교육으로서의 인성교육이다. 전자는 교과 활동 이외의 일체의 관례적 성격을 띠고 있는 실천을 통한 인성 함양의 방법이며, 후자는 도덕적 지식의 의미와 가치를 직접적인 탐구 대상으로 하는 도덕과교육을 포함하여 그것을 탐구하는 데 간접적으로 기여해 온 모든 교과 활동을 통한 인성 함양의 방법이다. 생활로서의 인성교육은 관습과 관례적 삶의 모범적 사례를 모방하고 훈련하는 과정을 통한 행위의 처방에 주안점을 둔 반면에, 교과교육으로서의 인성교육은 행위의 처방을 비롯하여 도덕적 사고·판단능력을 촉진하는 지적 활동으로서의 사고 양식에 주안점을 두었다.

그러나 오늘날 가정과 사회에서의 인성교육의 기능이 점점 약화되면서 학교라는 울타리를 중심으로 한 인성교육이 점점 관심을 받게 되었는데, 위의 두 인성 함양의 방법 중에서, 특히 생활로서의 인성교육에 대한 관심과 강조가 부각되고 있다. '지행의 괴리' 문제를 지식교육, 달리 말하여 교과교육으로서의 인성교육의 탓으로 돌리는 경향이 지배적인 통념으로 작용하면서, 그 대안적 방향으로 실천 · 행동에 초점을 두는 인성교육이 더욱 주목받게 되었다. 이러한 흐름을 반영하는 전형적인 사례가 바로 1990년대 중반 이래 등장한 실천 중심 인성교육, 프로젝트형 인성교육이다.

실천 중심 인성교육, 프로젝트형 인성교육이라는 말이 새롭게 등장하고 세간의 주목을 받기 전까지는 일체의 교육활동이 인성 함양이라는 궁극적 목적을 실현하기 위한 과정이라는 교육적 믿음이 작용해 왔다. 이러한 교육적 믿음 하에서는 인성의 이상태와 교육활동으로서의 내용의 관계가 총체와 양상 간의 '종적 구조'에서 파악되어 왔다. 그런데 오늘날 서구 심리학이 우리나라에 유입되면서 인성의 의미와 가치는 종래의 인성에 관한 동양적 사유체계와는 상이한 구조와 관점에서 파악되기 시작하였다. 이른바 '인성심리학'(personality psychology)이라는 학문으로 널리 알려져 있는 인성에 관한 연구에 따르면, 인성은 '개인이 획득한 사회적 가치나 규범 체계, 개인의 기질적, 신체 생리학적 특성, 적응 기제, 인간의 본질적 특성 등을 지칭하는 다양한 의미'[11]를 지니는 개념이다.

위의 관점에 따르면, 인성은 넓은 의미에서의 성격적 특질이다. 인성심리학자들은 규범적 의미의 인성이 성격적 특질로서의 인성, 간단히 말하여 '성격'의 하위 범주에 속하는 것으로 파악한다. 이러한 관점에 입각한 인성교육은 결국 넓은 차원에서의 성격교육과 거의 유사한 의미를 지니며, 실지로도 원만한 퍼스낼리티 특질 형성을 위한 처방적 방향을 취할 수밖에 없게 된다. 이러한 관점에는, 인성은 더 이상 도덕교육의 전유물이 아니며 인성으로서의 도덕성은 종적 구조가 아닌 '횡적 구조'에서 파악될 수 있고 또한 파악되어야 한다는 점이 함의되어 있다.

우리에게 널리 알려져 있는 프로이트(S. Freud)의 인성심리학에 의하면, 규범적 속성을 지니는 초자아(superego)는 이드(id), 에고(ego)와 병렬을 이루는 요소이다. 이러한 횡적 구조에서 규범적 속성을 담고 있는 도덕성, 즉 초자아는 이드와 에고를 포함하는 넓은 의미의 인성의 구성요소 중 하나에 불과하다. 간략하게 설명하면, 이드는 갓난아이가 배고플 때 나무 조각이건 손가락이건 가리지 않고 입에 넣으려고 하는 상황에서 나타나는 것과 같은 길들어지지 않는 맹목적인 열정이요, 에고는 이드의 맹목적인 열정을 통제하는 기능을 하는, 즉 현실을 고려하는 이성과 분별력을 가리킨다. 무의식의 영역에 속하는 초자아는 억압된 정신에너지의 소산-프로이트에 의하면, 초자아는 '오이디푸스 콤플렉스(Oedipus complex)의 상속자'이다-으로서 양심, 이상적 자아와 같이 벌과 보상의 기능을 가진다.[12] 이처럼 인성심리학에서의 인성은, 동양적 사유체계에서 보여주고 있는 인간의 마음을 전체적으로 특징짓는 요인으로서 인성을 이루는 총체와 양상 간의 '종적 구조'로 파악되는 것이 아니라, 마음의 다양한 구성요소

가운데 하나, 즉 '횡적 구조'로 파악하는 것이다. 따라서 인성심리학에서는 인성이 사람됨을 전체적으로 포괄하는 규범적 속성이나 기준의 의미를 가진다고 보기 어렵다. 심지어 프로이트는 '보다 의로운 사람일수록 그의 양심은 엄격하고 괴로움을 겪기 쉽다. 그리하여 가장 신성한 경지에 도달한 사람이 가장 깊은 죄의식에 빠져 자기 회한으로 괴로워하는 사람'이 될 수 있음을 지적하면서 도덕적 자아, 즉 초자아의 지나친 발달이 오히려 인성의 조화와 균형을 깨뜨린다고 주장한다.[13)]

오늘날 인성이 기준으로서의 지위를 상실하고 횡적 구조에서 파악하는, 그리하여 인성이 마음을 전체적으로 특징짓는 것이 아니라 마음 일부에 지나지 않는 것으로 파악하려는 식의 관점 전환이 이루어진 데는 인성이라는 것을 '단일한 총체'가 아닌 세상 삶을 원만히 살아가는 데 요구되는 다양한 요소 중 하나로 이해하는 현대의 서구적 사고방식에 기인한다. 특히 이러한 관점의 전환에는 서구의 인성심리학이 상당한 정도로 영향력을 발휘해 왔다고 보아도 무리가 아니다. 최근 실천 중심 인성교육, 창의적 체험활동을 통한 인성 프로그램, 학교폭력 예방을 위한 프로젝트형 인성교육은 교육내용과 교육목적의 관계를 횡적 구조로 이해한 다음, 인성을 처방의 대상으로 삼으려는, 그리하여 마음 일부를 직접 겨냥하여 교정할 수 있다고 생각하는 전형적인 사례이다. 물론 이러한 방식의 인성교육이 인성 함양에 기여하지 않는 것은 아니지만, 그것에 대한 지나친 강조가 자라나는 학생들의 인성 함양을 어느 정도로 보장해 줄 수 있는지에 대해서는 충분한 이론적 검토가 필요하다.

이상의 논의에 의하면, 교과교육으로서의 인성교육의 기능을 약화시키고 살제적 처방의 성격을 띤 인성교육을 강화하는 것이 인성 함양을 위한 최선의 방안이 될 수 있는가는 의문이다. 목하 논의의 직접적인 탐구 문제에 해당하는 '지식과 덕의 관련 문제'는 바로 위의 의문을 올바로 해명하는 데 중요한 논의의 거점이 된다. 인성교육의 관점 및 그것의 실천 양태는 지식과 덕의 관계를 어떻게 파악하는가에 따라 판이할 수밖에 없기 때문이다.

지식과 덕의 관련 문제

지식은 앎을 얻는 과정에서 수반되는 정보로서의 내용이 판단이라는 인간의 독특한 정신작용과 결부되어 생성된 것을 의미한다. 정보와 판단은 지식을 구성하는 중요한 요소이며, 이 양자가 분리되지 않은 상태로 인간의 마음에 내면화되도록 하는 일련의 노력을 가리켜 지식교육이라고 말한다. 반면에 덕(德)은 virtue, power, active force 등의 서양 학자들의 번역을 고려하면 힘 또는 세력으로 이해된다. 이러한 의미에서의 덕은 타인에게 좋은 영향과 감화를 주는 인격적 능력으로서의 감화력을 내포하는 개념이다. 그렇기 때문에 인간의 마음에 인격적 감화력을 불어넣으려는 일련의 노력을 가리켜 덕교육이라고 말할 수 있다.

지식과 덕 양자는 서로 별도의 기능과 역할을 담당하는 것으로 이해되어 온 것이 사실이다. 그러나 교육과 철학의 역사가 증거하듯이, 고대 희랍 이래로 양자의 관련 문제는 '올바른 삶'에 관한 문제를 해명하는 데 결정적인 관건이 되는 이론적 문제로 취급되어 왔다. 따라서 지식과 덕의 문제가 인성과 긴밀한 관련을 맺고 있다는 점을 인식하는 것은 대단히 중요하다. 이하에서는 오늘날 인성교육의 문제를 진단하고 그것의 올바른 방향을 탐색하기 위해 지식과 덕의 관계를 세 가지의 관점−지식 없는 덕, 덕 없는 지식, 덕 있는 지식−으로 구분하여 살펴보겠다.

지식 없는 덕

오늘날 상식인들 사이에서 인성은 지적 탐구와 같은 이론적 활동의 문제가 아닌 실습·체험과 같은 실천적 활동의 문제로 간주하는 경향이 있다. 인성 함양이 지식교육과 무관한 것은 아니지만, 그것이 발휘되는 사태는 삶의 구체적 상황에서 이루어지는 실천이라는 것이다. 그런데 인성을 실천의 문제로 보는 것은 비단 상식인들 만의 견해가 아니라 현대 우리나라의 교육에 지대한 영향을 준 듀이의 사상에 여실하게 반영되어있다. 『교육에서의 도덕적 원리』(Moral Principles in Education, 1975)라는 그의 저서에는 학교 도덕교육에 관한 그의 입장이 비교적 분명하게 제시되어 있다. 그는 이른바 두 가지의 도덕교육을 전제하고 있다. 하나는 행동과의 직접적인 관련을 맺고 있는 '도덕적 생각'(moral ideas)을 가르치는 것이고, 다른 하나는 당장의 실천·행동과는 거리가 있을 수밖에 없는, 예컨대 추상적 성격을 띠고 있는 덕과 규범에 해당하는 '도덕에 관한 생각'(ideas about morality)을 가르치는 것이다. 그가 비판적으로 고찰하는 것은 후자이다. 듀이의 사상은 그의 본고장인 미국에서뿐만 아니라 우리나라에도 상당한 영향력을 발휘해 왔다. 이 점에 비추어 볼 때, 위의 구분은 우리나라의 도덕(인성)교육이 어떠한 방향으로 전개되어왔는지 또한 전개될 수 있는지를 생각해 보는 데 좋은 거점이 된다.

우선 한 가지의 방향은 도덕과교육을 통한 인성 함양에 초점을 두는 우리나라의 인성교육이 전통적으로 '도덕에 관한 생각'을 가르치는 쪽에 무게를 두었기 때문에, '도덕적 생각'을 가르치는 쪽으로 접근방식을 전환하는 것이다. 이는 우리가 널리 받아들이고 있는 습관화나 실천 동기에 대한 강조로 이어진다. 그렇기 때문에 교과교육으로서의 도덕교육이 수행해야 하는 것은 실습 · 실연, 실천 · 체험과 같은 활동이 중심이거나 학생의 실천 동기를 자극할 수 있는 지식 이외의 별도 활동이다.

또 한 가지의 방향은 도덕과교육이 인성 함양에 기여할 수 있다는 기대를 버리고, 학교에서의 실천 중심 인성교육을 강화하는 것이다. 어쩌면 상식인뿐만 아니라 심지어 교육에 종사하는 사람 중에서도 '인성은 여전히 실천의 문제'라고 보는 견해는 이러한 방향의 주장을 뒷받침하는 역할을 한다고 보아야 할 것이다. 문제는 이 두 가지 방향은 지금에 이르기까지 도덕과교육을 왜 해왔는가 하는 점을 설명하지 못하며, 그리하여 도덕과교육과는 양립할 수 없는 관점이라는 데 있다. 나아가 도덕적 생각과 도덕에 관한 생각은 순전히 머릿속에서만 가능한 구분이며, 어디서부터가 도덕적 생각이고, 또 어디서부터가 도덕에 관한 생각인지 구분한다는 것은 결코 쉬운 일이 아니다. 우리의 삶을 두고 말하자면, 양자는 서로 구분되지 않는 하나의 상태로 통합되어 있다고 보는 것이 안전할 것이다.

이렇듯 오로지 행동과의 직접적인 관련에 의존하여 교과와 생활의 경계를 허물 수 있는 '도덕적 생각'을 가르쳐야 한다는 도덕교육에 관한 듀이의 입장은, 그의 의도와는 상관없이, 교과교육으로서의 도덕교육에 대한 접근 방식의 전환 및 실천 중심 인성교육에 대한 강조에 적지 않은 영향을 제공했다고 볼 수 있다. 이 입장을 따르게 되면, 도덕적 지식의 의미와 가치에 대한 탐구의 기회는 어떤 식으로든지 약화되거나 부당하게 묵살되는 결과가 초래될 수밖에 없다. 결국, 실천・행동에 부단히 초점을 두는 교육활동은 '지식 없는 덕'으로서의 인성교육에 해당한다.

혹자는 이상의 논의에 의하여 도덕적 지식에 관한 지적 탐구와는 별도로 인성 함양의 중요한 경로에 해당하는 생활로서의 인성교육의 방향이 평가절하 되는 것은 아닌가 하는 의문을 제기할 수도 있다. 교과를 통해서가 아닌 관례적 삶을 충실히 따르는 과정에서 형성되는 덕은 통념상 지식과 대비되는 인성 함양의 과정이자 결과이며, 이 경로 역시 인성 함양을 위한 중요한 방편이다. 위의 '지식 없는 덕'의 관점에서 비판하고자 하는 것은 심성을 거치지 않고 행동을 곧바로 겨냥하려는 사고, 오로지 실제적 사태와의 관련에서만 인성의 문제를 파악하고 실천적 활동에 의해서만이 인성 함양이 이루어질 수 있다는 보는 사고이다.

덕 없는 지식

서양의 윤리학은 르네상스를 기점으로 하여 개인의 이성적 능력에 강조를 두는 경향을 보여왔다. 이러한 경향은 인격적 감화력으로서의 덕을 형성하는 데 중요한 통로인 관습과 관례의 중요성을 역설한 동양의 윤리 사상과는 달리, 도덕의 본질을 이성적 사고·판단에 기초한 지적 계산에 두는 사조를 형성하였다고 말할 수 있다. 현대 도덕교육 분야에서 이러한 개인의 자율적 이성에 근거하여 정립된 양대 이론으로는 피아제(J. Piaget)와 콜버그(L. Kohlberg)로 대표되는 인지발달 이론과 가치분석(L. E. Metcalf et al.), 가치갈등해결(D. Oliver & J. P. Shaver), 합리적 의사결정(J. R. Fraenkel et al.), 가치명료화(L. E. Raths et al.) 등으로 대표되는, 이른바 가치판단 이론이다.

다음 장에서 확인하게 되겠지만, 피아제는 아동의 인지구조 변화에 의해 도덕성이 '타율성'에서 '자율성'으로 나아가는 방향을 취한다는 것을 경험적 증거를 통하여 직접 보여주었다. 반면에 콜버그는, 지적 발달이 도덕적 사태에 적용되는 것에 불과하다는 점과 도덕성을 타율성과 자율성이라는 두 차원으로만 파악하고 있는 피아제의 관점과는 달리, 3수준 6단계라는 도덕성 발달 단계를 정립함으로써 보편적 원리에 대한 확신으로서의 '정의의 도덕성'(morality of justice)이 어떻게 실현 가능한지를 여실하게 보여주고자 하였다. 콜버그에 의하면, 판단의 결과에 초점을 두는 전통적 도덕교육을 극복하기 위한 획기적인 대안으로 제시된 판단의 이유와 근거로서의 형식(form)은 도덕적 추론하기(moral reasoning)라는 개인의 이성적 판단에 지배받는다. 따라서 학생이 사고하고 표현하는 판단의 이유와 근거가 질적인 면에서 현재보다 상위의 수준에 근거하도록 촉진하기 위해 고안된 토론식 수업은 도덕성 발달을 위한 중요한 통로가 된다.

반면에 가치판단 이론의 주장자들은 이성적 숙고에 의한 개인의 가치 선택 및 정당화 과정이 학생들의 인성 함양에 기여할 수 있다고 보았다. 래스(L. Raths), 하민(M. Harmin), 사이몬(S. Simon) 등으로 대표되는 가치명료화(values clarification) 이론은 미국에서 콜버그의 이론과 함께 양대 인성발달 이론으로 주목받았을 정도로 인기가 높았다. 가치명료화는 학생들에게 특정한 가치・덕목을 일방적으로 주입하는 전통적인 방법을 지양하고 스스로가 가치・규범을 명료화하는 과정에서 일관된 가치를 형성하도록 하는 것이다.[14] 올리버와 쉐이버(D. Oliver & J. P. Shaver)의 법리 모형(jurisprudential frame)에 기초하고 있는 가치갈등해결 이론과 프랭켈(J. R. Fraenkel)과 엥글(S. H. Engle) 등으로 대표되는 합리적 의사결정 이론 역시 갈등이 야기되는 도덕적 사태에서 이성적 판단과 의사결정을 통하여 문제를 합리적으로 해결하는 데 초점을 두고 있으며, 이 과정에서 품성의 함양, 즉 인성 함양에 주안점을 두고 있다. 멧커프(L. E. Metcalf), 쿰스(J. R. Coombs), 뮤(M. O. Meux) 등으로 대표되는 가치분석은 여러 가치판단 이론 중에서도 가장 진일보된 이론으로 평가받고 있다. 이들에 의하면, 인성은 도덕적 문제를 해결하기 위한 합리적 가치판단과 가치결정에 관한 지적·경험적 접근을 모색하는 과정에서 함양된다.

이렇듯 인지발달 이론과 가치판단 이론은 개인의 이성적 능력에 강조를 두는 서구의 지배적인 윤리 사상의 영향을 받음으로써, 도덕적 사고·판단의 촉진을 겨냥한 지식교육을 통하여 인성의 의미와 가치가 드러나고 정립될 수 있다는 발상에 기반하고 있다. 반면에 이 두 이론에는 인성의 함양 과정에서 결코 소홀히 할 수 없는 심리적·정서적 측면이 결여되어 있다는 한계점을 지니고 있다. 또한 이 두 이론이 공통으로 가정하고 있는 것은 이성적 사고·판단에 의거한 지식교육의 실천 양태를 일종의 사고 양식으로 파악하고 있다는 점이다. (가치명료화를 제외하고) 위의 두 이론은 일반적으로 구분하고 있는 도덕성의 세 요소, 즉 인지, 정서, 의지(행동) 중에서도 인지에 중점을 둠으로써 이성적 사고·판단의 훈련을 통한 인지능력의 향상이 곧 도덕적 지식 획득의 과정이자 인성 함양의 과정으로 간주하고 있다. 그러나 도덕적 사고력 및 판단력 향상을 위한 도덕과 수업에서는 주된 관심이 사고의 도약에 있기 때문에, 인성의 심리적·정서적 측면이 반영된 '심성의 도약'의 문제가 부차적인 관심사로 작용할 가능성을 안고 있다.[15] 지식교육의 실천 양태로서의 도덕과 수업에서 사고의 도약을 염두에 두는 것이 인성 함양에 필요조건인 것은 분명하지만, 그 자체가 인성 함양의 충분조건이 될 수는 없다는 것이다. 이 점에서 인지발달 이론과 가치판단 이론을 적용한 수업은 '덕 없는 지식'으로서의 인성교육에 해당한다.

인지능력에 의해서만 파악되는 지식교육의 사태, 그리고 가치의 '선택→존중→행동'의 과정에서 교사의 사람됨의 요소를 가능한 한 배제한 가운데 지식을 소유하려는 가치 획득의 사태에서는 지적 계산과 같은 사고훈련에 일방적인 강조점을 둠으로써 지식교육에서 반드시 수반되어야 하는 인성의 심리적·정서적 측면이 어떤 식으로든지 소홀히 취급될 수밖에 없다. 이 점은 그동안의 도덕과 수업이나 가치교육이 인성 함양에 기여해 왔다는 긍정적 평가와는 달리, 상식인들 사이에 비치고 있는 지식교육의 부정적 측면이 무엇이고 그것을 극복하기 위해서 어떠한 관점 전환이 요청되는가에 대한 중요한 메시지를 시사한다. 이 점에서 교과교육으로서의 인성교육이 취할 수 있는 '덕 없는 지식'의 관점은 '지식 없는 덕'의 관점과 마찬가지로 반성적 성찰의 대상이다.

덕 있는 지식

이상의 고찰에 의하면, 지식과 덕의 관계에 비추어 파악되는 두 가지의 관점은 '지식 없는 덕'과 '덕 없는 지식'이다. 전자는 인성교육의 중요한 통로인 지식교육이 지행의 불일치라는 근본적인 문제를 안고 있다는 점을 근거로 하여 지식이 아닌 실천을 통한 인성 함양에 치중해야 한다는 점, 그리고 지식교육이 실습·실연, 실천·체험과 같은 학생이 직접 몸으로 겪는 활동을 통하여 습관화와 실천 동기를 강화하는 등 접근 방식의 전환이 이루어져야 한다는 점을 시사한다. 반면에 후자는 도덕성 발달에 관한 인지발달 이론과 가치판단 이론이 합리적 이성에 근거한 도덕적 사고력 및 판단력 촉진, 달리 말하여 인성 함양을 위한 방법으로서의 지식교육에 주목하고 있지만, 도덕적 추론하기와 개인의 가치 선택 및 그에 대한 정당화 과정이 인지적 사고훈련의 성격을 띰으로써 인성의 심리적, 정서적 측면을 소홀히 하는 결과를 초래한다.

이 양자의 한계점을 동시에 극복할 수 있는 대안적 관점은 '덕 있는 지식'으로서의 인성교육이다. 덕 있는 지식이라는 것은 지식이 곧 덕, 달리 말하여 '사람이 곧 지식'인 상태를 의미한다. 이 관점에 따르면, 지식과 덕은 사실상의 구분이 불가능하며, 만일 구분할 수 있다면 오직 개념상(혹은 관념상)의 구분에 기초한다. 따라서 지식과 덕은 전자가 후자를, 그리고 후자가 전자를 요청하는 관계에 놓여 있다. 그렇다면 인성교육에 대한 대안적 관점으로 왜 이러한 통합적 시각이 요청되는지, 그리고 이 경우 지식의 의미와 가치를 어떻게 이해해야 하는지에 관한 질문이 제기될 수 있다.

사실 가장 간편한 방식의 통합은, 이른바 지식과 덕의 덧셈식 결합을 취하는 것이다. 즉, 인성 함양을 위해서는 지식교육도 필요하고 덕교육도 필요하다는 생각이 있을 수 있다. 그러나 지식은 지식대로, 덕은 덕대로 가르친다면, 양자의 화학적 결합은 어떻게 해서 가능한가? 여기에서 사람은 사람, 지식은 지식, 덕은 덕이라는 식으로 언제나 그 모든 요소가 분리될 수밖에 없다. 그리하여 그것은 결국 사람됨의 요소가 포함되지 않는 덕 없는 지식의 사태가 되고 만다. 이런 방식의 교육을 받은 사람은 도덕적 사태에 처하여 바람직한 판단과 거기에 부합하는 덕스러운 행동을 충분히 할 수 있을 만한 능력을 갖추게 되더라도, 그러한 판단과 행동이 자신에게 '손해'라는 생각이 들면 언제라도 그 능력을 사용하지 않을 태세를 갖춘 사람일 가능성이 크다. 그러나 칸트(I. Kant)가 밝힌 바 있듯이, 인성을 갖춘 사람은 자신에게 이익이 되는가와는 상관없이 단지 그것이 선하다는 이유로 '그냥' 도덕적인 행동을 하는 것이다.

반면에 '덕 있는 지식'의 관점에 의하면, 진정한 의미에서의 지식은 명제의 형태로 고정된 도덕적 지식에 있는 것이 아니라, 그것을 이해하고 해석하는 구현체로서의 교사에게 있다. 지식은 정태적인 성격을 띠고 있는 것이 아니라, '사람이 곧 지식'인 상태를 여실하게 구현하기 위하여 열정을 아끼지 않는 교사의 전신체적 표현에 붙박여 있다. 이 경우 지식은 통념과는 달리 새로운 의미와 가치를 지니게 된다.

우리는 지식과 덕의 관계를 어떻게 파악하는가에 따라 인성교육에서의 지식의 의미와 가치가 왜곡될 수도 있고 또는 올바로 이해될 수 있다는 점을 분명히 인식할 필요가 있다. 학교에서 가르치는 도덕적 지식이 일상생활에 직접적인 도움을 제공하지 못한다거나 지행의 불일치를 조장하는 것으로 볼 경우, 도덕적 지식은 그야말로 통념적 의미로서의 정보, 그리고 서구 합리주의의 전형적 특징인 지적 계산으로서의 사고·판단에 상응하는 것이 된다. 이 시점에서 우리는 지식이라는 것이 과연 이러한 통념 수준의 의미로 그치는 것인지, 그리고 인류의 역사가 왜 자라나는 학생들에게 지식을 전수하는 과업을 그토록 오랫동안, 그토록 중요하게 고려해왔는지를 심각하게 검토할 필요가 있다. 인성의 의미와 가치가 총체로서의 지식의 지위를 상실한 오늘날, 가시적 성과와 효율성을 따르는 처방식 인성교육만을 강조할 것이 아니라, 인성의 본래적 의미와 가치에 다시금 귀 기울이는 인식의 전환과 그것을 여실하게 구현할 수 있는 '덕 있는 지식'이 반영된 인성교육의 실천이 요청된다.

3. 도덕과교육의 성격

정상적인 교육과정을 밟아온 사람이라면 누구나 학교에서 '도덕'이라는 이름이 붙은 교과를 공부한 적이 있을 것이다. 이제 그 사람에게 그것을 배우고 나서 자신에게 어떤 면에 도움이 되었는가, 달리 말해 '도덕과교육의 과업은 무엇인가'를 물어본다면, 그 사람은 어떤 대답을 한다고 보아야 하겠는가? 이하에서는 도덕과교육의 성격을 염두에 두고 상반되는 대답을 간략하게 생각해 보겠다.

연암 박지원이 쓴 『허생전』에는 비바람이나 간신히 막을 정도의 오막살이를 하면서도, 또 아내의 삯바느질로 겨우 입에 풀칠만 하는 수준의 생활을 하는 와중에도 글공부에 매진하는 허생을 가리켜, 과거를 볼 것도 아니면서 '쓸데없이' 글공부만 한다고 아내가 타박하는 장면이 있다. 연암은 분명 일상생활에서 도저히 쓸데라고는 없어 보이는 이론적 지식을 공부하는 것과 몸소 실천하는 것이 구분되며, 당시 사람들 사이에서 널리 호응을 얻고 있는 것은 후자라는 점을 염두에 두고 이런 이야기를 썼다고 보아야 할 것이다. 아닌 게 아니라, 정직하고 정의롭게 사는 사람이 반드시 정직과 정의의 의미를 알고 있다고 말할 수 없고, 허생의 경우와 같이 교육받은 사람이 반드시 풍요로운 삶을 산다고 말할 수 없는 것이 사실이라면, 우리는 꼭 필요한 만큼의 교육, 즉 '하는 것'에 도움이 되는 교육을 받아야 하는 것 아닌가? 도덕과교육은 '하는 지식'의 전달을 통하여 명백한 도덕적 사태에서 도덕적인 행동을 '하도록' 해야 한다.[16)]

그러나 여전히 의문이다. 따지고 보면 그 사람이 모종의 사태를 도덕적 사태로 간주할 수 있는가의 여부는 순전히 우연에 달려 있다. 예컨대, '이번 여행이 나에게는 진정한 교육이었다'와 같은 말에 아무런 의문이 들지 않는 사람은 '성실, 정의, 배려와 같은 도덕적 지식보다 생활을 통해 배울 수 있는 내용이 훨씬 더 많다'와 같은 생각을 하고 있을 가능성이 크다. 그러나 이번 여행이 진정한 교육이었다고 말한 사람은 그 여행이 교육적 경험이 된다는 사실을 어떻게 알았는가? 이 점을 찾아보려고 할 때, 우리가 당장 해야 하는 일은 그가 어떤 교육을 받았는가를 살펴보는 것이다. 충분히 짐작되듯이, 거기에서는 대체로 소위 '빛의 성질'과 같은 이론적 지식을 가르치고 배운다. 빛의 성질을 배운 사람은 그것을 배우지 못한 사람이 볼 수 없는 현상을 보는 것이다.

'아는 만큼 보인다'라는 유명한 말은 결코 허언이 아니다. 어떤 사람이 그것을 배우지도 않고, 빛은 직진하고 반사하며 굴절한다고 생각하겠는가? 사실을 두고 말하자면, 애초에 일상생활에서는 그것이 문제시되는 경우도 드물다. 이렇게 이론 공부는-이론이라는 말이 '보는 것'을 의미하는 희랍어 '*theoria*'를 어원으로 한다는 점이 짐작하게 해 주듯이-무엇인가를 '보도록' 해 준다. 도덕과교육은 바로 '보는 지식'의 전달을 통하여 사태를 도덕적인 눈으로 '보도록' 해야 한다.

제1장 전체의 논점에 의하여 확인되듯이, 도덕과교육은 '하는 지식'의 전달과 '보는 지식'의 전달이라는 서로 구분되는 두 개의 관점에 의하여 서로 다른 두 개의 성격으로 이해되는 경향이 있다. 다만, 도덕과가 서로 대립을 이루는 두 개의 관점으로 이해되며, 어느 관점을 선택하는가에 따라 도덕과의 성격이 완전히 상이한 방향으로 이해될 수밖에 없다면, 그것은 이미 도덕과교육의 한계라고 말해도 무리가 없다. 그리하여 이하에서는 그 대안적 관점을 모색하기 위하여 '하는 지식'과 '보는 지식'의 전달이라는 두 개의 관점을 각각 설명해 보겠다. 그리고 이왕 도덕과교육의 성격을 다루는 만큼, 앞서도 등장한 바 있는 '모든 교육은 도덕교육이다'라는 생각과 '도덕과교육'이 양립할 수 있는가를 이어서 생각해 보겠다. 그도 그럴 것이, 혹시라도 도덕과교육이 '보는 지식'을 전달하는 것을 고유한 과업으로 한다면, 도덕과교육은 모든 교육이 도덕교육이라는 점을 '보도록' 하는 일을 한다는 식으로 이해될 가능성이 있을지도 모른다.

하는 지식과 보는 지식

오늘날 학교 교육과정에 포함된 일체의 교과에는 '생활과의 관련'이라는 한 가지 동일한 국가·사회적 요구가 제기되고 있다. '생활과의 관련'을 고려한다면, 이제 학교 수업에서 공부한 결과가 일상생활에서 유용하게 활용될 수 있도록 우리는 교과에 모종의 조치를 가하지 않으면 안 된다. 물론, 여기에 도덕과는 예외가 될지도 모른다. 인간의 모든 행동은 도덕에 의하여 규제되며, 그런 만큼, 도덕과는 자연스럽게 '생활과의 관련'을 고유한 특징으로 하는 교과라는 생각이 있을 수 있기 때문이다.

도덕과를 생활과 밀접한 관련을 맺고 있는 교과라고 간주하는 것은 도덕이 지식으로 머물러서는 안 되며, 행동으로 표현되어야 한다는 믿음에 바탕을 두고 있다. 지식으로만 머무르는 도덕이라는 것은, 마치 중요한 시험을 앞두고 시험공부를 해야 한다는 것을 잘 알면서도 하지 않는 학생을 가리켜 하는 말과 같이, '알면서도 하지 않는' 인간에게 나타나는 것이요, 아리스토텔레스의 표현으로 아크라시아(*akrasia*)－의지의 박약 혹은 자제력 없음－와 다르지 않다. 어쨌든 이 믿음은 분명 '가시적인 결과'를 파악하기에 용이하고, 그리하여 우리의 마음을 끌어당긴다는 점과 무관하지 않을 것이다. 그로 인하여 도덕과교육은 이제 학생들에게 선하고 옳은 것이 무엇인가를 탐구하는 데 그쳐서는 안 되며, 그 선하고 옳은 것을 실지로 '하도록' 하는 데까지 나아가야 한다는 생각에 영향을 받게 되었다. 가능한 한 일상생활에 가까운 환경을 만들어 놓고 소위 실천과 체험 위주의 교육을 해야 한다는 주장은 이제 거의 상식으로 간주되고 있으며, 심지어 도덕과 교육과정 문서는 '실생활과의 관련'을 앞세우는 처지에 이르렀다. 이 관점에 입각하면, 도덕과 수업은 누구에게라도 명백한 도덕적 사태에 부합하는 도덕적인 행동을 연습시키는 일에 주력해야 하며, 따라서 도덕적 지식의 의미를 탐구하는 것은 거의 사치를 부리는 것이요, 시간 낭비와 다르지 않다.

그러나 도덕과교육의 성격을 '하는 것'과의 관련 속에서 이해하려는 시도에는 중대한 문제가 있다. 아닌 게 아니라, 앞서 도덕교육의 '확대 모형'을 통해서 확인해 본 바와 같이, 우리의 삶은 매순간이 도덕적 사태라고 말해도 좋을 정도로 다양한 문제 사태에 처하게 되며, 따라서 도덕과에서 전달해야 하는 '하는 지식'은 그 문제 사태가 다양한 만큼 많아야 한다. 심지어 그 문제 사태는 인류가 지속하는 한 늘어갈 수밖에 없다는 점을 고려하면 거의 무한에 수렴한다고 말해도 무리가 없다. 그리하여 누가 그 지식을 조사하여 정돈할 것인가를 따져 묻기 전에, 일단 그것이 가능한가 하는 문제부터 해결되어야 한다. 엎친 데 덮친 격으로, 그것이 가능하다고 해도 누가 그것을 모조리 배워 일상생활에 적용할 수 있단 말인가? 애초에 '하는 지식의 전달'을 겨냥하는 도덕과 수업은 용이해 보이지 않는다.

물론, 거기에는 그 이상의 문제가 있다. 대체로 도덕적 문제 사태는 다양한 규범이나 가치가 서로 대립하는 사태로 나타나는 경향이 있다. 노인에게 버스 자리를 양보하는 사태에서,[17] 우리는

'노인 공경'이라는 말을 실현하기 위하여 자리를 양보해야 한다고 쉽게 말하지만, 거기에는 엄연히 다른 가치가 개입될 수 있다. 예컨대, 노인에게 자리를 양보하지 않은 어떤 학생이 "나는 버스 자리를 차지하려고 '두 정거장'을 뒤로 걸어왔다. 누구든지 자리에 앉고 싶은 사람은 나와 마찬가지로 해야 한다. 그러나 이 노인은 쉬는 것밖에 달리 할 일이 있겠는가? 십 분쯤 서 있다고 해서 뭐 그리 대단한 수고가 된단 말인가?"와 같은 식으로 말한다면, 그에게 무엇이라고 말해야 하는가? 여기에는 '사회 정의'와 '노인 공경'의 대립이 나타나고 있다. 물론, 이 문제라면 쉽게 해결될지도 모른다. 그러나 소위 '도덕적 딜레마'와 같은 문제들은 사정이 완전히 다르다. 어쨌든, 가치가 충돌하는 상황에서 명확한 행동 방침이라는 것을 기대하기 어려운 점에 비추어 보면, '하는 지식'은 복잡한 도덕적 사태에서 효력을 발휘하기가 쉽지 않다는 문제가 있다.

그러나 그보다 심각한, 차라리 이것에 비하면 다른 문제는 사소한 것이 된다고 해도 좋을 정도의 심각한 문제가 있다. 하는 지식의 전달로 이해되는 도덕과교육은 애초부터 교과를 실제적 문제해결을 위한 '수단'이 된다는 생각을 반영하고 있다. '도덕'과 '일상생활'이 수단–목적 관계로 연결된다는 사고방식은 그럴듯하게 들릴지 모르겠지만, 엄밀히 말하여 도덕성 형성이라는 도덕과의 본래 과업을 부정하는 것에 지나지 않는다. 아닌 게 아니라, 실제적 문제해결을 위해 도덕을 수단으로 삼는 것은 실제적 유용성을 가치의 최상단에 올려두는 것이요, 도덕이 그 자체로 가치 있는 것이 아니라 모종의 문제를 해결하는 데 도움이 되기 때문에 가치 있다고 보는 견해로 귀착된다. 거기에서 파악되는 도덕은 개인적, 집단적 이익을 절충하기 위한 수단이요, 따라서 자신의 욕망을 최대한 안정적으로 만족시키기 위하여 발휘되는 '처세술'로 이해된다. 도덕과교육을 '하는 지식의 전달'로 이해하는 경우, 자신의 의도와는 상관없이, 도덕과를 욕망 충족의 기술로 이해할 가능성이 언제나 열려있다. 그리하여, 만일 그것을 가르쳐야 할 교사가 도덕과를 '하는 지식의 전달'로 이해하고 있다면, 그는 자신이 스스로 그러한 관점을 조장하고 부추기는 자기 모순적인 행위를 하는 셈이 된다. 이렇게 보면, 당장 눈앞에 닥친 도덕적 문제를 해결하는 데 도덕과교육이 도움이 된다고 생각하는 사람은 부지불식간에 욕망을 따르는 교육을 하는 것으로 된다는 점을 부단히 염두에 둘 필요가 있다.

> 실제적 유용성이 개인과 집단의 우선적 관심사가 되고 있는 현대사회에서 많은 사람이 도덕을 실제적 문제해결의 방법으로 간주한다는 것은 충분히 납득될 수 있다. 그러나 도덕과교육에 종사하는 사람들이 실제적 문제해결을 도덕의 진정한 의미로 받아들인다면, 그것은 걱정스러운 일이 아닐 수 없다. 실제적 문제해결은 도덕의 의미와 무관하다고 볼 수는 없지만, 그것은 어디까지나 그 근본 의미에서 멀리 떨어진 최말단적 의미에 해당한다고 보아야 한다. 도덕의 의미는 실제적 문제해결 과정이 추구하는 실제적 유용성이라는 목적으로 규정될 수 있는 것이 아니며, 그것을 위한 수단으로 규정될 수 있는 것은 더욱 아니다. 도덕은 실

> 제적 문제해결 과정이 따라야 할 기준으로서, 그와 같은 수단-목적 관계를 넘어선다고 말할 수 있다.[18)]

인용문이 시사하고 있듯이, 도덕과교육은 '하는 지식의 전달'이 아니라 차라리 그것이 작동되는 실제적 문제해결의 과정에서 따라야 할 도덕적인 안목을 형성하는 일, 즉 '보는 지식의 전달'로 이해될 필요가 있다. 그러나 '하는 지식'과 대비되는 '보는 지식'은 무엇을 가리키는가? 또 '보는 지식'은 도덕과 일상생활이 수단-목적 관계로 연결된다는 사고방식을 넘어설 수 있는가?

일단 '보는 지식'이라는 것은 '하는 지식'과는 달리 구체적인 행위방침과 같은 것일 수 없으며, 따라서 보는 지식의 전달은 가시적인 행위의 변화를 기대하는 교육을 가리키지 않는다. 예컨대, 도덕과 수업을 통해 '공정'이라는 가치를 가르칠 때, '하는 지식'에 관심을 둔 교사는 흔히 그렇게 하듯이 '피자를 공정하게 나누는 구체적인 방법'에 관하여 가르치는 데 관심을 기울일지도 모른다. 그러나 '보는 지식'에 관심을 둔 교사는 그것 이상으로 '공정'이라는 도덕적 지식의 의미를 직접 문제삼고, 그것의 의미를 탐구하는 데 주된 관심을 기울인다.

물론, 여기에는 현실적인 문제가 있다. 도덕과를 담당하는 교사들이 도덕과 수업을 어려워하는 이유 가운데 하나는 바로 너무 '당연한' 지식을 가르친다는 것이다. '협동해야 한다', '공정해야 한다'와 같은 삼척동자도 안다고 말할 수밖에 없는 당연한 생각을 가르치는 것은 지루한 일이요, 그것은 결국 잔소리가 될 수밖에 없다. 이 상황에서 어떻게 그것을 직접 문제 삼을 수 있는가? 그러나 그렇지 않다. 협동과 공정의 의미가 당연하다고 말할 때, 그 의미는 사람의 수준에 의하여 달라지며, 따라서 누군가는 모종의 사태에서 아무렇지 않게 넘어가지만, 또 누군가는 그 사태를 협동과 공정이 문제시되는 사태라고 보는 것이다. 1절에서 확인한 바와 같이, 도덕적 지식에 대한 이해가 이미 종결되었다고 생각하는 것은 우리가 극복해야 할 통념이다. 생각해 보라. '협동'의 의미는 무엇이며, '공정'의 의미는 무엇인가? 물론, 도덕적 지식에 관한 한, 이해의 종결이라는 것을 기대할 수 없는 만큼 당장 이 질문에 대해 누구에게도 정확한 대답을 기대하기는 어렵겠지만, 학생과 교사 사이에는 분명한 수준 차이가 있으리라는 생각은 결코 그릇된 것이 아니다. 도덕과교육은 그것에 관한 학생의 수준을 교사의 수준으로 이끄는 일이요, 공정이라는 가치를 가지고 교사가 보듯이 세상을 '보도록' 하는 일을 해야 한다. (이 점에서 보면, 교육의 수준은 교사의 수준을 넘어서지 못한다.) 그리고 이 일은 도덕적 지식의 탐구와 별도의 경로를 통해서 이루어지는 것이 아니다.

예컨대, '공정'을 취급한 어떤 수업에서 교사는 학생들이 '공정하게 피자를 나누어 보라'고 주문하였다. 학생들은 너무 당연하다는 듯이 '똑같이 나누는 것'이 가장 공정하다고 말하였다. 이 대답을 들은 교사는 과연 그렇게 하는 것이 가장 공정한 것이 맞는지를 질문하고 다양한 사례를 동원하여 '공정'의 의미를 탐색해 나간다. 그 과정에서 학생들은 '똑같이 나누는 것'과 '차이를 두어

나누는 것'을 구분하는 식의 깊은 탐구를 함으로써 공정의 깊은 의미를 조금씩 이해할 수 있게 된다. 적어도 그 학생은 이제 '똑같이 나누는 것'이 언제나 공정에 부합하는 사태가 아니라는 점을 알게 되었으며, '피자를 나누는 일'과 같이 겉으로는 사소해 보이는 일에도 도덕이 작동한다는 점, 그것을 '공정하게 나누는 일'은 대단히 심각하고 어려운 일이라는 점을 '보게' 되었다. 공정에 부합하는 행동 방침을 배운 학생은 그 행동 방침의 수만큼 도덕적 사태를 이해할 수 있을지 모르지만(물론, 그것을 이해하는가, 그 이해가 실천으로 연결되는가의 여부는 순전히 우연에 달린 문제이다), '공정은 무엇인가'라는 질문을 탐구 주제로 삼은 학생은 그 질문에 스스로 내어놓을 수 있는 답변 수만큼의 도덕적 사태를 보게 된다.

이상의 설명에 의하면, 마치 보는 지식을 추구하는 것과 하는 지식을 추구하는 것이 상이한 목적을 추구하는 것처럼 오해될 소지가 있다. 그러나 양자는 서로 무관한 것이 아니다. 즉, 하는 지식을 전달받아 외부 사태의 변화, 혹은 실제적 문제를 해결할 때도 우리는 보는 지식을 갖추고 있는 바로 그 마음을 쓰고 있다. 질문이 있어야 거기에 맞는 답이 있을 수 있듯이, 해당 사태를 도덕적 사태로 볼 수 있어야 거기에 합당한 도덕적 행동을 할 수 있다. 이렇게 보면, 이론적 이해(보는 지식)와 실제적 조치(하는 지식) 사이에 괴리가 있다고 생각하는 것은 교정되어야 할 통념이며, 사실 지식 공부를 통해 크고 아름다운 형태를 갖추게 된 마음은 우리가 삶을 살아가는 한 그것을 쓰는 일은 도저히 그만둘

수가 없다. 아닌 게 아니라, '보는 지식'을 전달하는 사태는 '어떻게 행동하는가' 하는 데 관심을 기울이지 않는다. 그것은 '하는 지식'의 관심이다. 차라리 그것은 '어떤 태도와 자세, 마음가짐, 안목을 가지고 행동하는가' 하는 데 관심을 기울인다. 비유컨대, 하는 지식 이면의 보는 지식은 마음 내키는 대로 바꾸어 쓸 수 있는 '안경'이 아니라 우리의 안목, 즉 '눈'이다.

가시적인 효과를 기대하는 것이 인간의 습성으로 된 결과라고 보아야 할지도 모르지만, 우리가 실제적 문제해결에 도움을 제공하는 '하는 지식'에 마음이 더 끌리는 것은 도저히 이해할 수 없는 것은 아니라고 보아야 할 것이다. 그러나 실제적 조치가 당장 가시적인 효과를 나타낸다고 하여 '하는 지식'의 타당성을 차분하게 검토하기도 전에 이론적 이해가 무의미하고 불필요한 것이라는 결론을 내서는 안 된다. 아닌 게 아니라, 도덕과교육이 도덕적 지식의 전달을 통하여 도덕적인 면에서 마음의 성장을 이끄는 교과라는 생각이 부정당하고 실제적 조치에 일방적인 관심을 기울여야 한다는 생각이 널리 호응을 얻는다면, 그것은 안타까운 일이라는 말 이상의 의미, 즉 교육의 타락을 가리킨다고 보아야 할 것이다. 도덕과교육의 고유한 과업이 도덕적 지식의 전달을 통한 심성의 함양이라는 점을 분명히 하고, 그 일을 부단히 해나갈 때, 눈에 보이지 않는 진짜 변화, 마음으로 보아야만 보이는 그러한 변화를 기대할 수 있다.

학교 인성교육의 핵심 교과로서의 도덕과

도덕과교육을 포함한 일체의 교과교육은 한 개인을 도덕적인 인간으로 이끄는 일이요, 이 일은 인간이 인간이라는 이유에서 가질 수밖에 없는 불가피한 관심이다. "교육의 한 가지 과업, 그 과업 전체라고 말해도 좋을 한 가지 과업은 도덕성 개념으로 요약될 수 있다"[19]라는 헤르바르트(J. F. Herbart)의 유명한 말에서 짐작되는 바와 같이, 일체의 교육은 도덕교육이요, 그리하여 교육은 한 개인을 도덕적인 인간으로 이끄는 일이라는 인간적 관심사의 구체적인 표현이라고 말할 수 있다. 이 점에서 '모든 교육은 도덕교육'이라는 생각과 '도덕과교육'이 양립 가능한가 하는 질문은 자연스럽게 제기될 수밖에 없으며, 이 질문은 도덕적 인간의 형성이라는 목적을 직접 겨냥하는 의식적이고 체계적인 노력으로서의 도덕과교육의 성격과 정체성을 규정하는 데 중요한 거점이 된다.[20]

우리가 도덕과를 통하여 형성하려고 하는 도덕성은 마음 일부로 이해되는 것이 아니라, 마음을 전체적으로 특징짓는 온전한 심성 그 자체이다. 따라서 그것의 형성은 교과교육 전체의 관심사가 되며, 도덕과 또한 동일한 관심사를 추구한다. 다만, 도덕과교육은 타 교과에 비하여 교육이 겨냥하는 목적을 '직접적이고 명시적으로' 겨냥한다는 특징을 가지고 있다. 그러나 이렇게 교육의 목적을 '직접적이고 명시적으로' 겨냥한다고 말할 때 그것이 의미하는 바가 무엇인지 분명하지 않다면, 도덕과는 불필요한 노력을 반복하는 것에 지나지 않을 것이다.

동일한 노력에도 수준의 차이가 있을 수 있는 만큼, 이 수준의 차이를 고려하면 도덕과의 존재 이유가 전혀 설명되지 않는 것은 아니다. 도덕과교육이 만일 '교육받으며 살아가는 삶'을 규정한다는 말을 인정할 수 있다면, 그리하여 도덕과교육이 일체의 교과교육의 의미와 가치를 '보도록' 한다는 말을 받아들일 수 있다면, 그것은 교과 공부를 하는 이유를 밝히는 교과로 이해될 수 있으며, 바로 이때 학교 인성교육의 핵심 교과라는 표현이 의미를 가질 수 있을 것이다. 주희(朱熹)와 유청지(劉淸之)에 의하여 편찬된 이래로, 우리나라와 중국에서 초등 수준의 도덕교육 교재로 사용되어 온 『소학』, 특히 그 책의 제일 앞에 등장하는 '입교편'(立敎篇)은 이 문제를 생각해 보는 데 결정적인 도움을 제공한다.

> 性이라는 것은 다른 것이 아니라 하늘이 명령한 것이며, 道라는 것은 다른 것이 아니라 性이 가시화된 형태로 드러난 것이며, 敎라는 것은 다른 것이 아니라 道를 제도에 의하여 시행하는 것이다. 하늘의 명령을 본받고 聖人의 법을 따라 이 책을 지었으니 이는 스승으로 하여금 가르칠 바를 알게 하고 제자로 하여금 배울 바를 알게 하기 위함이다.[21]

'주희는 자신의 문하생이 되겠다고 찾아오는 학생들에게 기본적인 수학능력이 부족하다는 사실을 알고 크게 우려하였으며, 그 원인을 당시에 소학교육이 부실하다는 데서 찾았다'.[22] 그럼에도 불구하고, 주희가 어린 학생들로 하여 이 어려운 문장을 읽도록 한 것은 어떤 이유에서인가? 아마, 이 질문에 대한 거의 유일한 답변은 '어린 학생들에게 교육의 과정에서 부단히 추구해야 할 삶과 교육의 의미를 일깨우려는 의도였다'가 될 수 있을 것이다. 실지로 입교편이 여실하게 드러내 주는 바와 같이, 『소학』은 바로 '교육의 본질'을 일깨우는 데 도움을 제공하기 위한 것이었다.

『소학』의 입교편이 우리에게 시사하는 것은 '학교 인성교육의 핵심 교과'라는 표현의 의미가 새롭게 해석되어야 한다는 데 있다. 요컨대, 도덕과가 학교 인성교육의 핵심 교과인 것은 그것이 도덕적 지식을 가르치고 그것을 행동하도록 이끎으로써 교육의 목적을 가장 가시적인 형태로 추구하기 때문이 아니라, 교과의 도덕적 의미를 일깨워 주기 때문이다. 결과적으로 말하여, 도덕과교육에 종사하는 사람들이 지속적인 관심을 기울여야 할 문제는 교과를 통한 도덕교육이 일상생활에서 일어나는 문제 사태를 해결하는 데 유용한 내용 혹은 행위 지침을 선정하여 가르치고 그것을 따르도록 하는 데 있는 것이 아니라고 보아야 한다. 도덕과교육은 그것을 넘어서서 진정한 의미의 교과 공부에 입문시키는 역할을 담당해야 한다. 『소학』의 입교편이 예시하는 것과 같이, 교과를 배우며 삶을 살아가는 의미와 가치를 일깨워 주는 일이 도덕과의 고유 정신으로 이해되고, 이러한 이해를 바탕으로 교과의 도덕적 의미와 가치를 도덕과교육의 내용 요소로 포함하는 것은 학교 인성교육의 핵심 교과로서의 지위를 확보하는 방안이 될 수 있다.

4. 논의: 도덕과교육학의 정립

'도덕과교육의 이해'라는 주제를 걸어둔 상태로 이루어진 이상의 논의는 한 가지 뚜렷한 문제의식에 토대를 두고 있다. 도덕과는 마치 윤리학자들에 의하여 명제의 형태로 규정된 도덕적 지식을 전달하는 것이 자신이 해야 할 일의 전부라는 생각, 그리하여 도덕과교육은 도덕적 지식을 전달하는 '수단'에 지나지 않다는 생각이 바로 그 문제의식을 나타낸다. 도덕과교육을 수단으로 간주하는 것은 곧 도덕과 수업이 수단이라는 생각과 다르지 않으며, 이러한 발상은 윤리학의 탐구가 종결된 이후에야 도덕과교육이 가능하다는 생각으로 자연스럽게 연결된다. 그러나 그 발상에 의하면 도덕과교육은 사실상 불가능하다.

도덕과교육이 일종의 수단이라는 발상은 그것을 담당하는 사람 또한 수단의 지위에 머무를 수밖에 없다는 점을 함의한다. 여기에서는 도덕과교육을 담당하는 교사가 일종의 '전달 기계'에 불과하며, 도덕적 지식의 의미와 가치를 밝히는 데 아무런 기여를 못하는 것으로 이해된다. 그리하여 도덕과교육을 담당하는 일은 누구라도 할 수 있는 일, 비전문가도 할 수 있는 그런 일이 된다. 그러나 그 발상은 근거가 미약한 믿음에 기반하고 있다고 보아야 한다. 실지로 윤리학자의 탐구 결과로 얻은 도덕적 지식을 물건을 건네듯이 전달하는 것은 순전히 '정보'를 얻은 사태에 지나지 않으며, 따라서 그것은 온전한 도덕성을 전달한 사태라고 보기 어렵다. 도덕과교육을 수단으로 파악하는 관점은 지식과 수업의 관계를 그릇되게 파악하는 오류를 저지르는 것이다.

교사가 교사인 이유는 문자의 형태로 고정된 도덕적 지식을 학생의 마음속에서 다시 생생하게 살아 움직이도록 만들기 때문이다. 교사가 책에 적힌 지식을 정보의 형태로 전달하는 일에 그치지 않고, 그 지식을 학생 마음의 일부를 이루도록 이끄는 일, 달리 말해 객관적 지식을 주관적 지식으로 바꾸는 일을 해야 한다면, 도덕과교육이 수단의 지위에 머문다는 생각과 결별해야 한다. 이제 우리는 도덕과 수업의 실천이 도덕적 지식을 드러내고 확립한다는 발상의 기반을 이루는 '교육윤리학'의 아이디어를 진지하게 검토할 필요가 있다.

사실, 이상의 발상은－교육윤리학의 기치를 '윤리학과 상식의 화해'라고 규정해도 좋을 정도로－완전히 상식에 부합한다. 애초에 윤리학자가 설명한 도덕적 지식이 그것을 위한 실천과 무관하게 생겨났다고 말하는 것은 마치 '무에서 유'를 창조했다고 말하는 것과 다름이 없기 때문이다. 어느 편인가 하면, 윤리학자들이 사용하는, 예컨대 칸트의 '자율'과 같은 개념은 그가 스스로 창안한 것이 아니라, 삶과 교육을 통하여 점차 명시적으로 드러난 인간 행동의 도덕적 의미에 이름을 붙인 것에 지나지 않는다. 자율이라는 도덕적 개념이 먼저 있고 거기에 따라 자율적인 인간이 생겨난 것이 아니라, 자율적인 인간이 한 행동을 보고 거기에서 도덕적 의미를 추상하여 얻어낸 것이 바로 자율이다. 이 관점에서 보면, 윤리학자, 특히 철학적 윤리학자는 '설명'하는 역할을, 반대로 도덕과교육을 담당하는 교사는 그것을 '실현'하는 역할을 담당한다.

윤리학자와 도덕과교육을 담당하는 교사의 관계를 이상과 같이 파악하고 나면, 도덕과교육의 위상 또한 이전과는 다른 방식으로 이해될 가능성이 열리게 된다. '도덕과교육학의 정립'이라는 논의의 주제는 바로 이 가능성을 명시적으로 표현한 것이며, 이하에서 취급할 내용 또한 이 가능성을 부단히 염두에 두고 있다.

마지막으로 도덕과교육학의 정립이 가져올 한 가지 이점을 소개하겠다. 도덕과교육이 수단으로 이해될 때는 도덕과교육의 고유한 과업, 즉 도덕적 지식의 전달로서의 '수업'과 성격상 구분되는 이론적 접근들이 도덕과교육에 영향을 미칠 수밖에 없다. 요컨대, 도덕과 수업, 더 구체적으로 말하여 도덕적 지식의 전달을 통한 도덕성 형성이라는 문제를 직접적으로 염두에 두지 않은 소위 '미국에서 건너온' 이론들은 이를 명백히 증거한다. 그 이론이 가져다준 공헌은 얼마간 인정해 주어야 하겠지만, 도덕적 지식의 전달이라는 도덕과교육의 고유한 과업이 거기에서 어떤 취급을 받아왔는가는 곰곰이 생각해 볼 일이다.

도덕과교육학이라는 과제를 염두에 두고 있는 상황에서, '교육학의 정립'이라는 거의 동일한 바람을 꿈꾸었던 헤르바르트가 '교육의 목적은 윤리학이 보여주고, 교육의 방법은 심리학이 보여준다'라고 말한 여파라고 보아야 할지는 모르겠지만, 현재 도덕과교육은 도덕과 수업과 무관한 윤리학과 도덕심리학 이론이 무차별적으로 적용되는 장으로 이해되는 경향이 있는 것이 사실이다. 그러나 만일 도덕과교육에 관심을 기울이는 사람이 도덕과교육의 고유한 성격을 간과하고 윤리학에서 목적을 도덕심리학에서 방법을 뒤적거려 찾아낸 것을 도덕과교육에 일방적으로 적용하려 한다면, 그것은 자신이 관심을 기울이고 있는 도덕과교육의 의미와 가치를 스스로 부정하는 것이라고 보아야 한다.

이상의 사정은 도덕과교육학의 정립이라는 발상이 가져올 이점이 무엇인가를 짐작하게 한다. 아직은 가능성 수준의 논의에 그치는 것이 사실이지만, 그것은 윤리학과 도덕심리학과 같이 도덕과교육의 발전에 기여하는 학문에 부단한 관심을 기울이면서도, 자신의 정체성을 도덕과교육 바깥에서 찾으려고 하지 않는다. 따라서 도덕과교육을 담당하는 교사는 자기 자신이 실지로 하고 있는 도덕과 수업에 대한 이해를 바탕으로 하여 그것과 타 학문의 관련 문제를 깊이 생각해 볼 수 있을 것이다. 이것은 결코 단순한 문제가 아니다. 3절의 논의에 의해서도 확인되는 바와 같이, 도덕과 수업에 대한 이해를 갖게 된다는 것은 그것을 담당하는 교사가 자신이 하는 '교육'의 의미와 가치를 깨닫게 된다는 것과 동일한 의미를 갖는다. 교사가 교육의 의미에 부합하는 수업을 할 수 있다는 것, 그것은 곧 성공적인 교육의 필수 조건에 해당하는 것인 만큼, 그것보다 중요한 것은 없다고 보아도 좋을 것이다. 그리하여 장차 도덕과교육에 관한 연구는 도덕과와 무관하게 이루어진 윤리학과 도덕심리학에 먼저 주목하기보다는, 도덕과교육이 어떤 의미와 가치를 갖고 있는가를 깊이 탐색해야 하며, 그 탐색을 거점으로 하여 윤리학과 도덕심리학을 조심스럽게 탐구해야 한다. (여기에 언급된 '교육윤리학'과 다음 장에서 간단하게 언급될 '도덕교육의 심리학'은 도덕과교육학의 정립이라는 문제의식에 관한 저자의 견해를 나타내고 있다. 충분히 짐작할 수 있듯이, 교육윤리학이 도덕교육과 교육내용의 관계를 규정한다면, 도덕교육의 심리학은 도덕교육과 교육방법의 관계를 규정한다고 말해도 좋을 것이다.) 아마 이러한 분위기가 조성되고 또 널리 확산될 수 있다면, 도덕과교육은 지금과 비교할 수도 없을 정도의 발전을 이룰 수 있을 것이다.

제2장

도덕과교육의 발달적 기초

도덕과교육이 도덕성 발달을 목적으로 하는 교과라는 점에서 보면 도덕성 발달을 직접적인 탐구의 대상으로 삼는 도덕심리학은 도덕과교육과 관심을 공유하고 있다고 말할 수 있다. 현대 도덕심리학은 도덕성 발달에 관한 상당한 발전을 이루었으며, 그리하여 경험적 증거에 입각하여 도덕성이 어떠한 단계를 거쳐 발달하는가, 그 발달을 인위적으로 촉진하는 일은 가능한가, 또 그 구체적인 방법은 무엇인가와 같은 문제에 나름의 견해를 제시하고 있다. 그러나 적어도 도덕적 지식의 전달을 통한 도덕성 발달이라는 주제에 관해서는 그다지 분명하게 밝혀져 있다고 보기 어렵다. 도덕심리학 연구가 축적해 온 성과를 과소평가해서는 안 되겠지만, 도덕심리학에 지나치게 관심을 기울일 때 오히려 도덕과교육이 과소평가되는 경우가 있다는 점은 부단히 염두에 두어야 한다.

심리학이 인간의 마음을 연구 대상으로 삼고 있다는 점이 짐작하게 하듯이, 도덕심리학 연구를 통해 도덕과교육의 발전을 이룩하려는 종래의 노력은 '사회에 대한 개인의 우위', '교육에 대한 발달의 우위'라는 관점을 확립하는 데 공헌하였다. 피아제와 콜버그로 이어지는 도덕교육의 '인지발달론적 접근'(cognitive developmental approach)이라는 이론적 노선은 그 관점을 여실하게 보여주고 있다. 특히, 이 노선은 도덕과교육에 여전히 광범한 영향력을 발휘하고 있는 만큼, 도덕과교육의 발달적 기초를 다루는 이 장의 좋은 출발점이 된다. 어느 편인가 하면, 현재 도덕과교육에 관한 다양한 이론적 논의, 심지어 현대 도덕심리학에 관한 다양한 이론적 논의는 '콜버그 이후'라는 공통된 문제의식에서 출발하고 있다고 말해도 무리가 없다. 그리하여 도덕교육의 인지발달론적 접근에 관한 논의는 현대 도덕과교육을 이해하는 데 필요불가결하다.

여기에서는 현대 도덕과교육의 과제가 '콜버그 이후'라고 요약될 수 있다는 점을 부단히 염두에 두고, 피아제와 콜버그에 관한 논의로 시작하여, 그것을 비판하며 등장한 '다른 목소리'라는 길리건(C. Gilligan)의 관점을 살펴보겠다. 마지막으로는 콜버그 이후를 모색하는 데 중요한 이론적 거점이 될 수 있다고 생각되는 비고츠키(L. S. Vygotsky)의 관점을 그의 '손상학'에 초점을 두어 살펴보겠다. 콜버그, 길리건, 비고츠키라는 논의의 순서는 도덕과교육의 발달적 기초를 다루는 본 장이 현대 도덕심리학의 이론적 성과를 전체적으로 개괄하기에는 어이없이 부족하다는 점을 분명한 형태로 보여주고 있다. 그러나 그 순서는 '콜버그 이후'라는 도덕과교육의 과제와 나아가야 할 방향을 구체적인 수준에서 확인하는 데 도움을 제공할 수 있을 것이다.

1. 인지발달 이론

도덕과교육에 관심을 기울이는 사람이라면 모르는 사람을 찾아보기가 더 어렵다고 말할 정도로 유명한 콜버그는 도덕성 발달이라는 문제와 관련된 방대하고 체계적인 연구를 수행한 인물이며, 그의 연구는 오늘날 도덕과교육에 관한 일반적인 사고의 기저를 이루고 있다고 말해도 좋을 정도의 영향력을 발휘하고 있다. 그리하여 콜버그의 도덕발달론과 도덕교육론을 체계적으로 고찰하는 일은 단순히 도덕교육에 관한 서양의 이론적 입장을 확인하는 일 이상의 의미를 갖는다. 콜버그의 관점은 이미 우리 자신의 사고방식 일부를 이루고 있으며, 따라서 도덕성 발달에 관한 콜버그의 견해를 검토하는 일은 현재 우리 자신의 사고방식을 반성하는 계기가 된다.

콜버그가 도덕교육에 상당한 관심을 기울였다는 점은 이미 잘 알려진 사실이다. 그러나 도덕교육에 관한 그의 관심이 일차적인 것이었다고 보기에는 어려움이 있다. 아닌 게 아니라, 그 관심은 도덕성 발달의 심리적 단계에 관한 자신의 박사학위논문, 구체적으로 말하여 그 논문의 문제의식에서 촉발된 것이다. 랩슬리(D. K. Lapsley)에 의하면, "콜버그는 오로지 하나의 문제의식에 전념하였다"라고 블라시(A. Blasi)가 회고할 정도로, '도덕 보편성을 옹호하고 도덕 상대주의를 배격하기 위해 도덕성 발달의 개념을 명료화'하는 일에 필생의 노력을 기울였다.[1)] 이러한 사정으로 인하여 콜버그의 도덕교육론은 자신의 도덕발달론의 '적용'이라는 의미를 갖게 된다. 따라서 그가 표방하고 있는 적용의 의미를 이해하기 위해서는 그의 도덕발달론에 주의를 기울일 필요가 있다.

피아제와 콜버그

콜버그는 도덕성 발달의 과정을 '타율적 도덕성'에서 '자율적 도덕성'으로의 이행으로 파악한다. 이러한 견해는, 도덕성 발달이 '자기중심적' 사고에서 벗어나 타인의 관점에서 대상을 보게 된다는 의미에서의 '가역적 사고'(可逆的 思考, reversible thought)로 나아가는, 그리고 '일정한 방향성'을 갖는 지적 발달의 과정과 다르지 않다고 보는 피아제의 연구를 재조명하여 정련한 결과이다.[2] 특히, 의지의 자율과 타율을 구분한 칸트의 아이디어에 착안하여 아동의 도덕성을 타율과 자율이라는 단순한 이분법으로 파악함으로써 주로 아동기에 관심을 두는 피아제와는 달리, 콜버그는 아동기에서 성인기에 이르는 전 시기의 발달에 관심을 두고 20년간의 종단적 · 간문화적 연구를 통해 피아제의 이론을 체계적인 형태로 발전시켰다. 그 결과가 바로 3수준 6단계로 대표되는 그의 도덕발달론이다.

그의 도덕발달론을 개관하기 전에, 먼저 피아제와의 관련성을 생각해 볼 필요가 있다. 우선 콜버그는 도덕성 발달의 의미, 그리고 연구의 방법 면에서 피아제의 이론과 상당한 유사성을 보인다. 간략하게 말하여, 콜버그가 도덕성을 판단의 '내용'이 아니라 판단의 '형식'으로 보고 있다는 점, 경험적 증거를 바탕으로 자신의 단계설을 뒷받침하고 있다는 점, 도덕성 발달이 '인지구조와 환경 간의 상호작용을 통하여 이루어지며, 그 상호작용을 통하여 발생한 인지구조의 비평형화가 평형화로 이행된 결과'로 간주한다는 점, 임상적 면담 방법을 활용하여 '단계'를 진단하고 있다는 점에서 피아제를 따르고 있다.

그러나 피아제와 콜버그의 견해는 세부적인 측면에서 중요한 차이를 보인다. 그 차이를 정리하여 말하면 다음과 같다.[3] 피아제는 도덕성 발달을 지적 발달의 한 부분으로 취급하는 반면에, 콜버그는 양자가 병렬 관계를 이루는 것으로 파악한다. 즉, 피아제의 경우에 도덕성 발달은 지적 인지구조의 발달이 도덕적 사태에서 표현되는 것으로 간주되는 반면에, 콜버그의 경우에 지적 발달과 도덕성 발달은 전자가 후자의 필요조건일 뿐 충분조건은 아닌, 다시 말하면 전자 없이는 후자가 일어날 수 없지만, 전자가 일어난다고 하여 후자가 반드시 일어난다고는 볼 수 없는 그런 관계에 있다. 또 하나 간과할 수 없는 차이로서, 콜버그의 경우에 20년간의 종단적 연구와 대대적인 간문화적 연구를 통하여 도덕성 발달 단계론을 더욱 정교하고 체계적인 형태로 제시하였다는 점을 들 수 있다.

콜버그의 도덕발달론

콜버그가 자신의 연구를 위해 사용한 방법은 아동들에게 도덕적 상황을 제시하고 그 상황에 놓인다면 어떻게 행동하겠는가,

그 이유는 무엇인가를 말해 보도록 하는 것이었다. 경험적 증거에 입각한 연구를 수행한 피아제 또한 이와 동일한 방식을 사용하긴 했지만, 콜버그는 그 도덕적 상황을 '딜레마'로 제시한다는 서로 명백히 구분되는 차이가 있다. 콜버그가 사용한 딜레마 이야기 가운데 하나를 예시하면 다음과 같다.

> 유럽 어느 곳에서인가 어떤 부인이 암으로 죽어가고 있었다. 그 부인을 살리는 데는 오직 한 가지 약밖에 없었다. 이 약은 같은 마을에 사는 어느 약제사가 발명한 라듐 종류의 약이었다. 그 약은 재료 원가가 워낙 비싼데다가 약제사가 약값을 원가의 10배나 매겨 놓았다. 라듐을 200달러에 구입하여 만든 그 약 한 제에 2,000달러의 값을 불렀다. 그 아픈 부인의 남편인 하인즈는 돈을 구하러 아는 사람들을 모두 찾아다녔으나 약값의 절반인 1,000달러밖에 마련할 수 없었다. 남편은 약제사에게 자기 부인이 죽기 직전에 있다는 사정을 설명하고 약을 싸게 팔거나 아니면 외상으로라도 자기에게 팔아달라고 간청한다. 그러나 약제사는 "안 됩니다. 나는 그 약으로 돈을 벌어야 하겠습니다"라고 대답하였다. 절망을 느낀 하인즈는 마침내 약방을 부수고 들어가 부인을 위하여 약을 훔친다.[4)]

이러한 가설적인 도덕적 사태에 대하여, '남편은 약을 훔쳐야 했는가? 이것은 옳은 일인가, 아니면 그른 일인가? 그것이 옳다, 또는 그르다는 당신의 결정은 객관적으로 볼 때 옳은 것인가, 혹은 그른 것인가, 그것은 도덕적으로 보편적인 것인가, 아니면 당신 개인의 의견인가? 만약 약을 훔치는 것이 도덕적으로 옳다고 생각한다면, 그것이 법적으로 잘못된 것이라는 사실에 직면하지 않을 수 없다. 단지 개인적 의견이 그렇다는 것 이상으로 그것이 도덕적으로 옳다고 보는 근거는 무엇인가?'[5] 등과 같은 질문이 제기되고 사람들은 그것에 대해 나름의 대답을 하면서 하인즈의 행동을 '특정한 사고방식'을 발휘하여 판단하게 된다. 콜버그는 이러한 판단이 여섯 가지 유형으로 분류될 수 있고, 불변의 위계적 계열을 이루고 있으며, 그 유형 하나하나가 인간의 도덕성 발달과정이 필연적으로 거쳐 가야 할 단계를 나타낸다고 생각하였다.[6]

콜버그가 규정한 도덕성 발달의 3수준 6단계를 정리하여 제시하면 다음과 같다.[7]

■ 관습 이전 수준(preconventional level)

이 수준의 아동은 도덕적 규칙 또는 선악의 개념은 알고 있으나 이 개념을 행위의 쾌락적 결과, 또는 도덕적 규칙을 강요하는 사람의 힘이나 권력과 관련지어 해석한다. 이 수준은 다음의 두 단계로 나뉜다.

단계 1: 벌과 복종에 의한 도덕성

행위의 물리적 · 신체적 결과가 선악의 기준이 된다. 이 단계에서는 그러한 결과가 어떤 의미 또는 가치를 나타내고 있는가 하는 것은 도외시된다. 벌을 피한다든지 권력에 무조건 복종하는 것은 그 자체로서 가치를 가지며 벌이나 권위에 내재해 있는 '도덕적 원리'가 중요시되는 것은 아니다(이것은 단계 4에 속한다).

단계 2: 욕구 충족 수단으로서의 도덕성

올바른 행위는 자기 자신의 필요를 충족시키면서 경우에 따라서는 다른 사람들의 필요를 충족시켜 주는 그런 행위이다. 인간관계는 일종의 교환 관계로 간주된다. 공정성, 상호성, 또는 공정한 분배 등의 개념이 나타나지만 이것은 반드시 실용적인 관점에서 해석된다. 상호성이라는 것은 말하자면 '네가 내 등을 긁어주니까 나도 네 등을 긁어주겠다'라고 하는 생각이며, 신의를 지킨다든가, 감사를 느낀다든가, 공정을 기한다든가 하는 생각과는 거리가 멀다.

■ 관습 수준(conventional level)

이 수준에서는 개인이 가정이나 집단이나 국가의 기대를 따르는 것이 행위의 즉각적인 결과와는 상관없이 그 자체로서 가치를 가진다. 아동은 자기 자신에 대한 기대나 사회의 질서에 단순히 동화하는 것이 아니라, 그것을 충실히 따르고자 하며, 그 질서를 적극적으로 유지하고 지지하고 정당화하고 그 질서에 관련된 개인이나 집단과 자신을 동일시한다. 이 수준은 다음의 두 단계로 나뉜다.

단계 3: 대인관계의 조화를 위한 도덕성

올바른 행위란 다른 사람을 기쁘게 하고 도와주는 행위, 그리하여 다른 사람이 승인하는 행위이다. 대부분의 사람들이 '자연스러운' 행동이라고 일반적으로 생각하는 행동에 동화하려는 경향이 강하게 나타난다. 행동은 흔히 의도에 의하여 평가된다. '좋은 의도로 그런 일을 했다'라는 생각이 처음으로 중요시된다.

단계 4: 법과 질서 준수로서의 도덕성

이 단계에서 아동들은 권위나 고정된 규칙, 또는 사회질서 유지의 중요성을 강조한다. 올바른 행동이란 의무를 수행하는 행동, 권위를 존경하는 행동, 주어진 사회질서를 그 자체로서 유지하려는 행동이다.

■ **관습 이후 수준**(postconventional level)

이 수준에서는 도덕적 가치나 원리가 그 가치를 표방하는 개인이나 집단의 권위와는 관계없이, 또 자신과 집단과의 유대와는 관계없이 그 자체로서 타당성을 가진다고 생각한다. 이 수준은 다음의 두 단계로 나뉜다.

단계 5: 사회계약 정신으로서의 도덕성

이 단계는 공리주의적인 색채가 짙다. 올바른 행동은 개인의 기본권에 비추어, 또 사회 전체가 원칙상 합의할 수 있는 도덕 기준에 비추어 규정된다. 개인적 가치의 상대성을 인정하면서도 그와 동시에 합의에 도달하는 방법상의 원리를 강조한다. 법적 관점이 중요시되지만 법의 사회적 유용성에 대한 합리적 고려에 따라 법이 바뀔 수도 있다는 것이 마찬가지로 중요시된다.

단계 6: 보편적 도덕원리에 대한 확신으로서의 도덕성

올바른 행위는 스스로 선택한 도덕원리에 따른 양심의 결단으로 규정된다. 이 도덕원리는 논리적으로 포괄적이고 보편적이며, 일관성 있는 것이어야 한다. 이 도덕원리는 예컨대 '십계명'과 같은 구체적인 규칙이 아니라, 추상적인 원리이다. 이러한 도덕원리는 공정성, 인간 권리의 상호성과 평등, 개인으로서의 인간의 존엄성에 대한 존중이다.

콜버그는 도덕성의 발달을 '통합'(integration)과 '분화'(differentiation)라는 겉보기에 모순을 이루는 것으로 보이는 두 가지 원리로 설명하였다. 통합은 발달 단계의 점진적 상승이 이전의 단계와는 완전히 무관한 단계로의 이행이 아니며, 도덕성이 발달하여 단계가 높아질수록 낮은 단계가 '통합'되어 보다 완전한 도덕적 원리로 나아간다는 것을 뜻한다. 분화는 콜버그의 글 제목이기도 한 "사실에서 당위로"(From *Is* to *Ought*)라는 표현과 관련이 있다. 분화의 원리는 도덕성 발달 단계가 높아질수록 사실적 결과(事實, Is)와 도덕적 원리(當爲, Ought)의 구분이 뚜렷하게 인식된다는 것을 뜻한다. (콜버그는 발달 단계의 상승에 따라 생명과 재산의 가치가 구분된다는 점을 사례로 들면서, "누구나 생명을 구하기 위해서는 재산을 훔쳐야 한다"라는 말을 덧붙이고 있다.)[8] 통합과 분화의 원리에 의하여 인지구조는 점점 평형에 가까워지며, 그 과정은 마지막 6단계에서 완성된다. 이하의 논의에서도 언급되겠지만, 통합과 분화의 원리는 도덕성 발달 단계가 '보편적인 불변의 계열'이라는 점과 불가분의 관련을 맺고 있다. 결국, 6단계는 진정한 의미에서의 '가역성'을 띠는 개인의 도덕성을 나타낸다. 콜버그가 '가역성으로서의 정의'[9]라는 표현을 사용했다는 점을 염두에 두고 말하면, 가역성은 '정의'(正義)라는 윤리학적 개념의 '심리학적 대응물'에 해당한다. 콜버그가 지적하고 있듯이, 6단계는 평범한 사람에게는 도달을 기대하기 어려운 이상적인 단계이다. 그러나 6단계가 교육의 실천이 지향하고 추구해야 할 목적을 보여주고 있다는 점은 분명하다.

콜버그의 도덕교육론

콜버그의 도덕성 발달 단계는 다음과 같은 세 가지 특징으로 요약할 수 있다.[10] ① 단계는 불변의 계열을 의미한다. ② 단계는 '구조적 전체', 즉 특정 상황에 대한 태도가 아니라 총체적인 사고방식을 규정한다. ③ 단계 개념은 단계가 이루는 계열이 여러 문화적 조건 아래에서도 보편적으로 나타난다는 것을 함의한다. 콜버그가 제안한 발달 단계는 서양의 일부 나라에서만 나타나는 것이 아니라, 문화, 국가, 인종에 상관없이 보편성을 띤다는 점을 주장함으로써 널리 주목을 받아왔다. 그는 발달 단계를 구분 짓는 기준이 '판단의 내용'이 아니라 '판단의 형식'이라는 점을 그 근거로 내세우면서, 그 기준에 의해 구분되는 '단계'가 사고 양식의 질적 차이를 보여준다는 점을 강조하였다. 그리하여 도덕성 발달의 기준은 판단의 내용이 아니라 '판단의 형식'이다. 특히, 그는 이러한 자신의 연구 결과가 상대주의 대 교화주의의 딜레마라는 도덕교육의 문제를 해소하는 데 기여한다고 자부하였다.

실지로 3수준 6단계의 도덕성 발달 단계가 보편적이면서도 불변의 계열을 이룬다는 그의 주장은 가치교육에서 '상대주의 대 교화주의의 딜레마'를 해소하는 데도 적용되고 있다. 콜버그가 보기에, 특정한 사회의 규준과 표준을 내면화하는 '사회화', 정체가 모호하고 막연한 관념에 의존하는 '적극적 가치의 교수', 그리고 일련의 덕목을 나열하고 그것을 전달하는 '덕 보따리 식 접근'(a bag of virtues approach)은 상대주의 문제에 대한 미봉책에 불과하며, 심지어 '교화'(indoctrination)에 지나지 않는다. 그는 이 세 가지 접근이 사실상 '상대주의' 위에서 성립하며, 각각 사회적, 자의적, 문화적 교화와 다르지 않다고 보았다. 또한 그것의 대안으로 등장한 '가치명료화'는 '도덕교육의 불가능성'을 주장하는 것에 지나지 않으며, 이와 동시에 '가치는 상대적이다'라는 완고한 신념을 가르친다는 점에서 교화와 다르지 않다고 보았다. 그의 이러한 지적은 상당한 정도로 타당성을 지니는 것처럼 보이면서도, 동시에 널리 합의된 가치 혹은 인류가 축적해 온 지식을 전달하는 것은 무엇이든, 그 지식이 어떤 의미와 가치를 지니는지의 문제를 고려하지 않고 교화로 간주한다는 인상을 준다. 그는 이를 도덕교육이 '벗어나야' 할 문제 사태로 인식하였다.

콜버그는 '상대주의와 교화주의의 문제를 해결하는 유일한 방식은 철학적으로, 그리고 심리학적으로 정당화된 도덕성 발달의 관념을 체계적으로 드러내는 일'이라고 주장한다.[11] 달리 말해, 보편타당한 도덕적 기준으로서의 도덕성 발달의 관념을 탐구하는 일이야말로 유일한 해결책이다. 자신의 도덕발달론에 입각하여 도덕성 발달의 성장을 자극하는 방식은 이데올로기를 학생들에게 받아들이도록 하는 식으로 유도하는 것이 아니라 학생에게 '자연스러운 방향'(발달 단계)으로 사고를 자극한다는 점에서 교화적 교수도, 상대주의적 교수도 아니다. 콜버그는 방대한 경험 연구를 증거로 하여 아동이 자신의 판단 방식을 가지고 있다는 점을 내세우면서, 그것은 외부로부터 내면화된 것도, 부모, 교사, 친구로부터 직접 전달받은 것도 아니라는 대단히 단정적인 발언을 하고 있다.[12] 상대주의와 교화주의가 갖는 한계는 도덕성 발달의 단계를 체계적으로 드러내는 자신의 연구를 통해 극복될 수 있다는 것이 그의 생각이었다. 그에 의하면, 도덕교육의 목적은 발달이요, 그것은 지식의 전달이 아니라 발달 단계의 상승을 돕는 '인지적 자극'에 의하여 촉진될 수 있다. '나의 주된 철학적 주장은, 발달의 자극이 윤리적으로 받아들일 만한 유일한 도덕교육의 형식이라는 것이다'[13]라는 그의 발언은 이러한 사정을 잘 보여준다.

콜버그의 도덕발달론이 도덕교육에 가져다준 공헌으로 인정받는 것 중 하나는 전통적 도덕교육의 방법에 관한 획기적인 대안을 제시해 준다는 데 있다. 그에 의하면, 단순히 인격 특성으로서의 나열된 덕목을 전달하고 그것에 따라 행동할 것을 권유하는 식의 전통적 도덕교육 방법은 윤리적, 교육적으로 그릇되며, '가설적 딜레마'를 제시하여 도덕적 갈등 상황에 노출시키는 것이야말로 그 그릇된 방법의 대안이요, 도덕성 발달을 일으키는 결정적인 방안이다. 도덕성 발달을 촉진시키는 과정에서 중요한 것은, '학생은 그 자신이 이해할 수 있는 가장 높은 추리 단계를 선호하지만 자신의 단계보다 한 단계 이상 높은 것을 이해하지 못한다'[14]는 것이다. 블래트(M. Blatt)는 이러한 접근법이 실지로 효과가 있다는 점을 밝혀냄으로써 콜버그의 견해가 타당하다는 점을 경험적으로 확인시켜 주었으며,[15] 히긴스(A. Higgins)에 의하면, 이 시점부터 콜버그는 도덕교육에 본격적인 관심을 기울였다.[16] 그는 가설적 딜레마를 활용한 토론의 기회를 제공하여 학생들에게 그 자신의 단계 바로 위의 단계를 대면하게 해주고, 소크라테스의 대화법을 원용하여 '인지적 자극'을 심화시키는 일이야말로 발달 단계의 성장을 촉진한다고 보았다.

이상의 논의는 이른바 '블래트 효과'(Blatt effect, 일명 '+1 효과')에 기반을 둔 가설적 딜레마 토론이 콜버그 도덕교육론의 핵심에 해당한다는 점을 보여준다. 그러나 그는 추후 이러한 접근법의 한계를 자각하고 '정의로운 공동체'(Just Community) 접근으로 전환하였다. 교도소와 소년원에서 이루어진 실험은 콜버그로 하여금 가설적 딜레마 토론으로 훈련된 도덕적 사고가 상황에 따라 오히려 퇴행될 수 있다는 것을 일깨워 주었다.[17] 그리하여 그는 수감자들에게 가설적 딜레마가 아닌 '실생활' 딜레마를 사용하였으며, 딜레마 토론의 기회를 제공하는 것 이상의 정의로운 공동체 활동에 직접 참여하는 기회가 필요하다고 판단하여 수감

생활 자체를 정의로운 공동체에 적합한 장으로 만듦으로써 그 속에서 생활하는 구체적인 경험의 기회를 제공하였다. '우리는 죄수들을 개조하려고 노력하는 대신에 교도소를 바꾸려는 노력을 해야 한다'[18]는 것이다. 물론, 정의로운 공동체 접근은 여전히 콜버그 자신의 도덕발달론의 적용이라는 전기 도덕교육론의 성격을 공유한다.

도덕심리학의 교육

콜버그의 도덕발달론과 그것에 바탕을 두고 있는 도덕교육론이 도덕교육의 이론과 실제의 면에서 대단한 성과를 이룩했다는 점을 부정하기는 어렵겠지만, 동시에 도덕교육에 종사하는 사람이 보기에 결코 도외시할 수 없는 심각한 문제를 드러내 온 것이 사실이다. 콜버그는 『도덕발달의 철학』에서 도덕성 발달이 성인의 구체적인 가르침이나 교육의 결과로 얻어진 것이 아니라는 점을 인정할 뿐만 아니라, 그 입장을 전면에 내세워 강력하게 주장한다. 그가 보기에, 도덕성의 내용을 전달하는 교수는 도덕성 발달을 촉진하는 데 기여하지 못한다. 그는 도덕성 발달을 교수와 직접적인 관련을 맺지 않는 개념으로 파악하면서, 도덕성 발달은 학생의 도덕적 판단이나 행위에 간접적으로 영향을 끼칠 수 있는 '인지적 자극'에 의해서 이루어질 수 있을 뿐이라는 점을 일관되게 강조하였다. 덕목을 가르치고 배우는 과정에서 다양한 방법이 활용될 수 있겠지만, 콜버그의 관점에 비추어 볼 때 교과교육으로서의 도덕교육은 '덕 보따리'를 전달하는 것이라는 비판에서 자유로울 수 없다.

이상의 논의는 도덕교육이 덕목을 나열하고 그것을 전달하는 데 몰두할 것이 아니라, 학생을 도덕적 갈등 상황에 노출시켜 보다 상위의 발달 단계를 대면하도록 해야 한다는 콜버그의 주장에서 곧바로 따라 나오는 것이다. 그도 그럴 것이, 인지적 자극이 도덕성 발달의 핵심에 해당한다는 그의 주장은 판단의 내용이 아니라 '판단의 형식을 직접 겨냥해야 한다'는 주장으로 이어지고 있다. 이 관점에서 판단의 내용에 해당하는 덕 보따리를 전달하는 전통적 도덕교육의 방법이 비판의 대상으로 취급되는 것은 자연스러운 일이다. 그러나 판단의 형식은 판단의 내용과 무관한 것인가? 판단의 형식은 판단의 내용과 무관하게 직접 가르칠 수 있는가? 그가 말하는 판단의 형식은 도대체 '어디에서' 온 것인가?

위의 의문은 사실 새로운 것이 아니다. 피터즈(R. S. Peters)는 이미 발달 단계의 변화가 교수에 의한 것이 아니라는 콜버그의 주장이 일반적으로 받아들여지는 교수 개념과는 상반된다는 점을 지적한 바 있다. 그가 보기에, 도덕성의 내용으로서의 공정에 관해 학습하는 것이 발달을 촉진하는 데 기여하는 바가 없다는 것은 대단히 의심스러운 주장이다. 피터즈는 콜버그가 교수와 인지적 자극을 구분하고 서로 대비시킴에도 불구하고 그 각각의 구체적 의미를 설명하지 않는다는 점을 지적하면서, 이와 같은 대비는 교수 개념을 지나치게 경직된 것으로 본 결과라고 평가하였다.[19] 이를테면, 콜버그는 '덕목'의 의미를 한정적으로 규정하고 있으며, '교수'에 단순히 정보의 전달과 같은 협소한 의미만을 부여한다는 것이다. 그러나 피터즈는 이와 같은 의미를 지니는 교수 활동이 이루어지는 사태에서마저도 학생은 '인지적 자극'이라는 것을 느낄 수 있다고 보았다.[20] 콜버그는 판단의 형식과 판단의 내용을 분리해 낸 뒤에 전자를 직접적으로 겨냥하는 과정에서 후자를 왜곡하고 희생시켰으며, 이는 '교수의 의미'를 단편적으로 파악함으로써 교수에 관한 그릇된 이해를 초래하는 결과를 낳았다.

본 연구의 주제와 관련하여 한 가지 더 고려해보아야 할 문제는 교수에 제한적인 의미를 부여하는 원인이 콜버그의 판단의 내용에 대한 그릇된 이해가 전부인가 하는 것이다. 이 문제와 관련하여 콜버그의 도덕교육론은 자신의 도덕발달론의 '적용'이라는 의미를 갖는다는 점에 특별히 주목할 필요가 있다. 그의 도덕교육론은 도덕심리학 연구가 도덕교육에 일방적으로 적용되는 방식, 즉 '도덕심리학의 교육'을 전형적으로 예시하며, 이 방식은 언제라도 교수의 의미와 가치가 격하되거나 훼손될 가능성을 안고 있다. 이 방식에서는 도덕교육이 도덕심리학의 연구 결과를 소비하는 위치에 머물게 되는 만큼, 도덕교육의 실천으로서의 교수활동은 도덕심리학의 연구 결과에 따라 수정과 변경을 겪을 수밖에 없다. 그 결과 콜버그에게 있어서 교수는 도덕성의 내용을 전달하는 것에 그칠 뿐, 도덕성 발달에 기여하는 바가 별로 없는 것으로 이해될 수밖에 없었다. 요컨대, 그의 관점은 도덕성의 형식은 교육되는 것이 아니라 발달되는 것이라는 결론, 달리 말해 교수가 발달을 주도하고 이끄는 것이 아니라 오히려 발달이 교수를 주도하고 이끈다는 식의 다소 상식에 어긋나는 결론으로 귀착된다.[21] 콜버그의 도덕교육론이 예시하는 '도덕심리학의 교육'의 관점에서 발달과 교수 사이의 긴장 관계가 사라지는 것은 거의 불가피하다.

그러나 콜버그의 생각과는 달리 판단의 형식은 판단의 내용과 무관하게 생각할 수 있는 것이 아니라고 보아야 한다. 판단의 내용과 판단의 형식은 하나의 마음을 두 측면에서 추상한 것이요, 양자는 마음 안에 분리 불가능한 상태로 결합되어 있다.[22] 피터즈에 의하면, 형식 혹은 원리는 어떤 행동이나 신념의 명확한 내용을 비판, 정당화, 또는 설명할 때 요구되는 이유를 구체화한 것이다.[23] 이를 염두에 둔다면, 콜버그가 말하는 형식은 내용을 습득한 사람의 마음을 추상한 것이라고 보는 것이 타당하다. 사람들이 내리는 판단에서 내용에 해당할 만한 것들을 모두 제거한 뒤에 발견되는 유사한 판단이 바로 콜버그가 말하는 판단의 형식이며, 그것은 내용과 분리된 상태에서는 언제나 공허하다고 말할 수밖에 없다.

이상의 논의를 정리하자면, 콜버그의 이론체계는 도덕교육이 도덕성의 형식에 주목할 필요가 있다는 대단히 중요한 시사를 제공해주고 있음에도 불구하고, 거기에서 정작 중요하게 다루어야 하는 도덕성의 내용을 소홀히 취급하였다는 한계를 가진다. 이러한 이해 방식은 현재 학교에서 이루어지고 있는 교과교육으로서의 도덕교육, 즉 도덕과 수업 활동의 근본 성격을 그릇되게 이해하는 데 영향을 제공하게 된다. 콜버그는 도덕성의 형식이라는 것이 어디에서 온 것인가 하는 점에 응분의 관심을 기울일 필요가 있었다. 결과적으로, 장차 '도덕심리학의 교육'을 넘어서는 관점, 말하자면 '도덕교육의 심리학'[24]을 확립하는 것은 도덕과교육의 중요한 과제가 된다.

2. 도덕성 발달의 다른 목소리

도덕교육에 관심을 기울이는 사람들에게 길리건은 '정의 정향'(justice orientation)을 주장한 콜버그의 관점을 지배적인 목소리로 간주하고 그에 대항하는 '배려 정향'이라는, 이른바 '다른 목소리'(a different voice)를 주장한 인물로 잘 알려져 있다. 물론, 길리건에 관한 관심은 콜버그의 한계를 드러낸다는 점에서 주목되어 온 것이 사실이지만 그녀의 이론체계에는 그 점 이외에도 주목할 만한 것이 많이 있다. 실지로 이때까지 국내에서 길리건의 관점은 여성의 도덕성 발달에 근거한 페미니스트 심리 이론에 관한 연구,[25] 정의 윤리와 대비를 이루는 배려 윤리의 관점 또는 양자의 상보성 및 양립 가능성 문제,[26] 그리고 길리건의 배려 윤리와 성차에 입각한 도덕교육의 문제[27]에 주된 관심을 두어왔다.[28]

길리건은 이 절에서 다루고 있는 주제를 훨씬 포괄하는 인간의 심리 이론, 그중에서도 여성의 발달에 관한 한 권위 있는 페미니스트이다. 그녀는 프로이트와 피아제의 전통에 선 심리학을 가르치면서, 그리고 에릭슨(E. Erikson)과 콜버그와 함께 연구하는 과정에서 제기된 자신 내면의 새로운 문제의식을 당대의 지배적 목소리가 아닌 '다른 목소리'로 표현하였다. 길리건의 글을 읽어 본 사람은 그녀의 문학과 역사를 아우르는 연구의 지평과 섬세한 표현 스타일, 그러나 사회 현실에 대한 냉철한 판단에 입각한 비판과 그것을 표현하는 기백에서 새로운 문제의식에 입각한 목소리가 등장해야 하는 이유를 공감할 수 있을 것이다. 그러나 길리건에 대한 정서적 이해와는 별도로, 그녀의 관점은 앞서 제기한 몇 가지 쟁점을 도덕과교육과 관련하여 탐색하는 논의의 여정이 필요하다.

길리건의 '다른 목소리'

잘 알려져 있듯이, '배려 윤리'는 서구 윤리학의 사상적 계보에서 중심축을 이루어 온 '정의 윤리'와의 대비에서 등장한 것으로서 길리건에 의해 규정되고 사용된 용어이다. 길리건에 의하면, 도덕성은 인간 발달의 상이한 두 가지 이상적 최종 상태인 정의(justice)와 배려(care)로 구성되어 있는데, 정의 정향의 도덕성은 주로 남성에게 나타나는 일반적이고 보편적인 특성인 반면, 배려 정향의 도덕성은 주로 여성에게 나타나는 일반적이고 보편적인 특성이다. 말하자면, 남성은 주로 정의의 문제를 비롯하여 공정성, 규칙, 권리 등의 문제에 초점을 두어 도덕을 논의하는 반면에, 여성은 가족과 친구와 같은 타자와의 관계 실천에 있어서 주로 배려의 문제를 비롯하여 경청, 해석, 관심, 필요, 소망, 열망 등의 문제에 초점을 두어 도덕을 논의한다는 것이다.[29)]

사실, 남성과 여성이라는 성차에 따른 상이한 도덕성에 관한 길리건의 관점이 세상에 알려진 이유는 콜버그를 대표로 하는 도덕성 연구 결과－연구 표본 집단에 여성이 단 한 명도 포함되지 않음－가 종래의 전통적이고 지배적인 가치관, 문화, 관점 등을 포괄하는 논리·과학적 사고 양식을 여실하게 드러내어 정당화하고 있다는 길리건의 비판적 시각이 제기되었기 때문이다. 이러한 비판적 시각은 '목소리'(voice)에 주목하여 관심을 촉발하는 계기가 되었으며, 길리건은 전통적인 지배적 목소리를 자신의 관점을 드러내고 정립하기 위한 비판적 논의의 거점으로 삼았다. 이른바 '다른 목소리로'(In a different voice)는 길리건의 심리 이론 및 여성의 발달관을 포괄적으로 지칭하는 그녀의 용어이자 책의 제목이기도 하다.[30)]

여기에서 주목할 점은 '목소리'가 일종의 비유적 표현으로 사용되고 있는 용어라는 데 있다. 목소리는 관점(perspective), 정향과 상이한 용어이지만 삼자가 동일한 의미를 공유하고 있다. 즉, 그녀에게 있어서 도덕적 목소리는 도덕적 정향이며 도덕적 관점을 의미한다.[31)] 그리고 『다른 목소리로』에 나타난 목소리의 용례를 살펴보면, 남성의 목소리와 여성의 목소리, 전통적이고 지배적인 목소리와 그와는 다른 목소리, 그리고 논리·과학적인 설명의 목소리와 관계 실천의 목소리 등에서 목소리는 정의의 목소리와 배려의 목소리를 비유적으로 표현한 것이다. 실지로 길리건이 강조하는 목소리는 종래에 주목받지 못했던 여성, 배려, 경청, 해석, 열망, 소망, 관심의 목소리 등 다양한 사례에서 여러 용어로 표현되고 있는데, 이를 통해 길리건의 '다른 목소리'는, 그 자신이 동료와 수행한 연구에서도 밝히고 있듯이, 한 마디로 '관계의 내러티브'임을 알 수 있다.[32] 이하에서는 도덕성 발달의 문제와 관련하여 왜 관계의 목소리에 귀를 기울여야 하는가에 대한 길리건의 입장을 살펴보겠다.

관계의 내러티브

길리건은 동료인 브라운(L. M. Brown)과 함께 임상 연구한 "관계의 내러티브에 있어서의 목소리에 귀 기울이기"(Listening for voice in narratives of relationship)라는 글의 서두에서 관계성에 초점을 두는 심리학, 이른바 관계의 심리학은 타인의 이야기를 경청하고 해석하며 또한 타인에게 이야기를 잘 전달하는 일련의 과정을 '목소리'로 규정하고 있다고 밝힌다.[33] 그런데 이때의 목소리는 여러 목소리를 아우르는 단일한 총체로서의 의미라기보다는 관계 실천의 과정에서 발생하는 다양한 목소리를 지칭하며, 관계의 심리학에서는 이 다양한 목소리의 사태에 민감성을 갖는 것이 정신 발달을 비롯한 도덕성 발달에 중요한 영향을 끼치는 것으로 이해된다. 이를 뒷받침하는 담론 방식으로, 길리건은 먼저 목소리에 대한 네 가지의 질문을 던지는 것으로 논의를 시작한다.[34] 즉, 누구의 목소리인가, 어떤 신체에서 나오는 목소리인가, 누구의 관점 및 어떤 관점에서 무슨 이야기를 하는 목소리인가, 마지막으로 어떤 사회 활동 및 문화의 틀에 영향을 받은 목소리인가 하는 질문이 이에 해당한다.

길리건에 따르면, 위와 같은 목소리에 관한 질문에 대하여 대답을 요청받는 경우, 도덕성 발달 연구에 관한 고전적이고 전통적인 관점에서는 의심 없이 남성의 목소리 또는 정의의 목소리라고 답할 것이다. 그 목소리는 도덕성 발달의 목소리에 관한 한 의심 없이 받아들이는 '객관적 표준'에 해당한다. 그런데 목소리에 대한 이러한 강력한 관점은 하나의 지배적인 통념을 형성하게 되며, 이 통념은 다른 성격의 목소리에 경청하는 것을 잘 허용하지 않는 결과를 초래한다는 것이다. 이러한 상황에서는 지배적인 목소리 이외의 목소리는 일종의 객관성을 부정하는 목소리로, 이른바 '목소리가 아닌 목소리(no-voice voice)'로 취급된다[35]는 것이 길리건의 입장이다. 물론, 길리건이 강조하는 다른 목소리는 '관계의 내러티브'를 통해 드러내고자 하는 여성의 목소리, 배려의 목소리이며, 이 목소리는 결코 객관성을 부정하는 목소리－목소리가 아닌 목소리－가 아니다. 그녀의 이러한 입장은 '경청하기'(listening)의 성격과 방식에 대한 세밀한 고찰 및 임상 연구로 이어지는데, 이 관계의 내러티브 상황에서 무엇보다 중요한 것은 경청하기이다. 그런데 이때의 경청하기는 두 가지의 경우를 고려해야 한다. 하나는 특정 누군가를 대면하여 이야기를 주고받는 경우이고, 다른 하나는 지배적인 하나의 목소리가 아닌 여러 목소리에 열린 자세를 가지고 임하는 경우이다.[36]

전자－특정 누군가를 대면하여 이야기를 주고받는 경우－의 경청하기 방식은 다시 두 가지의 세부 활동이 시간의 선후 관계로 연결되어 진행되는데, 처음에는 누군가가 말하는 특정한 목소리에 주의를 기울이고, 그다음에는 그 누군가(화자)가 스스로에 대해 어떻게 말하는가에 주의를 기울여야 한다. 이를테면, 처음에는 청자가 화자의 특정한 목소리에 귀를 기울이는 것으로서 도덕적 사태와 관련한 문제 혹은 갈등 요인이 무엇인지, 그 사태에 대한 화자의 목소리가 지배적인 인습에 기대어 있는 것인지 아니면 그 인습을 넘어서는 문제인지 등에 대한 경청하기를 의미한다. 그리고 그다음에는 그러한 문제 사태에 대한 화자의 윤리적 결단과 그에 따른 행동에 대한 내면의 성찰 내러티브에 대한 청자의 경청하기를 의미한다. 화자의 편에서 볼 때, 이러한 경청하기 방식은 각각 무엇에 방점을 두고 있는지에 관한 한 분명한 차이를 드러내고 있다. 이는 경청하기의 사태에서 '개인 간 또는 개인과 사회 간 문제'에 초점을 둔 목소리에서 '개인 내의 문제'에 초점을 둔 목소리로 이행되는 과정이 순차적으로, 그리고 자연스럽게 일어나야 함을 강조하는 것이다.

개인 간 대화에 관한 길리건의 설명에서 화자의 윤리적 결단과 그에 따른 행동에 대한 내면의 성찰이 누군가의 직접적인 조언과 제안에 의하여 이루어진 것이 아니라는 점은 특별히 주목할 만하다. 그것은 오로지 청자의 '경청'에 의하여 나타난 결과이다. 경청은 단순히 화자의 말을 듣고 흘려버리고 마는 것, 그리하여 무의미한 것이 아니라, 화자의 말을 화자에게 '반사'하는 역할, 화자로 하여금 화자 자신을 대면하도록 하는 역할을 한다고 말해도 무방하다. 억지로 이끌지 않고도 이끄는 것, 그것이 바로 '경청'의 교육적 힘이다.

그다음으로 후자-지배적인 하나의 목소리가 아닌 여러 목소리에 열린 자세를 가지고 임하는 경우-는, 음악의 세계에서 여러 소리를 내는 '다성 음악'(polyphony)이 존재한다는 것을 감안하고 그것을 장려하는 것과 같이, 관계 실천의 과정에서 나타나는 여러 목소리 각각이 불협화음을 불러일으키지 않도록 고려하려는 태도가 요청된다는 것이다. 말하자면, 관계 실천의 과정에서 요구되는 것은 다양성과 동시성을 존중하는 마음의 변화이자, 지배적인 하나의 소리만을 지닌 단성 음악에만 주목하는 것에서 탈피하여 다양한 타자에서 나오는 누군가의 목소리에 귀를 기울이려는 경청의 태도이다.

도덕과교육의 실천을 염두에 두고 말하자면, 교육적인 의미에서 경청은 단순히 누군가의 말을 흘려듣거나, 그것을 마치 다 듣고 잘 이해했다는 듯이 고개를 끄덕이고 마는 사태를 가리켜 부르는 것이 아니다. 이러한 방식의 듣기를 하는 사람은 애초에 해당 사태를 지배하는 단일한 목소리가 있다고 생각하는 사람일 가능성이 크며, 따라서 관계 실천의 과정에서 다양성을 인정하고 존중하는 사람이라고 보기 어렵다. 이때 화자의 말은 화자에게 반사되지 않고, 앞서 언급한 '목소리가 아닌 목소리', 그리하여 무의미한 목소리가 되어 사라질 뿐이다. 진정한 의미에서의 경청을 하는 사람은 해당 사태를 지배하는 단일한 목소리가 어딘가에 존재한다고 생각하는 사람이 아니라, 오히려 불협화음도 화음이 될 수 있다고 생각하는 사람, 달리 말해 '불협화음의 화음'을 지향하는 진지한 자세로 타자의 목소리에 귀를 기울여 주는 사람이다. 물론, 청자의 반대편에 자신의 판단 능력을 믿고 말하는 화자가 있다는 점은 간과되어서는 안 된다.

결국 길리건이 관계의 내러티브에서 핵심으로 삼은 것은 발화자 자신의 목소리가 무엇보다 요청된다는 점, 그리고 자아가 지배적인 인습적 목소리에 함몰되어 나오는 단성적 목소리가 아닌 다성적 목소리이다. 길리건에 보기에, 현대 도덕성 발달 연구에서 특별히 염두에 두어야 하는 것은 바로 '자신의 목소리'와 '다성적 목소리'이다. 이를 도덕교육의 사태에 적용해보면, 자신의 목소리는 학생의 목소리이며, 다성적 목소리는 학생이 대면하는 지배적인 하나의 목소리가 아닌 다양한 목소리를 의미하는 것으로 이해된다. 실지로 길리건과 브라운은 위의 관점을 임상 실험을 통해 증명하기 위해 '타냐(Tanya)의 이야기'를 사례로 들고 있다.[37] 이 사례에서 길리건과 브라운은 타냐가 도덕적 갈등이 요구되는 사태에서 무엇을 고려하고 있는지, 어떤 윤리적 결단에 의거하여 행동하고 그에 대해 성찰하고 있는지, 그리고 그러한 결단과 행동을 가능하게 하는 결정 요인으로 얼마나 다양한 목소리에 근거하고 있는지를 구체적 사례[38]를 통해 설명하고 있다.

중요한 점은 도덕성 발달의 문제를 탐구 대상으로 하는 도덕교육의 문제와 관련하여, 길리건이 강조하는 이러한 관계의 내러티브에 의해서도 우리가 보편적 원리에 대한 확신으로서의 정의의 도덕성에 상응하는 보편적인 자기 선택적 원리로서의 배려와 책임의 도덕성에 도달하는 것이 가능하다는 점, 그리고 그것이 가능하기 위해서는 '저자성'(혹은 저자의식, authorship)을 형성할 수 있도록 학생에게 권위를 부여하는 것과 다양한 목소리에 근거하여 발화할 수 있도록 학생에게 시공간을 제공해야 한다는 것이다. 이러한 관점은 최근 관심을 받고 있는 도덕교육에서의 '내러티브 접근'과 상당한 정도로 관련을 맺고 있다. 실지로 길리건의 관계의 내러티브에 영향을 받은 태펀과 브라운으로 대표되는 내러티브 연구자는 도덕성 발달의 주요 요인을 다음과 같이 강조하고 있다.

> 도덕성 발달에 있어서 관계의 내러티브가 지니는 교육적 의의와 관련하여, 나[태펀]는 저자의식의 형성을 고무시키는 데 관심 있는 교사와 교육자가 학생 자신의 도덕적 이야기를 학생 자신의 도덕적 목소리로 이야기하는, 그럼으로써 학생 자신의 도덕적 관점과 경험에 권위를 부여하는 기회를 제공할 것을 제안한다. 이러한 기회는 학생이 저작(authoring)을 통해 스스로의 권위와 책임을 표현하고 향상할 수 있도록 학생을 인정하는 것이다.[39]

관계의 내러티브와 상대주의

한편에는, 자신의 판단 능력을 믿고 말하는 화자, 즉 학생이 있고, 다른 한편에는 그것을 존중하며 진지하게 경청하는 청자, 즉 교사가 있다. 교실에서 이루어지는 도덕과 수업사태가 이런 방식으로 묘사된다면 누구도 그것에 반대하지 않을지도 모른다. 그러나 이상의 논의에 의하면 길리건의 관점은 현대 도덕교육에 영향을 미치고 있는 내러티브 접근과 꼭 같이 여전히 보완의 여지를 안고 있다고 말해야 한다. 아닌 게 아니라, 거기에는 수업의 세 가지 요소 가운데 '교육내용'이 빠져 있으며, 교사의 역할은 오로지 '경청'으로 한정된다는 인상을 주고 있다. 학생의 판단 능력을 믿고 자신 있게 자신의 이야기를 말하도록 해야 한다는 시사는 반드시 고려해야 할 사항이지만, 학생의 판단 능력에 대한 강조가 지나쳐 오로지 학생의 목소리만을 강조하는 도덕과교육으로 연결된다면, 그것은 (마치 극단적인 '아동 중심 교육'과 마찬가지로) 사실상 교육이라는 말을 쓸 수 없는 '아무것도 하지 않은 상태'에 가깝다고 보아야 한다.

이상의 한계는 정의 윤리를 배려 윤리로, 남성의 목소리를 여성의 목소리로 대치하려 한다는 인상을 주는 길리건의 논의 자체에서 따라 나온다고 보아야 한다. 다양성을 인정하는 자세는 물론 중요하지만, 다양성이 다양성인 이유는 통일성 존재하기 때문이다. 통일성과 같은 모종의 기준이 존재하지 않은 상태에서 다양성을 일방적으로 강조하는 것은 결국 '상대주의'라는 비판에서 자유롭지 않다. 아닌 게 아니라, '학생이 저작(authoring)을 통해 스스로의 권위와 책임을 표현하고 향상할 수 있도록 학생을 인정해야 한다'는 태펀의 처방은 이 우려가 결코 허황된 것이 아니라는 점을 보여주고 있다. 결국, 상대주의는 현재 도덕교육에 관한 내러티브 접근이 극복해야 할 문제이기도 하다.

길리건의 '다른 목소리'라는 아이디어가 도덕과교육과의 관련 속에서 여전히 탐구될 필요가 있는 다양한 주제를 제공하는 역할을 한다는 점에 대해서는 의문의 여지가 없다. 다만, 상대주의는 보편 도덕에 대한 소박한 믿음을 바탕으로 하는 도덕과교육과 양립할 수 없는 입장인 만큼, 그것은 심각한 보완의 여지를 남기고 있다고 말해야 할 것이다. 후속 연구가 요구되는 일이기는 하지만, 상대주의를 극복할 수 있는 '관계의 내러티브'의 정립 문제는 '도덕과교육학의 정립' 문제와 무관하다고 말할 수 없으며, 따라서 그것에 관하여 지속적인 관심을 기울일 필요가 있을 것이다. 아마 이 관심이 결실을 얻게 되는 데 중요한 역할을 할 수 있다면 길리건의 논의는 도덕과교육의 발전에 크게 기여할 가능성이 있다.

3. 중추발달지대와 손상학

비고츠키의 발달이론은 이미 피아제로 대표되는 발달이론의 한계를 극복하는 방안을 시사하고 있다는 점에서 크게 주목을 받아왔다.[40] 피아제의 발달이론, 나아가 그의 발달이론을 발전적으로 계승한 것으로 평가받는 콜버그의 발달이론이 발달에 엄연히 개입되는 사회적 관계를 소홀히 취급한다는 한계를 갖는 것과는 달리, 비고츠키의 발달이론에서는 그러한 관계를 부단히 강조한다는 점, 그리하여 발달은 언어를 매개로 한 교사와의 부단한 상호작용에 의해 이루어진다는 것을 충실히 설명하고 있다는 점이 그 이유이다. 개인을 지나치게 강조하는 경향과는 달리 비고츠키의 발달이론은 개인과 사회, 발달과 교육의 조화로운 관계를 지향한다고 말할 수 있으며, 이 점은 이미 도덕과교육과의 관련성을 시사하고 있다.

지금까지 비고츠키의 발달론에서는 대체로 고등정신기능(higher mental functions), 중추발달지대(zone of proximal development, ZPD),[41] 내면화(internalization)와 같은 용어가 주요한 초점이 되어 왔으며, 이 용어들은 '발달이 어떻게 가능한가' 하는 질문을 심리학을 통해 해명하는 과정에서 중요하게 취급되었다. 요컨대, 지금까지 비고츠키 발달이론에 관한 연구는 '발달의 심리학적 원리'를 드러내려는 시도였으며, 종래의 연구들은 그 방면에 일정한 성공을 거두어 왔다.

그러나 지금까지 발달의 심리학적 원리를 드러내려는 노력은 마치 그 원리 자체가 도덕교육의 방법이 된다는 식으로 상당한 오해를 받아왔다. 실지로 비고츠키의 발달이론은 특히 중추발달지대에 주목하여 도덕교육에서 '대화'를 강조해야 한다든가, '유능한 타인의 도움'이 절실하게 요구된다든가 하는 식의 시사점, 나아가 학생이 '발달의 잠재력'을 가지고 있다는 식의 시사점을 제공하는 것으로 이해되어 왔다. 그러나 그러한 시사점은 비고츠키의 독창적인 생각이라고 말할 수 없으며, 이미 누구나 인정하고 받아들이는 통념에 가까운 것이라고 말해야 한다. 결국, 도덕과교육과의 관련을 염두에 두면, 비고츠키의 발달이론은 더욱 심도 있는 논의가 요청된다.

여기에서는 콜버그 이후를 모색하는 문제를 해결할 가장 유력한 후보로 거론되는 비고츠키의 발달이론을 그의 '중추발달지대'라는 아이디어를 중심으로 검토하겠다. 그 뒤에는 지금까지 응분의 관심을 받지 못했던 비고츠키의 '손상학'(損傷學, Defectology)에 주목하여 그의 발달이론의 진면목을 심도 있게 탐색하겠다.

비고츠키의 발달이론

피아제와 콜버그로 대표되는 인지발달론적 접근이 '자연적 측면'에 관심을 두고 있는 반면에, 비고츠키는 인지발달의 '사회적 측면'에 관심을 두고 개인의 마음이 어떻게 사회적으로 형성되는가를 설명하였다. 그가 인지발달의 사회적 측면에 관심을 기울인 것은 인간 행동의 외적 측면에 일방적인 관심을 기울이게 되면, '고등정신기능'의 발달을 설명할 수 없다는 문제의식 때문이었다. 그가 보기에, 기존의 접근 방식은 그가 '자연적 노선', '사회적 혹은 문화적 노선'(이하 사회적 노선)이라고 부른 것 중 전자에만 일방적인 관심을 기울여 왔다는 한계가 있다. 인간의 고등정신기능은 양자의 복잡한 상호작용에 의하여 발생한다는 것이 그의 기본적인 입장이며, 이 점을 염두에 둘 때 고등정신기능의 발달에 관한 비고츠키의 심리학 연구는 교육의 근본적인 관심사인 '내면화'에 관한 연구라도 말해도 무리가 없다.[42)]

다양한 연구들이 비고츠키 발달이론의 핵심 개념 가운데 '발달의 현실적 수준과 잠재적 수준 사이의 거리'[43]를 뜻하는 '중추발달지대'에 주목하는 것은 그것이 발달의 심리학적 원리를 여실하게 보여주고 있기 때문이다. 비고츠키는 중추발달지대가 어떻게 측정되는가를 설명하기 위하여 다음과 같은 사례를 제시하였다.

> 두 학생의 정신 연령이 8살(실제 나이는 10세)로 측정되었다고 가정해 보자. 그러나 우리는 이러한 측정에만 머물러서는 안 된다. 우리는 설명, 발문, 그리고 과제 해결의 실마리를 제공함으로써 각각의 학생에게 도움을 준다. 성인으로부터 도움과 협조를 받은 두 학생 중의 한 학생은 12세 수준의 문제를 해결할 수 있었으며, 반면에 다른 학생은 9세 수준 이상은 해결할 수 없었다. ZPD는 학생의 발달의 현실적 수준과 어른(보다 유능한 사람)의 도움을 받아 해결할 수 있는 수준과의 차이로 정의되는데, 이는 학생의 정신 연령 사이의 차이를 의미한다. 이 경우에 첫 번째 학생의 ZPD는 4세이고 두 번째 학생의 ZPD는 1세이다. 이 학생들은 정신발달 수준이 동일하지 않다. 이 두 학생 사이의 차이는 중추발달지대의 측정이 더욱 의미가 있다는 것을 시사한다. 이 연구는 발달의 현실적 수준보다 발달의 잠재적 수준이 지적 발달의 역동성, 그리고 교수[교사에 의한 교육내용의 전달]를 설명하는데 더욱 의미를 가진다는 점을 지적하고 있다.[44]

중추발달지대라는 아이디어에는 앞서 언급한 자연적 노선과 사회적 노선의 통합이라는 의미가 들어있으며, 따라서 그것은 한 개인이 가진 발달의 잠재력을 간과하지 않으면서도, 그 잠재력의 실현에 사회 · 문화적 요인이 결정적인 역할을 한다는 점을 보여준다. 애초부터 중추발달지대는 교육과의 관련을 염두에 둔 인간 발달, 더 구체적으로 말하여 교육에 의하여 촉진 가능한 발달의 잠재적 수준을 부각시키기 위하여 도입된 것이며, 따라서 그 아이디어에는 학생의 편에서 '발달'이라는 현상이 일어나기 위해서는 (교사의 안내에 의한 학생의) '안내된 참여'(guided participation)가 결정적인 관건이 된다는 교육적 시사가 담겨있다. 중추발달지대라는 아이디어는 발달의 현실적 수준보다 발달의 잠재적 수준의 실현에 주목함으로써 지적 발달의 역동성과 교수·학습 과정을 심도 있게 설명할 수 있다는 의의가 있다.

지금까지의 논의에 비추어 보면, 피아제와 콜버그로 대표되는 발달이론은 '발달과정은 교수와 독립적'이라는 입장으로서 '교수 없는 발달'을 설명하고 있다면,[45] 비고츠키의 발달이론은 양자를 공히 존중하는 입장으로서 '교수 있는 발달'을 설명한다는 차이가 있다. 이 차이는 교과교육으로서의 도덕교육의 입장에서 볼 때 결코 사소한 것이 아니다. 엄밀히 말하면, 전자는 교과교육으로서의 도덕교육과는 양립할 수 없는 입장, 사실상 그것을 부정하는 입장이다.

비고츠키가 고등정신기능의 내면화 과정으로 설명하는 '개인 간 정신기능'에서 '개인 내 정신기능'으로의 전환이라는 표현이 도덕적 지식의 내면화 과정에 그대로 상응한다는 한 연구[46]의 주장은 비고츠키가 '교수 있는 발달'을 설명하고 있다는 점과 자연스럽게 연결된다. 내면화에 관한 다음과 같은 비고츠키의 발언은 그 점을 시사하고 있다.

> 고등 형태로 있는 내적인 모든 것은 필연적으로 외적인 것이었다. 즉, 현재 자신에게 있는 것은 그 이전에는 외부로부터 유래된 것이다. 일체의 고등정신기능은 필연적으로 외적인 단계를 거쳐 발달하게 된다. 왜냐하면, 고등정신기능은 본래 사회적 기능이기 때문이다 …… 고등정신기능의 발달과정을 설명하기 위하여 사용된 '외적'이라는 용어는 '사회적'이라는 뜻을 나타낸다. 모든 고등정신기능은 외적인 것이었다. 왜냐하면, 그것이 내부의 정신기능으로 온전하게 자리 잡기 이전에는 사회적인 것이었기 때문이다.[47]

그러나 교수와 교사의 역할을 강조하는 비고츠키의 입장은 개인 간 정신기능에서 개인 내 정신기능으로의 전환이라는 표현에 관해 다음과 같은 의문을 불러일으킨다. 고등정신기능의 내면화를 위해서 아동은 교사의 안내된 참여에 그대로 순응해야 하는 소극적, 수동적인 존재로 이해되는 것 아닌가? 물론, 그 설명은 어디까지나 내면화라는 현상에 관한 비유에 해당한다고 보아야 하는 만큼, 단순히 두 정신활동의 공간적 이동으로 파악하는 것은 곤란하다.[48] 인간의 정신활동은 이곳, 저곳 하는 식으로 명확한 공간적 경계를 상정할 수 없는 영역인 만큼, 비고츠키가 상정한 개인의 정신 간 국면과 개인의 정신 내 국면은 어디까지나 개인의 내부에서 일어나는 하나의 정신활동을 두 측면으로 구분한 것이라고 보아야 한다.[49] 실지로 비고츠키는 내면화를 개인의 정신 간 기능과 성격상 동일한 정신기능이 개인의 내부에서 형성된다는 의미로 파악하였으며, 그는 이를 '외적 조작의 내적 재구성'[50]

이라고 정의하였다. 결국, 교사와 학생은 서로 의미를 공유할 수 있는 공통의 언어를 사용하며, 교사는 언어를 매개로 하여 정신간 국면을 학생의 정신 내 국면으로 전환시키는 역할, 학생의 마음 안에 교사의 정신기능과 조금도 다름이 없는 정신기능을 형성하는 역할을 한다. 고등정신기능은 교사에 의해 이루어지는 교수활동에 의하여 드러날 수 있으며, 이는 곧 고등정신기능의 기원이 '사회적 관계'에 있다는 말과 다르지 않다.

그러나 위의 설명은 어디까지나 교사에서 학생, 혹은 사회에서 개인의 방향으로 발달의 과정을 규정하는 것이며, 이 규정이 타당성을 가질 수 있기 위해서는 그 반대의 방향으로 발달의 과정을 규정하는 것도 가능해야 한다. 그러나 이 점은 비고츠키가 주요한 비판의 대상으로 삼는 발달이론이 주로 학습의 과정에 관심을 두고 있고, 따라서 그는 교수의 과정이라는 설명을 통해 그것을 극복하려고 한다는 바로 그 이유에서 상대적으로 간과되어 왔다는 인상을 준다. 사정이야 어쨌든 간에, 앞서 언급한 반대의 방향으로 규정한 발달의 과정은 다음과 같이 설명할 수 있다. 언어를 매개로 이루어지는 안내된 참여에 의하여 학생의 정신 내 국면이 정신 간 국면으로 이행하게 되며, 그것은 학생에서 교사, 혹은 개인에서 사회의 방향으로 발달의 과정을 규정하는 것, 즉 학생의 편에서 바라본 내면화의 의미이다. 그리하여 학생의 편에서 규정한 고등정신기능의 내면화는 개인 정신 내 국면에서 개인 정신 간 국면으로 이행한 상태, 혹은 한 개인이 사회의 '집단적 삶의 형식'(forms of collective life)으로 입문된 상태를 의미하게 된다. '아동의 문화적 발달의 역사는 고등정신기능의 사회적 발생이라고 명명할 수 있다'[51)]라는 비고츠키 자신의 표현은 이를 요약적으로 나타내고 있다.

비고츠키의 손상학

지금까지 중추발달지대는 발달의 가능성을 보여준다는 점에서 주목을 받아왔다. 그러나 그 개념은 발달의 심리학적 가능성을 보여줄 뿐, 구체적인 발달의 원리를 보여주는 것은 아니다. 비고츠키의 이론체계에 관한 지금까지의 연구에 의하면, 그가 제안한 발달의 원리를 심도 있게 이해하기 위해서는 중추발달지대의 모태로 지목되는 '손상학'에 주목할 필요가 있다.[52)]

비고츠키 연구자들에 의하여 손상학이 중추발달지대의 모태로 지목될 수 있었던 것은 '손상'(defect)에 관한 비고츠키의 예리한 통찰에서 비롯된다. 먼저, 비고츠키는 스턴(W. Stern), 아들러(A. Adler)와 같은 학자들이 드러낸 '과보완'(overcompensation)[53)]이라는 아이디어에 주목하였다. 그 아이디어에 의하면, 어떤 손상이 발생했을 때 일반적으로 '필요한 만큼'의 보완이 이루어져야 하고 또 이루어질 것이라고 생각하지만, 유기체는 그러한 방식으로 작동하지 않는다. 우리가 백신 접종으로 특정한 질병에 대한 면역력을 획득하는 것, 백혈구가 몸에 모종의 균이 침입했을 때 필요 이상의 월등한 양을 이동시켜 감염에 대처하는 것은 과보완을 가정하지 않고서는 불가능한 현상이다. 이 점에서, 과보완은 유기체의 삶에서 예외적으로 나타나는 현상이 아니라는 것이 비고츠키의 생각이다.[54] 그러나 비고츠키는 과보완이 일어나기 위해서는 반드시 '손상이 전제되어야 한다'는 점에 특별히 주목하였다. 그가 보기에, 손상은 부정적인 것, 결핍, 또는 약점이기만 한 것이 아니라 긍정적인 함의를 가진 힘의 원천이기도 하며, 그것은 교사들에게 새로운 지평을 열어준다.[55] 즉, 손상은 인간 발달의 원동력이다.

손상이 인간 발달의 원동력으로 작동할 수 있는 이유는 그것이 유기체가 보여주는 '과보완'이라는 현상을 기반으로 하기 때문이다. 인간이 가지고 있는 이러한 정신적인 힘을 인정하지 않거나, 또 그것의 존재를 인정하면서도 존중하지 않는다면 손상은 어디까지나 발달을 저해하는 요소, 그리하여 가능한 한 멀리해야 할 요인으로 간주될 수밖에 없다. 비고츠키는 "지금까지 우리는 이러한 정신적 힘을 간과하였다"[56]라고 말하면서, 그 결과 현재의 교육이 손상을 단순히 결함으로 받아들일 수밖에 없었다는 견해를 피력한다. 이 견해는 손상을 고려하지 않고는 인간 발달을 설명할 수 없다는 생각을 담고 있다. 또한 그것이 교사들에게 새로운 지평을 열어주는 것은 손상의 경험이 발달의 결정적인 계기가 되기 때문이다.

물론, 손상의 경험은 그 자체로 발달의 계기로 이해되지만, 거기에는 반드시 앞선 사람의 조력을 필요로 한다는 점을 간과해서는 안 된다. 비고츠키의 견해에 입각하여 말하면, 손상과 과보완의 바람직한 관계를 정립하기 위해서는 반드시 '교사'와 같은 존재가 요청된다. 그럼에도 불구하고, 손상을 단순히 결함으로 간주함으로써, 손상을 손상으로 자각시키는 일에 소극적인 교사는 학생의 발달 가능성을 존중하지 않는 것이다. 나아가 교사는 아동의 손상을 필요한 만큼 '치료'(혹은 치유)하기 위하여 조력하는 것이 아니다. 차라리 교사는 '아동에게 손상의 경험을 제공하는 존재'라고 보아야 한다. "손상은 약점일 뿐만 아니라 강점이기도 하다는 심리학적 진리는 아동을 위한 사회적 교육의 알파이자 오메가이다"[57]라는 그의 발언은 이러한 사정을 압축적으로 나타낸다. 무엇보다도 손상이 인간 발달의 원동력이 된다는 비고츠키의 통찰은 '인간은 대립을 방편으로 하여 발달한다'라는 주장을 가능하게 한다.

지금까지의 논의에서 짐작할 수 있듯이, '손상-과보완의 발달축'이라는 비고츠키의 아이디어는 언어로 정확하게 포착되지 않는 정신적 세력이 존재한다는 생각을 바탕으로 하고 있다. 비고츠키의 손상학에 입각하여 말하면, 손상의 가능성을 수반하는 도덕과 수업이 이루어져야 하며, 이를 가능하게 하는 과보완은 손상의 가능성을 전제로 하는 개인의 정신 내 세력이다. 그것은 손상에 의하여 드러날 가능성이 있는 세력이요, 오로지 손상의 경험에 의하여 확인되고 확립될 수 있는 그러한 세력을 가리킨다. 그리하여 고등정신기능의 내면화는 마치 물건을 건네듯이 마음 바깥의 내용이 마음 안으로 들어온다는 단순한 공간적 비유를 나타내는 것이 아니다. 그것은 차라리 가능성으로만 존재하던 그러한 세력이 시나브로 확인되고 확립되는 그러한 사태를 의미한다.

인간의 마음에 내재되어 있는 정신적 세력은 정신간 기능에 담겨 있는 그 세력의 흔적과 부단한 교섭을 이룸으로써 드러날 가능성이 있으며, 그러한 교섭은 한 인간이 가능성으로만 소유하고 있던 이상적인 발달의 상태, 비고츠키의 용어로 '심미적 정서'(aesthetic emotion)를 회복(혹은 함양)하는 데 결정적인 관건이 된다. 즉, 인간의 정신내 세력으로서의 과보완은 인간으로 하여금 삶과 교육의 이상으로 나아가도록 이끄는 정신적 힘, 마음의 '이념 지향성'이 발현된 사태를 가리키는 것으로 해석될 수 있다.[58)]

비고츠키의 손상학은 손상을 치료하는 데 필요한 만큼의 보완이 요구된다는 통념과는 완전히 상반된 발상을 나타내고 있다. 손상을 원래의 상태로 돌려놓는다는 의미에서의 치료의 대상으로 간주하는 것, 혹은 손상을 필요한 만큼의 보완의 대상으로 간주하는 것은 발달이라는 용어와 양립할 수 없다. 그것은 손상이 있어야 할 그 자리에 필요한 만큼의 보완, 혹은 치유를 세워두는 것이요, 사실상 손상의 의미와 가치를 격하시키는 것이다. 손상을 치료와 필요한 만큼의 보완으로 대치하는 것은 동일한 것의 지속이라는 현상을 초래하며, 이 현상은 아무것도 변한 것이 없는 그러한 상태, 논리상 발달과는 완전히 무관한 그러한 상태를 나타낸다. 이와는 달리, 비고츠키의 입장에서 보면 손상은 치료의 대상이 아니라 '자각의 대상'이며, 손상을 손상으로 자각하도록 하는 것 이상으로 과보완을 일으키는 방안은 존재하지 않는다. 차라리, 손상을 손상으로 자각하는 것 그 자체가 과보완이요, 심미적 정서를 회복(혹은 함양)해 나가는 발달의 상태라고 보아야 한다. 비고츠키의 다음과 같은 발언은 발달이 곧게 뻗은 길을 안전하게 따라가는 직선의 형태가 아니라 거기에 반드시 단절과 중단, 그리고 장애와 같은 손상이 수반되는 변증법적 과정이라는 점을 나타내고 있다.

> 우리의 발달 개념은 인지발달이 개별적 변화의 점진적 축적의 결과라는 견해를 거부한다. 우리는 아동 발달을 복잡한 변증법적 과정으로 간주한다. 그 과정은 주기성(週期性), 다양한 기능 발달에 있어서의 불균형성, 한 형태에서 다른 형태로의 질적인 변화를 뜻하는 변형, 외적 요소와 내적 요소의 결합, 아동이 직면하게 되는 장애를 극복하는 적응과정을 특징으로 한다. 대다수의 아동 심리학자는 진화론적 변화라는 생각에 사로잡혀 아동의 발달과정에서 흔하게 나타나는 이러한 전환점, 즉 불연속적이고 혁명적인 변화를 간과하였다. 순진한 사람들에게 혁명과 진화는 양립할 수 없는 것처럼 생각되며, 발달의 과정은 오로지 곧게 뻗은 길을 따라가야만 지속될 수 있는 그런 것으로 간주된다. 그들은 대격변이 일어나는 그곳, 역사적으로 짜여온 직물에 파열이 일어나는 바로 그곳에서 오로지 파국, 단절, 중단을 본다. 그들에게 역사는, 그것이 다시 한번 곧게 직선으로 뻗은 발달의 과정에 발을 들여놓지 않는 한, 미동도 없이 죽은 것처럼 보이는 것이다.[59]

비고츠키가 보기에, 발달과 혁명은 서로 요청하는 관계를 맺고 있다.[60] 발달의 과정에서 발견되는 질적 도약은 반드시 그가 말한 혁명, 혹은 손상을 동반하는 경우에만 가능하며, 따라서 후자를 간과한 상태에서 파악된 도약은 도약이 아니다. 그러한 발달을 일으키는 것이 결코 쉬운 일이 아니라는 점은 분명한 사실이다. 그러나 비고츠키는 "성공적인 과보완 가능성 그 자체는 교육이 나아가야 할 길을 안내하는 횃불이자 등대"[61]라고 말한다. 발달을 추동하는 방편이 '대립'(*оппозиция* [oppozitsiya], opposition)[62]이라는 주장은 바로 이러한 발상에서만 성립될 수 있으며, 나아가 이러한 발상은 도덕과 수업의 방법에 관한 일대의 '획기적 전환'을 일으킬 가능성을 가지고 있다.

도덕과교육에 주는 시사

손상에 관한 비고츠키의 통찰에 비추어 보면, 도덕과 수업의 근본 과업은 손상의 경험을 제공하는 필요 이상의 보완이라고 요약될 수 있다. 물론, '손상-과보완'이라는 표현이 불러일으키는 불필요한 오해를 걷어내고 그 요점을 안전하게 포착하도록 하는 표현을 찾는다면 그것은 앞서 언급한 '대립'이 될 것이다. 대립은 손상-과보완이라는 표현이 전달하고자 하는 요점을 하나의 용어로 종합하고 있다. 즉, 손상은 한 인간을 대립의 상태로 이끌며, 그러한 대립은 개인 정신 내 세력으로서의 과보완으로 이끈다. 비고츠키 자신 또한 "손상과 보완"이라는 글에서 여러 번에 걸쳐 사용하고 있는 대립이라는 용어는 손상-과보완이라는 변증법적 과정을 종합하는 용어로 손색이 없다. 이 점을 받아들일 수 있다면, 교사를 통해 이루어지는 교수활동이 학생들에게 손상의 경험을 제공해야 한다는 주장은 '대립의 경험을 제공해야 한다'라는 뜻으로 이해되어야 한다. 학생은 교사에 의하여 제공된 대립의 경험을 통해, 일상생활을 통해서는 도저히 경험할 가능성이 희박한 '특별한 경험'을 하게 된다. 이 경험은 학생에게 내재된 정신적 힘을 자극하는 역할을 하게 된다는 것이다. 요컨대, 도덕과 수업은 교육의 길을 안내하는 타오르는 횃불이자 등대로 비유되는 과보완 가능성에 기대어 손상의 경험을 제공하는, 그리하여 필요 이상의 보완을 일으키는 사태가 되어야 한다.

비고츠키의 손상학에 의하면, 교사는 학생들에게 손상의 경험, 즉 대립의 경험을 제공해야 하며, 그러한 손상이 그릇된 의미에서의 손상, 즉 단순히 장애로 간주되지 않는 것은 과보완이라는 정신 내 세력의 역동적인 운동 때문이다. 물론, 손상의 경험은 학생들이 가지고 있던 이전의 도덕적 지식에 단절과 중단, 방해, 장애와 같은 역할을 함으로써 학생들을 혼란과 동요 속으로 밀어넣는다. 그러나 학생의 마음은 혼란과 동요 속에서도 마치 박쥐가 어둠 속에서도 안전한 길을 찾아내는 것과 꼭 같이 안전한 길을 찾아낸다. 오우크쇼트(M. Oakeshott)의 표현을 빌려 말하자면, 학생의 마음은 '박쥐의 맹목'[63]을 발휘하도록 하는 믿을만한 안내자를 갖추고 있다. 학생은 삶과 교육의 이상으로 이끄는 과보완의 안내를 받아 오히려 손상을 발달의 원동력으로 삼는 것이다. 수업의 안내자는 교사가 소유하고 있는 지식도 아니요, 학생이 소유하고 있는 지식도 아니다. 비고츠키의 손상학에 의하면, 그것은 과보완이라고 명명될 수 있는 그러한 정신적 세력을 가리킨다. 도덕과 수업을 담당하는 교사는 지금까지 응분의 관심을 받지 못한 과보완이라는 정신적 세력을 부단히 존중할 필요가 있으며, 또 그것은 손상에 의하여 드러나고 확립된다는 점을 인식할 필요가 있다. 비고츠키가 도덕과교육에 관심을 기울이는 사람에게 제공하는 중요한 메시지는 도덕적 지식의 전달을 고유한 과업으로 하는 도덕과 수업이 대립이라는 방법적 원리를 따라야 한다는 것, 바로 그것이다.

> 우리의 교육은 대단히 지루하고, 새싹과 같은 아동을 시들게 하고 있다. 이러한 교육에는 소금과 같은 것이 없다. 우리에게는 단련되고 용감한 아이디어가 필요하다. 교육의 이상은 상처가 난 곳을 솜으로 덮고 다양한 방법으로 더 이상의 상처가 생기지 않도록 그것을 보호하는 것이 아니라 과보완을 위한, 즉 손상의 극복을 위한 넓은 길을 열어주는 것이다.[64]

4. 논의: 도덕성 발달의 이론적 쟁점

현대 도덕심리학에서 도덕성 발달에 관한 연구는 크게 세 가지의 이론적 문제를 직간접적으로 다루고 있다. 첫째는 도덕성을 보편적 계열을 이루는 일반적 특성으로 보는가, 아니면 상황적 조건에 따른 특수적 반응으로 보는가이다. 둘째는 도덕성이 나이가 듦에 따라 자연스럽게 발달하는 것인가, 아니면 사회적 영향에 의하여 형성되는 것인가이다. 셋째는 도덕성의 구성 요소로 분류되는 지식, 정서, 의지, 행동이 각각 별개의 실체인가, 아니면 상호 관련을 맺고 있되 어떤 방식으로 관련을 맺고 있는가이다. 잘 알려져 있듯이 콜버그는 첫 번째 문제 중 전자의 관점에 입각하여 연구에 천착한 학자이며, 그와 대비를 이루는 후자의 관점은 콜버그가 높이 평가하는 하트숀과 메이(H. Hartshorne & M. A. May)의 연구이다.[65)]

하트숀과 메이의 "인격교육 연구"(Character Education Inquiry, 1928~1930)의 핵심 주제인 '인격적 특성과 행동과의 관련 문제'는 그들의 애초 의도와는 달리 이후 콜버그에 의해 도덕교육에서의 형식에 대한 관심이 촉발되고 제기되는 도화선이 되었다. 이 연구의 결론은 크게 두 가지이다. 하나는 정직한 사람과 부정직한 사람이 따로 있는 것이 아니라 한 사람이 정직하기도 하고 때로는 부정직하기도 하다는 것이다. 다른 하나는 어떤 사람이 정직하게 행동하거나 그와 반대되는 행동을 하는 것은 그 사람의 인격적 특성이 반영된 것이 아닌 '상황적 조건'에 영향을 받았기 때문이라는 것이다. 이 연구는 모든 훌륭한 생각과 말과 행동이 흘러나오는 주관적 원천으로서의 인격을 부정하는 결과를 초래한 셈이 되었다. 그런데 주목할 사실은 콜버그가 하트숀과 메이의 연구결과를 한편으로는 받아들이면서 다른 한편으로는 부정하고 있다는 점이다. 그가 받아들인 것은 관습적 언어로 표현되는 덕과 악덕에 상응하는 인격적 특성이라는 것이 존재하지 않는다는 것을 입증한 기념비적 연구로 평가하면서 '덕 보따리 식 접근'의 실효성을 부정하는 결정적 근거로 끌어들였다는 점이다. 그러나 또 한편으로 그가 부정한 것은 개인의 행동이라는 것이

상황적 조건만으로는 해명될 수 없으며 행동을 판단하고 선택하는 몫이 결국 개인이기 때문에, (개인의) 도덕적 판단 능력이라는 일반적 특성은 여전히 존재한다는 점이다.

콜버그에 의하면 도덕적 판단 능력의 형태로 존재하는 일반적 특성이라는 것은 보편적 계열을 이루며, 단계 상향의 동인은 판단의 이유와 근거이다. 형식 위주의 도덕교육을 지지하는 입장은 판단의 이유와 근거를 형식으로 보았으며, 그 이유에서 콜버그의 형식에 대한 관심은 도덕교육의 새로운 지평을 펼친 것으로 평가되고 있다. 그러나 콜버그 스스로가 밝히고 있듯이 그의 인지발달론적 접근은 피아제의 인지구조에 이론적 빚을 지고 있고, 이는 다시 형식주의의 원류에 해당하는 칸트라는 대가의 어깨에 기대어 있다. 콜버그의 사상이 칸트의 사상과 관련을 맺고 있다는 사실에 비추어 볼 때 '형식을 어떻게 이해해야 하는가'는 충분히 제기될만한 문제이다.

도덕성 발달에 관한 콜버그의 이론은 피아제의 연구를 계승한 것이며, 피아제는 다시 자신의 이론을 칸트 철학(즉, 아프리오리 이론)의 심리학적 적용으로 보고 있다. 그리하여 콜버그의 이론은 피아제를 통하여 칸트로 거슬러 올라간다. 콜버그가 그의 이론에서 구분한 6개의 도덕성 발달 단계는 다름 아니라 피아제 이론에서의 '인지구조'-지적 측면과 병렬을 이루는 도덕적 측면에서의 인지구조-를 발달단계별로 나열한 것이며, 피아제의 인지구조는 다시 칸트 철학에서의 아프리오리(특히 그것의 한 가지 수준인 카테고리)를 심리학적으로 해석한 것이다. 그러므로 콜버그의 인

> 지발달적 접근에서 가르쳐지는 내용으로 생각되는 도덕성의 형식은 결국 칸트의 아프리오리와 관련하여 이해되지 않으면 안 된다.[66]

위의 인용에서 알 수 있듯이 콜버그의 형식이 칸트의 아프리오리(*a priori*)와 그 성격 면에서 상이한 것이 아니라면, 형식의 의미는 모든 훌륭한 생각과 말과 행동이 흘러나오는 주관적 원천으로서의 인격으로 이해하는 것이 바람직할 것이다. 왜냐하면 콜버그의 3수준 6단계 중 최고단계에 해당하는 '보편적 원리에 대한 확신으로서의 도덕성'은 칸트의 윤리설이 지향하는 바에 그대로 상응하기 때문이다. 아닌 게 아니라, 피아제의 지적 발달 단계에서의 '가역성'(reversibility)과 도덕성 발달 단계에서의 '자율성'(autonomy), 그리고 콜버그의 도덕성 발달 단계에서의 보편적 원리에 대한 확신으로서의 도덕성인 '정의'(justice)는 아프리오리를 현대 심리학적 관점에서 재해석한 결과이다. 이렇게 볼 때 칸트의 아프리오리, 즉 형식의 심리학적 대응 개념은 가역성이며, 윤리학적 대응 개념은 정의이다.

그러나 이상의 논의와는 별도로 콜버그의 이론과 그에 입각한 형식 위주의 도덕교육은 형식을 판단의 이유와 근거로 파악하고 있다는 인상을 주고 있다. 콜버그 스스로가 촉발하고 제기한 것으로서 내용 위주 도덕교육의 전형적 사례에 해당하는 전통적 도덕교육이 판단의 내용(결과)에 초점을 두고 있는 반면, 그와 대비를 이루는 형식 위주의 도덕교육이 판단의 이유와 근거에 초점을 두고 있다는 점은 부정하기 어려운 사실이기 때문이다. 이렇게 보면, 피아제와 콜버그가 칸트 철학에 기대고 있다는 점을 인정하더라도 전자와 후자는 판단의 형식을 다르게 이해하고 있는 것은 아닌가?[67]

도덕성의 형식과 내용에 관한 통념, 즉 형식은 판단의 이유와 근거요, 내용은 판단의 내용(결과)이라고 보는 것은 전자에 가깝게 그것을 이해하는 것이다. 형식과 내용은 사실상 별개의 실체로 구분될 수 있으며, 그렇기 때문에 어느 한쪽에 초점을 두는 방법상의 접근이 가능하다. 형식 위주와 내용 위주의 도덕교육이 수업의 실제에서 가능하다고 보는 사고방식이 여기에 해당한다. 이 관점에서는 수업의 실제에서 판단의 내용도 가르치고 판단의 이유와 근거도 가르치는 방법이 대안으로 제시될 수밖에 없으며, 실지로 제1장 1절에서 확인한 바와 같이 그러한 관점에 입각한 통합적 접근이 도덕교육의 실제에서 주류를 형성해 왔다고 보아도 무리가 아니다.

그러나 이와는 다른 관점에서, 칸트 철학에 가깝게 내용과 형식의 관련 방식을 생각할 수 있다. 즉, 판단의 내용(결과)과 판단의 이유와 근거는 도덕성의 두 측면으로서 오직 개념상으로만 구분되는 것이며, 따라서 수업의 실제 사태에서는 사실상의 구분이라는 것이 성립될 수 없다. 이 관점에 의하면, 어느 한 부분에 일방적 초점을 두고 그 부분을 따로 떼어내어 별도의 처방을 내리는 것은 하나인 마음이 두 개로 나뉠 수 있다고 말하는 것과 같이 불합리하다. 도덕적 지식을 가르치는 일은 하나인 마음과 관계 맺고 있으며, 그 마음속에는 판단의 내용도 있고 판단의 이유와 근거도 모두 함께 들어 있다. 개념상 구분될 수밖에 없는 내용과 형식을 사실상의 구분으로 받아들이는 것은 그 자체가 치명적인 오류를 범하는 것이다. 판단의 내용(결과)으로서의 '내용'과 판단의 이유와 근거로서의 '형식'은 동일한 활동 안에서의 상이한 두 측면이라고 말해야 한다.

그렇다면 피아제와 콜버그가 빗지고 있으면서도 그 의미가 분명하게 드러나지 않는 것처럼 보이는 칸트적 의미에서의 형식을 어떻게 이해해야 하는가? 판단의 형식을 전자에 가깝게 이해하게 되면, 그것은 소위 '지적 계산'과 같은 훈련이 도덕교육에 포함되고, 거기에는 반드시 '정서'와 '행동'과 같은 측면이 간과되었다는 비판과 함께 정서와 행동에 관한 것도 함께 가르쳐야 한다는 주장이 제기된다. 그러나 한편에서 지적 계산과 같은 판단 기법을 배우고, 다른 한편에서 도덕적 지식을 배운 사람은 어떤 사람이라고 보아야 하겠는가? 우리는 도덕적 지식과 무관하게 지적 계산능력을 발휘하는 사람을 소위 '기술자'라고 부른다. 기술자가 그 자체로 그릇된 것은 아니지만, 문제는 기술자가 자신의 지적 계산능력을 언제나 도덕적인 방식으로 발휘하는 것은 아니라는 데 있다.

그러나 우리는 이따금 "(올바른) 행동은 (올바른) 마음에서 비롯된다"라는 말을 듣고 있다. 아마 형식을 여기에서의 마음이라고 생각해도 좋다면, 그것은 인간의 마음을 전체적으로 특징짓는 인격이라고 말해야 할 것이다. 문제는 오늘날 도덕심리학은 이러한 의미에서의 인격을 설명하는 데 일정한 한계를 보인다는 데 있다. 이 한계에서 비롯되는 도덕과교육의 과제는 도덕성의 형식과 내용의 관련 문제라고 말할 수 있으며, 이 문제를 해명하는 것은 기존의 '통합적 접근'이 안고 있는 과제라고 보아야 할 것이다. 여기에서 그 문제를 더 상세하게 취급할 수는 없지만, 오늘날 콜버그에 의하여 도덕성의 형식과 내용의 문제가 부각되고, 또 통합적 접근이 등장한 것이 사실이라면, 콜버그가 빚지고 있으면서도 좀처럼 잘 드러나지 않는 칸트적 의미에서의 '형식'에 천착하는 것은 이 문제를 해명하는 중요한 거점이 될 수 있다.

제3장

도덕과교육의 사회적 기초

칸트의 두 번째 비판서로 널리 알려진 『실천이성비판』에는 그가 사교 모임의 대화에서 발견한 흥미로운 사실이 기록되어있다.[1] 여러 사람이 참석한 대화에는 흔히 그렇듯이 시시콜콜한 이야기와 농담이 오간다. 그러나 소재가 고갈되면 이야기는 이내 사라지고, 농담은 금세 재미가 반감되고 만다. 그가 보기에, 대체로 이즈음이 되면 마치 서로 약속이라도 한 듯이 사람들은 한 가지 주제를 조심스럽게 꺼내드는 경향이 있다. 그 주제는 무엇이겠는가? 놀랍게도 그것은 특정 인물에 관한 '도덕적 평가'이다. 대화에 지루함을 느끼던 사람마저도 누군가를 도덕적 평가의 대상으로 삼는 대화의 장이 열리는 순간 곧장 활기를 띠게 된다는 것이다.

누구나 경험해 봤을 만한 저 상황에서 칸트가 발견한 것은 사람들 사이에 공유되고 있는 '순수한 도덕적 관심'이었다. 그는 이 발견에 힘입어 도덕성 형성의 과정에서 사람들이 가지고 있는 순수한 도덕적 관심에 특별히 주목해야 한다는 점을 역설하였다. 아마 칸트의 발견과 그것에 입각한 주장은 현대인들에게도 쉽게 납득될 수 있는 것일지도 모른다. 칸트와 현대인들 사이에는 200년 이상의 간극이 놓여 있지만, 그 간극이 무색할 정도로 양자는 모두 '개인의 자율적 이성'을 강조하고 있기 때문이다. 그러나 이러한 사정과는 별도로, 칸트의 발견과 주장에는 특이한 점이 있다. 칸트의 불만은 지금까지 교육자들이 어떤 이유에서인지 인간이 소유하고 있는 그 자발적 관심을 적극적으로 활용하지 않았다는 것이다. 그러나 애초에 순수한 도덕적 관심을 가지고 있는 사람을 상대로 도덕교육을 왜 해야 한단 말인가? 거기에서 교사는 그 관심이 발현될 수 있는 적절한 환경을 마련해주고 차분히 기다리는 것 이외에 무엇을 할 수 있단 말인가?

누군가가 한 아이를 도덕적 존재로 성장시키기 위한 유일타당한 방안은 그 아이의 자율적 이성을 온전히 발휘할 기회를 제공하는 것이며, 어른은 가급적 아이에게 간섭해서는 안 된다는 식의 주장을 한다고 해보자. 아이를 기르고 가르쳐 본 적이 있는 사람은 그 주장을 농담이라고 생각할 가능성이 크다. 실지로 이러한 방식은 그때그때 순간적으로 나타나는 변덕을 뒤쫓는 능력을 자율적 이성으로 오해한 것 아닌가? 도덕성 형성의 과정은 한 개인의 지극히 주관적인 생각과 바람을 조금씩 억누르는 과정이자, 모종의 외적 영향을 수용해야 하는 과정으로서, 순간적인 변덕을 뒤쫓는 일과는 완전히 다른 성격의 일이다. 다소간 강압적인 느낌을 자아내기는 하지만, 도덕적 존재가 되는 일에 '외적 영향'이 중요한 조건이 된다는 점은 도외시할 수도 없고, 도외시해서도 안 되는 삶과 교육의 이치이다.

본 장의 제목이 시사하듯이, 위에 언급된 '외적 영향'은 '사회의 교육적 영향'을 가리킨다. 실지로 우리는 사회 속에서 나름의 삶을 살아가는 과정에서 사회의 구성원들이 공유하고 있는 모종의 정신적 요소를 거의 무의식적으로 내면화하는 과정을 겪게 된다. 한 개인이 일상생활에서 무의식적으로 하는 행동들은 사회의 교육적 영향을 빼놓고는 설명될 수 없다. 물론, 이미 사회적 존재로 성장한 사람은 그 영향력을 거의 의식하지 못한다고 보아야 한다. 그러나 우리는 어떤 행동을 가리켜 '일탈'이라는 용어를 쓰는가? 그리고 그 행동은 '무엇'으로부터의 일탈인가? 모든 일탈이 그런 것은 아니겠지만 그 대부분은 제도화된 행동에서 벗어난 사람을 두고 하는 말이며, 따라서 그 기준의 유력한 후보로 '사회'를 내세운다고 해서 크게 문제가 될 것 같지 않다. 정상적인 사람의 거의 모든 행동은 제도화된 행동이라고 말해도 좋을 정도로 우리는 사회에 구속되어 있기 때문이다. 이러한 사정에도 불구하고 오늘날 도덕성 형성에 '사회의 교육적 영향'이 결정적인 조건이 된다는 사실은 응분의 관심을 받지 못하고 있다.

그러나 사람들 사이에서 '사회화'라는 용어가 쉽게 오르내린다는 사실은 우리가 위에서 언급한 '사회의 교육적 영향'을 인정하고 있다는 점을 시사한다. 물론, 사회는 무엇이며, 사회화된 인간은 어떤 인간인가, 나아가 사회화는 어떻게 가능한가 하는 점에 대해서는 길고 자세한 논의가 필요하다. 도덕교육의 사회적 측면에 대한 강조라는 면에서 뒤르껭(E. Durkheim)과 오우크쇼트(M. Oakeshott)의 도덕교육론, 맥킨타이어(A. MacIntyre)의 덕윤리에 입각한 덕교육적 접근은 좋은 참고가 된다. 이 장에서는 도덕적 사회화와 습관의 의미, 그리고 관례와 전통의 위치라는 주제에 주안점을 두고 이들의 이론을 살펴보겠다.

1. 도덕적 사회화

본 절의 제목에 '사회화'라는 말이 걸려 있는 만큼, 먼저 다음과 같은 질문을 던져보겠다: 사회화된 인간은 어떤 인간인가? 우리는 사회화라는 말을 익숙하게 사용하고 있지만, 저자와 꼭 마찬가지로 저 질문에 아무런 어려움을 느끼지 않고 자신 있게 대답하는 독자를 상상하기는 어렵다. 물론, 사회화된 인간이라는 말은 자신이 속한 사회에서 일반적으로 기대되는 행동을 할 수 있는 사람, 그리하여 자신이 속한 사회 공동체에서 원만한 생활을 영위해 나갈 수 있는 사람, 즉 '관례인'이라는 의미에서 크게 벗어나기는 어려울 것이다. 그러나 사회화된 인간을 이렇게 이해하고 나면, 관례인은 현대인들에게는 도저히 견디기 어려울 정도의 거부감을 일으키는 것이라고 말해야 할지도 모른다. 그도 그럴 것이, 사회화된 인간은 사회의 요구를 따르는 사람이요, 그리하여 자신이 마땅히 누려야 할 자유를 포기하고 사회의 권위에 무조건적으로 복종하는 사람이 아닌가?

개인과 사회의 관계를 설명하는 일은 거기에 원만한 대답이라는 것을 기대하기가 어려운 성격의 것이라고 말해도 무리가 아니다. 비트겐슈타인(L. Wittgenstein)의 표현으로 '언어의 홀림'의 영향 때문인지는 모르겠지만, 실지로 사람들은 양자의 관계가 개인과 사회 가운데 어느 한 편을 중심으로 설명할 수밖에 없다고 생각하는 경향이 있다. 이 경우 양자의 관계는 '개인에 대한 사회의 우위', 혹은 '사회에 대한 개인의 우위'라는 두 가지 관점으로 정리된다. 그러나 그렇지 않다. 그렇게 생각하는 것은 마치 개인과 사회가 서로 분리되어 별도로 존재할 수 있다고 간주하는 것이다. 생각해 보라. '개인 없는 사회'라든가, '사회 없는 개인'이 도대체 어디에 있단 말인가?

개인과 사회에 관한 이상의 간단한 고찰은 개인은 사회에 대하여 어떤 태도를 취해야 하는가, 사회의 규제라는 것은 무엇을 뜻하는가, 도덕교육에서 사회의 권위와 개인의 자율성 가운데 더욱 강조되어야 하는 것은 무엇인가와 같은 질문을 제기하도록 한다. 이 질문을 생각해 보는데 뒤르껭의 도덕교육론은 좋은 거점이 된다. 실지로 현대인이 일상용어처럼 사용하고 있는 '사회화'(socialization)라는 단어는 그가 창안한 신조어(新造語)이며,[2] 그의 도덕교육론은 '사회'를 중심으로 도덕교육에 관한 체계적이고 심도 있는 사고를 담고 있다는 점에서 주목의 대상이 된다.

문제의식: 교육의 세속화

뒤르껭이 표방하는 사회화로서의 도덕교육을 이해하기 위해서는 먼저 그가 사용하고 있는 '사회'라는 개념이 도대체 어떠한 맥락에서 등장하고 있는가, 또 그것의 의미는 무엇인가를 심도 있게 확인할 필요가 있다. 교육에 관한 한, 뒤르껭의 문제의식이 가장 압축된 형태로 제시되어 있는 책은 『도덕교육』(*L'Éducation morale*)이며, 이하에서는 먼저 여기에 등장하는 그의 문제의식을 살펴보겠다.

그는 자신의 시대를 종교적 도덕성에 입각한 도덕교육에서 세속적 도덕성에 입각한 도덕교육으로 이행하는 급변기라고 보았으며, 이 급변기에 특히 교육에 심각한 '위기'가 도래하였다고 진단한다. "불과 어제까지만 해도 종교는 도덕을 떠받치는 기반이었다. 종교적 삶의 구심점인 신(神)은 또한 도덕적 질서의 최고 수호자였다."[3] 그러나 합리적 · 세속적 도덕이 종교적 도덕을 밀어내면서 종교와 불가분의 관계를 이루던 도덕적 관념들이 가치를 잃게 되고, 결국에 "합리적 도덕성이라는 미명 아래 껍데기만 남은 무기력한 도덕성만 남게 될"[4] 위기가 도래한 것이다. 뒤르껭은 도덕의 기반을 이루던 종교가 이성에 의하여 힘을 잃게 된 시대에 새롭게 요청되는 도덕교육론의 확립을 자신의 사명으로 자각하였다. 이른바, '교육의 세속화'(secularizing of education)[5]라는 시대적 기획은 도덕교육에서 일체의 신적 요소를 합리적 요소로 대체하는 것이었으며, 그리하여 새 시대에 부합하는 도덕교육론의 확립 문제에 가장 중요한 과업은 도덕적 관념의 요체를 실어 나르던 종교를 대신하여 그것을 실어 나를 합리적 · 세속적 대체물을 찾아내는 것이었다.

교육의 세속화가 거의 완료된 시점이라고 말해도 좋을 오늘날의 관점에서 보면, 과연 종교를 대신할 대체물을 찾아내는 것이 그렇게 중요한 일이었는가 하는 질문이 제기될 수 있다. 그러나 이 일은 단순한 문제가 아니다. 종교가 도덕을 떠받치던 시기에 일체의 도덕적 믿음은 자연세계에 관한 이러저러한 말과는 달리 의심이 허용될 수 없는 성역이었으며, 종교라는 이름으로 특징짓는 초월성은 도덕적 계율을 의미 있게 성립시켜 주는 역할을 담당하였다. 그리하여 거기에서 종교를 끄집어낸다는 것은 바로 일체의 도덕적 계율을 의미 있게 성립시키는 맥락을 도려낸다는 것을 뜻했다. 따라서 아무런 대체물을 마련하지 않고 종교를 배제하고 마는 것은, "근본적인 도덕적 관념과 정서를 배제하는 것과 같은 위험을 무릅쓰는 것이다."[6] 도덕과 종교가 분리된 상태는 도덕적 판단의 공통된 지평이 상실된 상태와 다르지 않으며, 그것은 결국 도덕을 부정하게 되는 견해로 귀착된다는 것이 뒤르껭의 생각이었다.

그러나 종교가 보장하는 초월성을 받아들이면서도, 또 그것을 특징짓는 '비합리성'을 극복하는 것은 지난한 일이다. 세속적 도덕성에 입각한 도덕교육이 무의미한 것이 되지 않으려면 지금까지 이루어져 온 '종교적 설명'은 '현실적 설명'으로 대체되어야 하며, 그리하여 신화에 호소하지 않는 현실적인 방안을 찾아야 한다. 합리적인 도덕은 무엇보다도 이성의 권위를 중요시하는 만큼, 현실적인 방안이라는 것의 핵심은 '이성'에 의하여 인정될 수 있는가의 여부에 놓여 있다. 충분히 짐작되듯이, 뒤르껭은 도덕적 관념을 실어 나르던 종교라는 수레를 대신할 대체물이 바로

'사회'라고 보았으며, 사회야말로 합리적 도덕교육의 성립에 결정적인 역할을 한다고 생각하였다.

도덕성의 세 가지 요소

종교를 대신하여 사회라는 토대 위에 확립된 '합리적 도덕교육'은 뒤르껭의 표현으로 "신화에 의존하지 않고 아동으로 하여금 도덕적 세력을 감지하도록 할 수 있는 방법"[7]을 제시해야 한다. 앞서 언급한 그의 책 『도덕교육』에는 이러한 과업을 수행하기 위하여 널리 알려진 '규율 정신', '사회집단에의 애착', '자율성'이라는 세 가지 요소를 중심으로 도덕성을 규정하려는 시도가 담겨 있다. 거기에서 설명된 도덕성은 '사회화'된 인간을 특징짓는다고 보아야 하는 만큼, 그것은 그의 사회 개념을 이해하는 데 중요한 도움을 제공한다. 여기에서는 먼저 규율 정신, 사회집단에의 애착, 자율성이라는 도덕성의 세 가지 요소를 간단하게 소개하겠다.

뒤르껭은 규율 정신이라는 하나의 상태를 '규칙성'과 '권위'라는 두 국면으로 구분하여 설명하고 있다.[8] 그가 보기에, 규칙은 인간의 기호와 선택을 초월하여, 달리 말하여 인간의 '외부'에 존재한다. 그리하여 규칙성은 "마치 자연과도 같은 필연성을 띠고 인간의 행동을 규제하는 규칙이 개인에게 내면화된 상태를 가리킨다".[9] 권위는 규칙성의 개념을 넘어서는 것으로서, '우리보다 우월하다고 인정하는 그런 도덕적인 힘을 느끼지 않을 수 없도록 강요하는 영향'을 가리킨다.[10] 규율 정신의 중요성은 그것이 우리의 '욕망'을 조절하는 기능을 갖고 있다는 점과 관련된다. "극기(self-mastery, 克己)는 진정한 권력, 진정한 자유의 제일가는 조건이다"[11]라는 발언은 규율 정신을 강조하는 그의 입장을 잘 보여준다.

사회집단에의 애착은, 이미 그 용어가 시사하듯이, 사회와의 '합일'을 겨냥하여 그것을 지향하고 추구하는 상태를 가리킨다. 뒤르껭에게 있어서 사회는 인류를 특징짓는 정신과 도덕적 삶의 핵심적인 원천인 만큼, 사회집단에 결속되어 있는가의 여부는 도덕적인 인간을 가르는 하나의 기준이 된다. "사회가 공통의 목표에 대한 구성원들의 헌신에 바탕을 둔 일체감을 결여하고 있다면, 그것은 비유컨대 살짝만 흔들거나 조금만 불어도 이내 흩어지고 마는 한 줌의 모래에 지나지 않을 것이다"[12]라는 그의 발언은 바로 이 점을 보여주고 있다. 그리하여 "학교의 기능은 아동을 사회로 입문시키는 일"이며, 나아가 "학교는 아동으로 하여금 조국에 대한 인식과 사랑을 체계적으로 학습하게 만드는 유일한 도덕적 대행자"이다.[13]

자율성 개념을 언급하기 전에, 뒤르껭이 양립 불가능한 것처럼 보이는 규율 정신과 사회집단에의 애착이라는 도덕성의 두 요소를 가리켜 '도덕성이라는 동일한, 또는 단일한 실재의 두 측면'[14]이라고 강조한다는 점을 살펴볼 필요가 있다. 그는 이 점을 설명하기 위하여 종교와 꼭 같이 사회에 '신비적 요소'가 있다는 점을 지적한다. 우리의 양심에 지속적으로 가해지는 그 거부할 수 없는 압력을 떠올려 보라. '이것은 너의 의무이다'라고 말하는 그 신비로운 목소리는 바로 사회의 것이다.[15] 사람들은 그 신비로운 목소리를 설명하기 위하여 초월적 인격체(신)를 떠올렸고, 그것은 숭배의 대상이 되어 왔다. 인간이 신으로부터 모종의 '압력'(규율 정신)을 느끼는 것도 사실이지만, 그것이 '숭배'(사회집단에의 애착)의 대상이 되는 것도 명백한 사실이다. 그러나 종교적 설명을 현실적 설명으로 바꾸어 놓은 뒤르껭의 입장에서 보면, "사회만이 개인을 초월하여 존재한다. 그리하여 모든 권위의 원천은 사회이다".[16]

이상의 논의가 짐작하게 하듯이, 사회의 신비와 종교의 신비는 명백히 구분되는 차이가 있다. 말하자면, "신이 인간의 지력에 의한 이해를 허용하지 않는 것과는 달리, 사회는 원칙상 인간의 지력으로 이해할 수 있는 대상이다".[17] 이제 뒤르껭에게 와서 도덕적 질서의 수호자이자, 개인이 실현하려고 애쓰는 삶과 교육의 이상으로서의 신은 사회가 되며, 따라서 인간을 가리켜 신적 존재라든가, 신성을 부여받았다든가 하는 식의 말은 다 같이 '인간은 사회적 존재'라는 말과 꼭 마찬가지의 의미를 갖게 된다. 물론, 종교에서 사회로 이행하는 과정에서 새로운 도덕성 요소가 등장하였으며, 그것은 '자율성'을 가리킨다. 결국, 자율성은 무엇보다도 교육의 세속화 기획과 긴밀한 관련을 맺고 있다.

뒤르껭은 자신의 '자율성' 개념을 설명하는 한 가지 방안으로 의지의 자율에 관한 칸트의 견해를 비판하고 있다. 그가 보기에, 칸트는 자율적 의지를 설명하기 위하여 이성을 자연법칙이 영향을 미칠 수 없는, 세계 너머의 '선험적 능력'으로 만들어 놓았다.

칸트의 자율적 의지는 이성의 다른 이름이다. 그에게 있어 자연법칙을 따르는 것은 '타율'이요, 그것을 넘어서서 이성을 발휘하는 것이야말로 '자율'이라는 이름에 부합한다. 그러나 뒤르껭은 의지와 자연을 분리한 대가로 자율성을 확보해야 한다면, 차라리 일체의 자율성을 포기하는 것이 낫다고 항변한다.[18] 자율성이 자연과 완전히 별도의 세계에 존재한다면, 자연법칙에서 벗어날 수 없는 유한한 인간은 교육이라는 이름으로 무엇을 할 수 있다는 말인가?[19] 그러나 그렇지 않다. 개인이 사회의 영향력을 수용하여 도덕적 규칙의 이유와 원인을 이성적으로 이해하고, 그것을 자발적으로 따르는 것이야말로 그가 말하는 '자율성'의 의미이다.[20] 뒤르껭에게 있어서 자율성은 칸트 윤리학에서와 같은 '관념적 허구'가 아니라, 엄연한 '현실'이다.

자율성에 관해서는 한 가지 특이한 문제가 지적될 수 있을 것이다. 한 연구에 의하면, 도덕성의 세 번째 요소로 소개되는 자율성은 규율정신이나 사회집단에의 애착과는 '상이한 평면'에 위치해 있다. 즉, 자율성은 규율정신과 사회집단에의 애착의 결과로서 형성되는 것이다.[21] 실지로 뒤르껭은 아동으로 하여금 일반적 격률에 부합하는 행위를 반복하도록 하는 일을 넘어서서 자신의 국가와 시대를 이해하고 책무를 느끼도록 하는 일, 그를 기다리고 있는 집단적 과업에 참여할 수 있도록 준비시키는 일, 즉 진정한 삶에 입문시키는 일이야말로 자율적 인간의 형성을 위한 교육이라고 말한다.[22] 이 주장은 '사회화된 인간'이 가장 '자유로운 존재'라는 주장과 다르지 않은 만큼, 그 자체로 해석을 요하는 파라독스를 이룬다.

아마 어떤 독자는 뒤르껭이 도저히 조화를 기대할 수 없는 이질적인 요소들을 나열하면서 애써 그것을 하나인 도덕성의 세 측면이라고 설명하는 것을 보고, 그가 논리적 오류를 저지르고 있다고 생각할지도 모른다. 실지로 뒤르껭 자신 또한 그 조화는 '논리의 기적'[23]이 없이는 불가능하다고 고백하였다. 이 문제는 본 절의 핵심 주제에 해당한다고 말해도 좋을 '사회' 개념과 관련되는 만큼 절을 바꾸어 설명해 보겠다.

도덕의 원천으로서의 사회

앞서 등장한 '논리의 기적'이라는 말을 포함하여, 뒤르껭의 설명 가운데 난해하게 느껴지는 부분들은 한결같이 다음과 같은 하나의 질문으로 수렴한다: 즉, 사회란 무엇인가? 사회라는 용어를 두고 마치 개인들의 집합체나, 일정하게 구획된 지역을 떠올리는 경우가 있다. '지역사회'와 같은 흔한 표현은 이러한 발상을 강하게 암시한다. 그러나 사회에 속한 개인과 특정한 지역이 곧장 사회를 규정할 수 있다고 보는 것은 사회 개념을 지나치게 협소한 것으로 취급하는 것이다. 그리하여 다시, 사회란 무엇인가? 뒤르껭의 '사회' 개념은 개인들이 존재하고 소멸하는 것과는 무관하게 계속되며, 지역의 변동에 관계없이 존재하는 '정신적 실체'이다.[24] "한 세대의 유산이 보존되어 다음 세대의 유산에 부가되려면 세대의 소멸을 초월하여 영속하면서 세대와 세대를 결속시켜 주는 도덕적 인격체가 있어야 한다. 이것이 바로 사회이다."[25] 사회는 세대와 세대를 결속시켜 주는 '공통의 기반'이며, 그리하여 도덕의 원천이다.

사회가 도덕의 원천이요, 세대와 세대를 결속시켜 주는 '공통의 기반'이라는 설명은 분명 타당한 것이겠지만, 사회는 비가시적인 '관념'이며, 이 점은 그것을 이해하는 데 어려움을 불러일으킨다. 대체로 이러한 종류의 어려움은 제시된 관념의 현실적 대응물을 생각할 수 없을 때 발생하는 만큼, 키에르케고르(S. Kierkegaard)가 『철학적 단편 후서』에서 소개한 바 있는 우화가 이 문제에 얼마간 도움을 줄 수 있을지도 모른다.

> 한 정신병 환자가 입원을 하고 있었다. 그는 스스로 정신이 온전하다고 생각하여 그 억울한 감금상태로부터 탈출하기로 마음먹었다. 드디어 자유를 위한 기도에 성공하여 그는 마을로 향한 길을 내려가고 있었다. 그는 생각했다-'내가 마을에 갔다가 붙잡히면 다시 이 지긋지긋한 병원에 갇히게 되겠지. 그러나 만약 내가 확실한 객관적 진리를 말한다면, 그것이야말로 내 정신이 온전하다는 명백한 증거가 될 거야.' 이렇게 생각하면서 걷는 동안에 그는 길바닥에 떨어져 있는 공 하나를 주워서 뒤 호주머니 속에 넣었다. 그가 걸을 때마다 그 공은 뒤 호주머니에서 퍽퍽 소리를 내고 부딪혔다. 공이 부딪힐 때마다 그는 '지구는 둥글다'를 되뇌었다. 마을에 들어서는 길로 곧 그는 친구 집에 가서 자신이 온전하다는 증거로서, '지구는 둥글다', '지구는 둥글다'를 연발하였다. 말하자면 그는 스스로 정신병자임을 증명한 것이다.[26]

위의 우화는 한 개인에게 '사회'라는 것이 어떤 의미를 갖는가를 짐작하게 한다. '지구는 둥글다'라는 말은 과학적 지식에 해당하는 것으로서 누구나 인정하고 받아들이는 것이다. 우화에 등장하는 정신병 환자가 바로 그 과학적 지식을 말하면서도 자신의 기대를 충족시킬 수 없었던 것은 과학적 지식이 의미를 가질 수 있는 '맥락'을 완전히 간과하고 있기 때문이다. 그 사람은 비유컨대 '사회 없는 개인'의 전형으로서 사회의 요구와는 완전히 무관하게 순전히 자기 자신이 요구하는 행동을 실천하였다. 쓰레기를 줍는 것과 같은 사소한 일도 그 자체만으로는 누구나 '도덕적'인 것으로 인정하고 받아들이는 것이다. 그러나 사회가 요구하는 맥락과 무관하게, 예컨대 강의 시간에 그 맥락과는 상관없이 계속 쓰레기를 줍는 학생이 있다면, 그 학생은 저 환자와 성격상 조금도 다른 점이 없다. 공공활동의 참여가 크게 강조되던 희랍사회에서 '사사로운 일을 돌보는 사람'을 가리켜 '이디오테스'(*idiotes*)라고 불렀다는 점은 이러한 사정과 무관하다고 말할 수 없다.[27] 충분히 짐작되듯이, 이디오테스는 오늘날 영어의 '바보'라는 단어의 희랍어 어원에 해당한다. 인용문에 등장하는 사람이 우리에게 기이하게 느껴지는 것, 정확하게 말하여 그가 정신병자로 간주되는 것은 다른 이유 때문이 아니다. 그는 우리가 암묵적으로 따르고 있는 사회의 규제에서 벗어나 있는 것이다.

집단적 의식의 내면화

뒤르껭의 이론체계에서와 같이 사회가 도덕의 원천으로 간주된다면, 한 개인이 도덕적 존재로 발돋움했는가의 여부는 '사회화'의 여부에 의하여 결정된다고 말해도 좋을 것이다. 실지로 그의 도덕교육을 가장 간명하게 요약하는 것은 '어린 세대의 체계적 사회화'[28]라는 정의이다. 그가 사용하는 표현을 염두에 두면, 여기에서 말하는 '사회화'는 '집단적 관념과 정서', 혹은 '집단적 의식'을 내면화함으로써 이기적, 반사회적 존재로 태어나는 개인적 존재로 하여금 도덕적 사회생활을 영위해 나갈 수 있도록 돕는 일이요, 그리하여 뒤르껭에게 있어 교육은 집단적 의식의 내면화를 통하여 우연히 태어난 개인적 존재를 그가 태어났을 때와는 조금도 닮은 점이 없는 완전히 다른 존재, 한 마디로 '사회적 존재'로 창조하는 일이다.[29]

사회학자로서의 뒤르껭은 개인과 사회의 관계 문제에 관하여 현대인의 통념과는 상반된 견해, 명백히 '편파적'인 견해를 피력하고 있다. 물론, 그가 편파적인 견해를 피력하고 있다는 사실보다 중요한 것은 그가 그러한 견해를 피력한 이유이다. 그가 보기에, 역사상 교육은 시대와 지역에 따라 끊임없이 변화를 겪어 왔으며, 이 점은 교육의 목적이라는 측면에도 적용된다. 즉, 아테네의 교육과 로마의 교육이 달랐으며, 중세의 교육과 르네상스 시대의 교육 또한 달랐다. 오늘날도 사정은 마찬가지이다. 이전과는 다르게 오늘날의 교육에서는 '자율적 인간'이라는 교육적 이상을 내세우고 있다. 그러나 자율적 인간이라는 이상을 포함하여 시공을 초월한 교육의 이상이라는 것은 도대체 현실성이 있는 것인가? 뒤르껭은 그것의 현실성을 철저하게 부정하고 있다. 즉, "그것은 순수한 선험적 개념의 체계에 지나지 않는다".[30]

'자율적 인간'과 같이 교육의 이상을 전면에 내세우고 그것을 의식적으로 추구하는 것은 '현실성의 결여'라는 문제를 넘어서는 심각한 문제를 안고 있다. 그것은 각각의 시대를 살아가는 사람들이 종래의 관례와 제도를 뜯어고쳐야 할 대상으로 간주하고 그것의 대안으로 제시해 놓은 것이며, 그리하여 인류를 대표할 수 없는 특정 개인들이 계획적으로 교육체계를 마련해 놓고 있다고 생각하는 것이다. 교육의 이상에 집착하는 사람들에게 뒤르껭은 다음과 같이 경고하고 있다: "우리가 바라는 대로 아이를 기를 수 있다고 생각하는 것은 어리석은 일이다".[31] 사정은 완전히 반대이다. 교육체계를 마련해 놓은 것은 특정 개인이라고 말할 수 없다. 아닌 게 아니라, 특정 개인이 만들어 놓은 교육체계를 애써 따라야 할 이유가 어디에 있단 말인가? 그렇다면, 교육체계는 어디에서 온 것인가? '한 개인으로서는 거부할 수 없는 영향력을 행사하는 교육체계'를 마련해 놓고 있는 것, 그것은 바로 '사회'이다.[32]

[교육의 목적과 내용]의 기준이 되는 관습과 관념은 개인들이 창조해 낸 것이 아니다. 이 관습과 관념은 공동생활의 산물이며 또한 공동생활의 필요를 표현하고 있다. 더 나아가서, 그것은 대부분 이전 세대가 이루어 놓은 것이다. 인류의 과거 전체가 이 격

> 률의 총체를 형성하는 데 기여하며 오늘의 교육을 이끌고 있는 것이다 …… 그렇다면 어떻게 개인이, 그 혼자만의 사적인 생각으로, 개인의 생각에서 나온 결과가 아닌 것을 만들어 낼 수 있겠는가? 개인은 그가 원하는 대로 무엇이나 쓸 수 있는 '백지'를 앞에 놓고 있는 것이 아니라, 임의로 창조하지도 못하고 파괴도 변형도 할 수 없는 구체적인 현실을 대면하고 있다.[33)]

오늘날 대체로 개인이 모여 사회를 형성한다고 생각하는 경향이 있다. 그러나 뒤르껭은 이 관계를 완전히 뒤집어 이해한다. 즉, 사회가 개인을 형성하며, 개인은 사회의 영향력을 거의 일방적으로 내면화해야 한다는 것이다. "사회가 새로운 세대를 맞아들이는 것은 사회가 무엇인가를 그려 넣어야 할 백지를 맞아들이는 것과 같다"[34)]라는 그의 발언은 이 점을 보여준다. 그리하여 뒤르껭의 입장에서 보면, 개인이 사회를 형성하는 것이 아니라, 오히려 사회가 개인을 형성하며, 그것도 사회의 요구에 따라 개인을 형성하는 것이다.

이상의 발언은 당장 사회의 의미와 가치를 일방적으로 강조하느라 개인의 자율성이라고 할 만한 것을 간과하고 있는 것 아닌가 하는 의문으로 연결된다. 실지로 개인의 의도나 의지와는 아무런 상관없이 사회의 영향력을 일방적으로 내면화하도록 해야 한다면, "개인은 견딜 수 없는 폭군에게 복종해야 한다는 뜻이 아닌가?"[35)] 그러나 놀랍게도 뒤르껭은 그렇지 않다고 대답한다. "사실에 있어서 개인의 그 복종은 개인 자신에게도 이익이 된다. 왜냐하면 교육을 통하여 집단적 영향이 우리 각자에게 형성해 주

는 새로운 존재는 우리 각자가 될 수 있는 최상의 존재를 나타내는 것이기 때문이다".[36)]

사회가 새로운 세대를 맞아들이는 것은 사회가 무엇인가를 그려 넣어야 할 백지를 맞아들이는 것과 같다는 뒤르껭의 견해에는 사회화되기 이전의 개인에 관한 특정한 전제가 깔려있다. 즉, 사회가 새롭게 맞이한 개인에게는 '이기적인 충동 또는 아직 방향이 정해져 있지 않은 막연한 성향 이외에 아무것도 없다'[37)]는 것이다. 그리하여 집단적 의식을 내면화하는 것은 '견딜 수 없는 폭군'에게 강압적으로 굴복당하는 것이 아니라 도리어 그 막연한 성향으로부터 자유로워지는 것, 불완전한 존재가 '최상의 도덕적 존재'로 변형되는 것이나 다름이 없다. "자유는 진정한 권위에서 태어나는 딸이다"[38)]라는 뒤르껭의 발언은 그 점을 웅변적으로 나타내고 있다.

뒤르껭은 '부모와 교사는 사회의 구현체이며, 아동은 그들의 말과 행동을 통하여 사회적 존재가 된다'[39)]고 말할 정도로 사회화, 혹은 집단적 의식의 내면화 과정에 부모와 교사의 역할을 특별히 강조하였다. 여기에서 그는 사회의 편에 서서, 이기적, 반사회적 존재를 사회적 존재로 이끄는 일에는 불가피하게 '강압적'인 인상을 불러일으키는 '권위'가 요청된다는 주장을 하고 있다. 물론, 그 권위는 교사가 가진 상벌 권한이나 능력에 의하여 보장되는 것이 아니라 그에게 업무를 위임한 '사회'에 의하여 보장된다. 교사는 개인을 초월하는 '위대한 도덕적 인격체, 즉 사회의 대행자'[40)]로서의 권위를 가지며, 아동을 사회로 입문시키는 데 핵심적인 역할을 담당한다. 이 점에서 부모와 교사의 권위는 성직자의 그것에 비유될 수 있다.

> 성직자의 말에 누구나 그토록 기꺼이 권위를 부여하는 것은 성직자가 그의 소명에 대하여 높은 확신을 가지고 있기 때문이다. 그는 자신이 믿는 신(神), 다수의 비신도들보다 자신이 더 가까이 있다고 느끼는 신의 이름으로 말하는 것이다. 교사도 이와 비슷한 감정을 가질 수 있고 또 가지고 있어야 한다. 그도 자신을 초월하는 위대한 도덕적 인격체, 즉 사회의 대행자인 것이다. 성직자가 신의 해석자이듯이, 교사는 그 시대 그 국가의 위대한 도덕적 관념의 해석자이다. 교사로 하여금 이 관념에 애착을 가지도록, 그 장엄한 아름다움을 느끼도록 하라. 그렇게 하면 그 관념에 내재해 있는 권위, 교사가 인식하는 권위는 반드시 교사 자신의 것이 되어 그가 하는 모든 행동에 나타나게 될 것이다. 이와 같이 초인간적 원천에서 흘러나오는 권위에는 긍지도, 허영도, 현학도 끼어들 여지가 없다. 그 권위는 순전히 교사가 자신이 하는 일 또는 '직능'에 대하여 가지고 있는 존경심으로 이루어져 있다. 그리고 이 존경심은 말과 몸짓을 통하여 교사로부터 아동에게 그대로 전달된다.[41]

성직자에 비유되는 교사는 학생을 사회, 즉 개인을 초월하는 위대한 도덕적 인격체로 이끄는 존재이다. 그러나 단순히 목소리를 높이거나 채찍질하는 식으로 사회의 입문이라는 일을 수행하는 것은 교육이라는 이름에 어이없이 미달한다. 교사에게 부여된 권위는 폭력적인 것도 아니요, 억압적인 것도 아니다.[42] 그렇다면 그 일은 어떻게 가능한가? 앞선 사람으로서의 “교사는 사회라는 초개인적인 원천에서 나오는 권위에 승복하는 일을 시범함으로써 학생을 그와 동일한 자세로 권위에 승복하게 만드는 일을 한다”.[43] 물론, “도덕을 가르치는 일은 설교하거나 주입하는 일이 아니다. 그것은 설명하는 일이다”[44]라는 그의 발언에 비추어 볼 때, 교사의 역할은 도덕적 행위의 시범을 넘어서는 것으로 볼 수 있다.

뒤르껭이 교사의 ‘설명하는 역할’을 강조한다는 점은 사회화 이상으로 ‘교과교육’을 통한 도덕교육을 강조하는 것으로 볼 수도 있다. 다만, 그는 학교에서의 도덕교육, 특히 교과교육, 혹은 교수에 의한 도덕교육이 중요하다고 언급하면서도 사회화와 교과를 통한 도덕교육이 어떤 점에서 구분되는지를 설명하지 않는다. 아마 사회학자라는 그의 정체성을 고려하면, 그가 교과를 통한 도덕교육이 사회화에 포함된다는 식으로 이해하고 있다고 보는 편이 안전할 것이다.

개인주의가 만연한 오늘날 뒤르껭의 도덕교육론은 한 개인이 도덕적인 존재가 되는 과정에 반드시 ‘사회적 영향’이 요청된다는 삶과 교육에서 받아들이지 않을 수 없는 중요한 사실을 일깨워 주고 있다. ‘사회적 영향’이라고 말했을 때, 거기에 누구보다 ‘교사’의 역할이 강조될 수밖에 없다는 점은 쉽게 짐작할 수 있을 것이다. 교사는 자라나는 아동으로 하여금 사회 속에서 조화로운 삶을 살아갈 수 있도록 노력해야 하며, 그 이전에 한 명의 사회 구성원으로서의 교사 자신이 사회에 대하여 바람직한 자세와 태도를 가지고 있지 않으면 안 된다. 눈앞에 놓인 교육이 무용지물이라고 생각하여 그것을 마구잡이로 헐뜯고, 혁신이라는 이름으로 과거의 것을 대체할 제도를 무분별하게 들여오는 것은 지금까지 사회를 형성하고 유지하는 데 기여한 사람들, 그리고 우리의 삶과 교육을 떠받쳐 온 사회를 배신하는 일이다.[45]

> 도덕교육의 관건은 어른들이 사회에 대하여 어떤 태도를 가지고 있으며 어린 세대가 사회에 대하여 어떤 태도를 가지도록 이끄는가에 있다고 볼 수 있다. '풍속을 너무 푸대접하면 그 앙갚음이 우리 자식에게 돌아간다'[46]는 뒤르껭의 말은 어른들이 '사회'에 대하여 가지고 있는 불경(不敬)의 태도가 아이들에게 어김없이 전달된다는 것을 경고해 주고 있다. 부모가 풍속을 푸대접한 결과로 '자식이 당하는 앙갚음' 중에서 자식이 그들의 풍속을 더욱 푸대접하는 것 이상 더 큰 것은 없을 것이다.[47]

2. 습관과 관례

"한 아이가 세상에 태어난다".[48] 여기에 들어 있는 '세상'이라는 말에 주목할 때, 우리는 대개 한 아이가 태어났을 때 마주치게 되는 국가, 사회, 가정과 같은 것을 떠올리게 된다. 그도 그럴 것이, 아이는 자신이 선택한 적이 없는 특정한 국가와 사회, 그리고 가정에 태어나며 그 아이에게는 그것이 바로 자신이 마주하게 되는 세상이다. 물론, 아이가 태어나는 세상은 보통 그 단어가 연상시키는 '물리적 세계'에 그치는 것이 아니다. 그 아이가 태어나는 세상은 온통 '사물'로 이루어져 있는 것이 아니라 '의미'로 이루어져 있다. 그 세상은 사물의 세계이지만, 엄연히 '의미의 세계', 또는 '관념의 세계'이기도 하다. 그 세상 속에서 살아가는 사람들이 감정, 정조, 상상, 욕망, 도덕적 규범과 원리, 종교적 신념, 관습, 관례 등과 같은 것을 '공유'하고 있다는 사실은 세상이 의미로 이루어져 있다는 점을 빼고는 설명할 수 없다. 세상을 이루고 있는 의미는 인류의 시작과 함께 누군가에 의하여 주어진 것이 아니라 앞선 사람들이 쌓아 올린 지적 유산이자 우리가 물려받은 문명의 유산이요, 또 세상에 태어난 아이가 장차 학습해야 할 내용이다.

그러나 세상을 이루는 의미라든가 인류가 쌓아 올린 지적 유산이라든가 하는 것, 한마디로 세상의 '정신적 요소'는 그 자체로서 존재할 수 있는 것이 아니다. 그것은 반드시 '관례'나 '제도'와 같은 모습으로 우리 앞에 나타나며, 그리하여 그것은 언제나 시간과 공간에 제약된 형태로 자신의 모습을 드러낸다. 우리가 향유하고 있는 정신적 요소를 현재와 같은 형태로 확립하여 물려준 조상을 향한 감사와 존경이라는 집단적 의식이 제사라는 전통의례의 형태로 표현되는 것은 하나의 사례가 된다.

세상에 태어난 아이는 다양한 경험을 통해 앞선 사람들이 공유하고 있는 관습과 풍습을 무의식적으로 받아들이면서, 그 정신과 일관된 방향으로 마음의 변화를 겪으며 살아가게 된다. 관습과 풍습의 한 가운데에서 살아가는 과정은 그것을 반복적으로 겪으면서 거기에 익숙해지는 과정, 흔히 우리가 몸에 '배다', 혹은 '익다'라고 말할 때의 그 상태가 되는 과정이다. 우리는 그 과정에서 임의대로 특정한 관습과 풍습을 선택하는 것도 아니요, 그것에 관해서 특별히 의식하고 있는 것도 아니다. 한마디로 말하여, '이것은 특별한 의식이나 반성 없이 이때까지 살아온 대로 살아가는 과정'이다.[49] 거기에는 세상의 정신적 요소가 제약된 형태로나마 녹아들어 있으며, 우리가 그것을 확인하기 위해서는 그 정신적 요소가 머무르는 곳, 바로 '습관'을 살펴보지 않으면 안 된다.

아마 '습관'이라는 표현을 두고 '행위의 기계적 반복'이라는 식으로 이해하는 사람이 있을지도 모른다. 이 규정은 분명 습관의 한 측면을 드러내고 있다. 다만, 그것은 어디까지나 습관이라는 구체적인 전체에서 떨어져 나온 일부를 과장하여 드러내고 있을 뿐이다. 세상의 정신적 요소를 따라 행동할 수 있는 사람이 소유한 습관을 그런 식으로 이해하는 것은 부당하다. 또한, 현재 우리가 알고자 하는 습관 개념은 '습관적으로 손톱을 물어뜯는다'라고 말할 때의 습관이 아니다. 여기에 대해서 저자는 별로 할 말이 없다. 우리가 알고자 하는 습관 개념은 무엇보다도 '교육받은 사람의 습관'인 만큼, 이하에서는 후자를 염두에 두고 습관과 관례가 우리의 도덕적 삶에 어떠한 위치를 차지하고 있으며, 어떤 특징을 가지고 있는가를 오우크쇼트의 견해를 부단히 참조하여 조명해 보겠다.

관례적 도덕성: 감정과 행동의 습관

우리의 도덕적 삶에서의 습관과 관례의 위치와 그것의 특성을 살펴보는 데 오우크쇼트의 글 “바벨탑”(The Tower of Babel)은 좋은 참고가 된다.[50] 이 글은 인간의 도덕적 삶을 분석하기 위한 개념적 도구로서 ‘감정과 행동의 습관’, ‘도덕적 기준의 반성적 적용’을 도입하여 양자의 대비 속에서 습관과 관례가 도덕적 삶에서 차지하는 위치와 특징을 심도 있게 설명하고 있다. 물론, 그의 설명을 올바르게 이해하기 위해서는 감정과 행동의 습관과 도덕적 기준의 반성적 적용이 ‘관념적 극단’(ideal extremes)에 해당한다는 점을 이해할 필요가 있다. 각각 ‘관례적 도덕성’과 ‘반성적 도덕성’이라고 바꾸어 불러도 좋을 이 구분은 오직 ‘머릿속에서’만 존재할 수 있으며, 개념상으로만 구분되는 용어일 뿐 현실은 언제나 양자의 ‘혼합형’으로 나타날 수밖에 없다는 것이다. 어쨌든, 이러한 점을 인정하더라도 오우크쇼트의 구분은 여전히 유효하고 또 도덕적 삶을 분석하는 데 중요한 단서가 된다.[51]

우리의 도덕적 삶을 분석하여 얻어낸 첫 번째 형식으로서의 감정과 행동의 습관을 상상하는 것은 어려운 일이 아니다. 이를테면, 횡단보도를 건너려는 상황에서 갑작스럽게 신호등이 빨간불로 바뀐 경우를 상상해 보라. 우리는 거기에 부합하는 어떤 행동규칙을 의식적으로 떠올리고 그것을 적용하는 것도 아니요, 어떤 도덕적 이상에 부합하는 행동을 하기 위하여 애써 노력하는 것도 아니다. 그러한 상황에 처한 사람은 ‘그냥’ 걷기를 멈추고 잠시

기다릴 뿐이다. 누군가 이 상황에서 가능한 행동 방식들을 떠올리고 거기에서 적합한 행동을 골라서 적용하려 한다면, 우리는 그 인위적인 모습에 불편함을 느낄 수밖에 없을 것이다. 일상생활에서 우리가 하는 행동은 이때까지 살아온 대로, 또는 습관대로 행동한 결과일 뿐이다. 거기에는 "대안들을 저울질하거나 행위의 결과를 반성적으로 사고하는 일도 없고, 불확실성이나 주저와의 싸움도 없다. 상황에 따라 자신이 그 속에서 성장한 행위의 전통을 별다른 생각 없이 따르는 것, 그것이 전부이다".[52] 자신이 선택한 행동이 어떤 결과를 만들어 낼 것인가를 예측하고, 그 결과의 불확실성을 우려하면서 머뭇거리며 망설이는 것은 오히려 예외에 속하는 일이다.

행위의 습관은 규칙이나 교훈을 기억해 두었다가 그것을 실천에 옮기는 것이 아니라, 습관적 방식으로 행동하는 사람들과 함께 어울려 사는 방식으로 획득한다. 우리가 행위의 습관을 배우는 방법은 모국어를 배우는 것과 동일하다. 오우크쇼트에 의하면, 관례적 도덕을 가르치는 도덕교육은 그것만을 위해 마련된 별도의 시간에 이루어질 수 있는 것이 아니다. 오히려 그런 도덕교육은 "의식적인 삶과 함께 동시에 일어나는 것이며, 우리의 깨어있는 삶은 모든 순간에서 정지 없이 수행된다".[53] 세상에 태어난 아이는 모방으로 시작하여 다양한 관습적 행동을 경험하고, 거기에 선택적으로 적응하는 일을 지속하는 것이다. 이런 종류의 교육은 의무적으로, 혹은 강제적으로 일어나는 것이 아니다. 차라리 그것은 '불가피한' 것이다. 한마디로 말하여, 삶을 살아가는 한 우리가 그러한 의미의 도덕교육에 참여하지 않는다는 것은 불가능하다.

관례적 도덕을 가르치는 교육에서 학습될 수 없는 것도 많이 있다는 점은 말할 것도 없다. 이 형식의 교육을 통하여 우리는 모종의 게임을 하는 방법을 획득할 수 있고, 규칙을 어기지 않고 게임을 할 수 있게 되겠지만, 규칙 그 자체에 관한 지식을 획득하게 되는 것은 아니다. 이러한 교육을 받은 사람은 "혼자서 규칙에 맞게 시작(詩作)을 할 수 있는 능력을 갖춘 사람이지만, 어떤 시의 운각(韻脚)을 나눈다거나 운율의 여러 가지 형식의 이름을 안다거나 하는 것은 불가능한 사람이다".[54] "아니, 그는 시의 운율에 관한 규칙을 상세하게 설명할 수 있는 사람은 아니지만, 또 그 규칙을 의도적으로 어겨서 틀린 시를 짓는다는 것이 불가능한 그런 사람이다".[55]

관례적 도덕성에서 한 가지 주목해야 할 점은, 이 도덕성의 형식이 우리의 도덕적 삶에 상당한 정도의 '안정성'을 가져다준다는 데 있다. 누군가는 관례적 도덕성에도 대변혁과 같은 일이 일어날 수 있지 않은가 하는 의문을 품을지도 모른다. 그러나 근본적인 수준의 대변혁은 관례적 도덕성의 성격과는 완전히 동떨어져 있다. 오우크쇼트는 이 형식의 도덕적 삶의 특징인 안정성은 혼란 없이도 변화를 견뎌낼 수 있는 융통성에서 나오는 것이라고 지적하면서, 그 속에는 절대적으로 고정된 것, 그런 것은 아무도 없다고 말하고 있다.[56] 관습은 언제나 상황의 미묘한 차이(nuance)에 민감하게 대처하는 속성을 가지고 있기 때문이다. 우리는 관습은 맹목(盲目)이라고 배워 왔다. 그러나 이것은 허점을 노리고 파고드는 그릇된 관찰이다. 관습에 대해서는 오직 '박쥐의 맹목'[57]이라는 말을 할 때와 동일한 의미에서만 '맹목'이라는 말을 할 수 있다. 현대인들에게는 고루한 전례(前例)의 답습으로만 여겨질 뿐인, 그리하여 마치 굴종적 패배자의 이미지를 가진 관례적 도덕성에는 어둠 속에서도 안전한 길을 찾아내는 '박쥐의 맹목'과도 같은 것이 있으며, 그것은 불필요한 혼란을 유발하지 않으면서도 안정성으로의 길을 안내한다는 것이다. 아마 이 점은 관례적 도덕성과 대비되는 반성적 도덕성의 성격과 폐단을 고찰하는 과정에서 더욱 분명한 형태로 드러나게 될 것이다.

반성적 도덕성: 도덕적 기준의 반성적 적용

이 절에서 살펴보려고 하는 두 번째 도덕적 삶의 형식은 도덕적 기준의 반성적 적용이며, 이것은 반성적 도덕성이라고 말해도 무방하다. 반성적 도덕성은 두 가지의 변형된 형태로 나타나게 된다. 그것은 '도덕적 이상에 대한 자기 의식적 추구'라는 형태를 취하기도 하고, '도덕적 규칙의 반성적 준수'라는 형태를 취하기도 한다. 말할 필요도 없이, 여기에 언급된 도덕적 이상이나 도덕적 규칙은 모두 반성적 사고의 산물이며, 그것을 추구하거나 준수하는 활동 모두 반성적 활동이다. 반성적 도덕성에 기반한 도덕적 삶의 특징은 도덕적 규칙이나 이상을 '머릿속으로' 먼저 정해 놓고, 그것을 행동으로 번역하여 상황에 적용한다는 데 있다.

이와 같은 도덕적 삶에서는 행동하는 것보다 도덕적 규칙과 이상을 확립하는 것이 더 우선적인 관심사가 된다. 그러나 상황에 부합하는 규칙이나 이상을 떠올리는 것에서 출발하여 그것을 상황에 맞게 번역하고 적용하는 일은 결코 쉬운 일이 아니다. 그 과정에는 반드시 주저와 번민이 따르게 되며, 따라서 그 문제를 해소하기 위한 방어논리와 해석이 끊임없이 요청된다. 심지어 도덕적 삶에서 등장하는 상황이란 거의 무한대에 가까운 것이라고 말해도 좋은 만큼 거기에 동원되는 방어논리와 해석은 항상 부족한 것으로 느껴질 수밖에 없다.

반성적 도덕성도 관례적 도덕성의 경우와 꼭 마찬가지로 교육에 의존하지만, 양자의 교육은 그 형식상의 차이만큼이나 서로 다르다. 특히, 도덕적 규칙이나 이상의 획득은 사람들과 함께 어울려 살아가는 것만으로 이루어질 수 있는 일이 아니기 때문이다. 오우크쇼트는 그 교육을 다음과 같이 세 가지 양상으로 구분하여 설명하고 있다. 첫째, 구체적인 행위 속에 불완전하게 표현되고 있는 도덕적 이상을 분리하여 식별하는 지적 훈련, 둘째, 그 이상들을 다루는 지적 기술을 익히는 훈련, 그리고 셋째, 도덕적 이상을 구체적인 상황에 적용하는 훈련, 즉 도덕적 이상을 구체적인 상황에 맞게 번역하고 그 이상이 나타내는 '교육받은 상태'를 이루기 위한 적절한 수단을 강구하는 훈련이 바로 그것이다. 이런 방식의 교육은 불가피한 것이라기보다는 오히려 의무적, 혹은 강제적인 것이다. 이때의 교육은 자기 의식적 선택에 의한 행동을 하지 못하거나, 자신이 선택한 도덕적 이상의 근거를 설명하지 못할 때 실패작으로 간주될 수밖에 없는 교육을 가리킨다. 여기에 주목한 교육은 그것을 위한 별도의 시간을 할애해야 한다는 점에서 의무적, 혹은 강제적일 수밖에 없으며, 습관적으로 행동하는 것 이상, 이를테면 '지적 계산'을 요구한다는 점에서 불가피한 것이 아니다.

관례적 도덕성이 도덕적 삶에 안정성을 가져다 주는 것과는 달리, 반성적 도덕성은 안정성의 결여라는 취약성을 가지고 있다. 자기 수정 능력을 갖춘 관례적 도덕성에 비하여, 반성적 도덕성은 확실한 도덕적 규칙과 이상을 추구함으로써 기존의 도덕적 습관을 훼손하는 경향이 있기 때문이다. 반성적 도덕성은 설정된 이상의 변화에 완강히 저항하면서 글자 그대로 '완전성'을 향하여, 그야말로 갈 데까지 가고 만다. 거기에서 '완전성으로부터의 도피' 같은 것은 애초에 고려의 대상이 아니다. 이미 설정된 이상의 변화에 대한 저항이 무너졌을 때, 그때는 원만한 변화가 아니라 혁명－즉, 기존의 이상에 대한 전면적인 거부와 완전히 새로운 이상으로의 대치－이 발생한다. 결국, 도덕적 이상이라는 것은 잠재적으로 과도한 집착의 대상이 될 수 있으며, 그리하여 그것을 추구하는 일은 우상숭배의 형태를 띠게 된다. 그러한 우려는 때로 심오한 성찰에 의하여, 도덕적 이상의 체계 전체를 파악하는 지성의 작용을 통하여 각각의 이상에 알맞은 위치를 부여함으로써 불식되기도 하지만, 그런 일은 드물며 한 가지 도덕적 이상에 대한 과도한 추구는 결국 다른 모든 도덕적 이상을 도외시하는 것으로 귀착된다.[58] 예컨대 '정의'(正義)의 실현을 열심히 추구하다 보면 '자비'(慈悲)를 잊기 쉽고, '의로움'에 대한 열정적 추구는 많은 사람을 경직되고 냉혈적인 마음의 소유자로 만든다. "참으로, 이상에 대한 추구 중에서 환멸로 인도하지 않는 것은 없으며, 이 길을 택한 사람 중에서 회한(悔恨)으로 끝나지 않는 사람은 없다".[59)]

반성적 도덕성의 문제점

앞에서 언급한 바와 같이, 관례적 도덕성과 반성적 도덕성이라는 두 가지 관념적 극단은 도덕적 삶이라는 하나의 구체적인 전체에서 추상된 것이다. 그렇기 때문에, 그 구분은 오로지 '머릿속에서'만 가능할 뿐이며, 양자는 어떤 방식으로든지 서로 결합된 형태, 즉 '관례적 도덕성 위주의 혼합형'이라든가, '반성적 도덕성 위주의 혼합형'과 같은 형태로 나타나게 된다. 지금까지의 고찰은 오우크쇼트가 특별히 우려하고 있는 대상이 후자라는 점을 알려주고 있다. '관례적 도덕성 위주의 혼합형'에서는 행동과 이상 사이의 긴장과 혼란에서 벗어나 양자가 적절히 조화를 이루고 있지만, '반성적 도덕성 위주의 혼합형'에서는 그 구성요소들 간의 항구적인 긴장 상태를 피할 수가 없기 때문이다. 이 긴장 상태라는 것은 '반성'이 '습관'의 영역을 침범하고 대치하려는 경향을 가리키는 것으로서, 오우크쇼트는 이 경향을 현대 서구 문명이 겪고 있는 심각한 문제라는 점을 설득력 있게 보여주고 있다. 그도 그럴 것이, '반성적 도덕성'(반성)이 '도덕적 행위의 전통'(습관)의 영역을 침범할 때, 그 끝은 도덕적 삶의 해체가 될 수밖에 없다.

오우크쇼트는 도덕적 삶의 해체가 어떤 장면을 가리키는가 하는 점을 여러 가지 비유로 설명하고 있다. '행위가 요구되는 장면에 사변과 비평이 등장한다'든가 '도덕적 행위 습관을 가지는 것보다 방어논리를 갖춘 도덕적 이데올로기를 가지는 것이 중요한 일로 부각된다'든가 '한 사회에서 다른 사회로 쉽게 이식될 수 없는 도덕, 명약관화한 보편성을 결여한 도덕은 그것이 원래 나온 본고장에서조차 푸대접받는다'든가 '덕을 가르친다고 스스로 나서는 도덕 교사들을 대망하며, 그들이 침묵할 때는 어쩔 줄 모르고 쩔쩔매게 된다'든가 '저명한, 그렇기는 해도 우리가 사는 방식에 대해서는 이방인일 뿐인, 떠돌이 부흥 설교사가 교구 목사, 신부를 내쫓고 그 자리를 차지하게 된다'든가 하는 등등의 발언은 행위의 습관이 이상의 추구에 종속되고 습관과 반성이 본연의 역할이 아닌 엉뚱한 역할을 떠맡게 되는 삶의 상황을 여실히 보여준다.[60] "오우크쇼트가 보기에, 습관이 요구되는 장면에서 반성이 그 역할을 대신하는 것은 비평이 시(詩)의 자리를 찬탈하고 신학 이론이 신앙생활을 대치하는 것만큼 얼토당토않은 것이다".[61]

그러나 반성적 도덕성이 불러일으키는 문제들 가운데서도 다음과 같은 근본적인 결함에 비하면 오히려 사소한 것에 지나지 않는다. 모든 인간 활동에 깃들어 있는 '시적 성격'을 부정한다는 것이 바로 그것이다.[62] 우리는 도덕적 규칙이나 이상을 떠올리고 그것을 상황에 맞게 번역하여 적용한다는 발상(오우크쇼트는 이를 '사고의 산문적 전통'이라고 부르고 있다)에 지나치게 익숙해져 있다. 우리는 시조차도 이런 방식으로 사고하는 경향이 있다. '마음의 감흥'(관념)이 먼저 있고, 다음에 그 언어적 번역에 해당하는 표현이 뒤따른다는 사고 경향이 바로 그것이다. 그러나 이것은 완전히 잘못된 생각이다. 한 편의 시는 마음의 상태를 언어로 번역해 놓은 것이 아니다. 시인이 말하는 것(시)과 시인이 말로 담아내고자 하는 것(시상)은 서로 분리될 수 없는 하나의 실체이며, 시상이 먼저 있고 시가 뒤따라 나와 그것을 구현하는 그런 관계를 이루는 것이 아니다. 시인은 자신이 그것을 언어로 말해 놓기 전까지는 자신이 무엇을 말하고자 하는지를 알지 못한다. 시를 향한 열정을 제외한다면 시에 앞서서 존재하는 것은 아무것도 없다. 시에 관한 설명은 인간의 모든 도덕적 행위에도 그대로 적용된다. 즉, 도덕적 이상은 반성적 사고의 산물이 아니며, 아직 실현되지 않은 관념의 언어적 표현도 아니다. 차라리 그것은 인간의 행동, 인간의 실제적 행위의 산물이다. 반성적 사고는 도덕적 이상을 만들어 내는 것이 아니라, 인간의 도덕적 행동 이후에 등장하여 그 행동에 부분적이고 추상적으로나마 이름을 붙이는 역할을 할 뿐이다. 그리하여 도덕적 이상의 추구라는 도덕－또는 그런 이상의 추구가 지배적인 도덕－은 얼른 보기에 그런 것과는 달리, 두 발로 설 수 있는 도덕성이 아니다.[63]

오우크쇼트가 보기에, "우리(서구) 문명의 도덕적 에너지는 지난 수 세기 동안 주로(물론, 전적으로 그런 것은 아니지만) 또 하나의 바벨탑을 쌓는 데 투입되어 왔다. 그리고 우리는 도덕적 이상들 때문에 정신을 차릴 수 없을 정도로 어지러운 세상 속에서 공적으로나 사적으로나 우리가 처신할 바에 대하여 과거 어느 때보다 무지한 처지에 놓이게 되었다".[64] 말하자면, 오늘날 서구 사회에서 (나아가 우리의 사회에서도) 관례적 도덕성은 원시적이고 무용한 것으로 낙인찍히고, 도덕적 이상의 추구는 도덕적 계몽과 같은 것으로, 그리하여 그것이 다른 어떤 형식보다도 훌륭하고 고상한 것으로 여겨지고 있다. 오우크쇼트는 그것을 '도덕적 파산' 상태로 규정하면서 서구 문명이 처한 곤경을 두 가지로 요약하고 있다.[65] 첫째로 '이상의 자기 의식적 추구'가 우리의 도덕적 삶을 지배하고 있다는 것, 그것이 안정된 우리의 행위의 습관을 파괴한다는 것이요, 둘째로, 사람들은 이 지배를 감사해야 할 혜택, 자랑스러워해야 할 성취로 생각하고 있다는 것이다.

도덕교육에서의 합리주의와 그 극복

"바벨탑"이라는 글에 나타나 있는 오우크쇼트의 견해는 우리의 삶과 도덕교육에서 '습관'이 차지하는 위치에 관하여 놀라운 통찰을 보여주고 있다. 그러나 이상의 견해를 접하는 독자 중에는 오우크쇼트가 '이성'을 버리고 '습관'을 따라 살라는 실현 불가능한 주장을 하고 있으며, 그렇게 하면서도 정작 그 자신이 현재 서구 문명이 겪고 있는 곤경을 드러내는 데 이성에 입각한 '반성'과 '사변'에 의존하고 있다는 의심을 품는 사람이 있을지도 모른다. 심지어 도덕교육에 관한 그의 견해 – 행위의 습관을 배우는 방법은 모국어를 배우는 것과 동일하다 – 는 마치 그가 도덕적 지식의 전달을 통한 도덕교육을 부정하고 있다는 해석의 가능성을 열어둔다. 이러한 의문과 관련하여 '바벨탑'의 마지막을 장식하는, '이성의 올바른 사용'에 관한 자신의 의견을 암시하고 있다고 생각되는 다음의 문장은 주목의 대상이 된다: "이러한 곤경에 대한 이상의 분석이 봉사할 수 있는 유일한 목적이 있다면, 그것은 우리의 타락한 의식, 자신의 불운에 자신을 화해시키려고 하는 자기기만을 폭로하는 것뿐이다".[66]

오우크쇼트의 분석대로 서구 문명이 처한 어려움이 인간 이성의 발달이라는 역사적 흐름과 무관하다고 말하기에는 어려움이 있는 것이 사실이다. 그러나 엄연히 존재하는 이성의 역할 자체를 불행의 씨앗으로 간주하고 그것을 철저히 제거하려고 한다면, 그것은 결코 현명한 처사가 아닐 것이다. 관례와 습관의 파괴라는 불행한 사태는 이성의 구사 그 자체에서 비롯되는 것이 아니라, 그것의 오용(誤用)에서 비롯되는 것이라고 보아야 한다.[67] 관례와 습관의 파괴라는 문제는 이성의 권위에 지나치게 귀를 기울인 결과요, 한마디로 '이성에 대한 맹신'이라는 지적 분위기의 결과라는 것이다. 사정이 이러하다면, 우리의 도덕적 삶에서 '이성'이 차지하는 위치는 무엇인가? 이성의 그릇된 사용이 도덕적 파산이라는 암울한 결론으로 연결될 수밖에 없다면, 우리는 '이성의 올바른 사용'이라는 문제를 반드시 생각해 보아야 한다.

오우크쇼트는 "정치에서의 합리주의"[68]라는 글에서 르네상스 이후 유럽을 특징짓는 가장 두드러진 지적 풍조를 '근대적 합리주의'(이하 합리주의)[69]라는 용어로 규정하면서 그것이 유럽의 정치 현실에 미친 영향을 분석하고 있다. 그가 말하는 합리주의란 이성의 권위 이외에 다른 어떤 권위에도 의존하지 않으며, 일체의 권위, 편견, 전통, 풍속, 습관 등을 적으로 삼는 정신자세를 나타낸다. 합리주의자에게 있어 "이성은 합리적 사고를 하는 사람이면 누구나 가지고 있는 힘이며, 그것이 곧 합리적 논의의 기반이요 원천이다. 합리주의자의 문 앞에는 '일체를 합리적 논의에 의하여 판단하라'라는 파르메니데스(Parmenides)의 경구가 걸려 있다".[70] 합리주의자가 지적 평등주의자인 것처럼 보인다면 그것은 착각이다. 아닌 게 아니라, 그는 정직하고 분명하게 사고하는 사람 중에서 자신과 의견을 달리 할 사람이 있을 수 있다는 사실을 받아들이려고 하지 않는 '철저한 개인주의자'이다.

합리주의자는 '무슨 일이든지 옛것을 깡그리 없애고 새로 시작하려 하는 사람'으로서, '거의 시적인 환상 속에서, 그는 마치 아침마다 새로운 창세기를 만난 듯이 매일 매일이 생애의 최초의 날인 것처럼 살려고 하며, 무엇인가에 습관을 들인다든가 몸에 밴 오랜 습관을 따라 살아간다는 것은 곧 인생의 실패를 의미한다고 생각한다'.[71] 따라서 그는 일체의 편견과 과거의 잔재와 습관으로부터 자유로운 마음, 이른바 '열린 마음'에 절대적인 가치를 부여하며, 어느 것에도 방해받지 않는 인간의 이성이 정치활동을 이끄는 가장 확실한 기준이 된다고 믿는다.[72] 그가 신봉하는 것이 있다면, 그것은 이성이 발휘되는 구체적 방법으로서의 '합리적 논의', 심지어 의견의 진위 여부, 즉 제도의 '합리적 사용'이 아니라 '합리적 근거'이다. 따라서 그의 정치활동 대부분은 그가 태어난 공동체의 사회적, 법적, 제도적 유산을 이성의 심판대 위에 세우는 일로 채워지며 그 나머지는 합리적 집행의 문제로서 구체적인 현실이야 어떠하든지 간에 이성의 무제한의 권한으로 만사를 처리하는 것뿐이다. 그는 전통을 파괴의 대상으로만 보며, 그것을 파괴하고 난 뒤 남은 폐허 위에 자신이 날조한 대용물, 즉 이데올로기를 세워놓는다.[73] 달리 말해, 합리주의자는 자신 앞에 무한한 가능성의 백지가 펼쳐져 있다고 생각하는 사람으로서, 만약 어쩌다가 이 '백지'(*tabula rasa*)가 전통에 얽매인 선조들이 끄적거려 놓은 '비이성적' 낙서에 더럽혀져 있다면 그것을 박박 문질러 깨끗이 닦는 일을 최우선의 과제로 하는 사람이다. 앞서 고찰한 '반성적 도덕성'의 문제점은 결국 합리주의적 사고가 우리의 삶과 교육에 적용된 결과라고 말해도 무방하다.

오늘날 사람들이 습관과 관례보다 개인의 자율적 판단 능력에 마음이 이끌리고 있다는 명백한 사실은 우리의 사고방식 역시 오우크쇼트가 규정하고 있는 '합리주의'라는 지적 경향에 영향을 받고 있다는 생각을 가능하게 한다. 그 지적 경향 하에서 습관과 관례가 악습과 폐습이라는 이름을 부여받고 푸대접의 대상이 된다는 것은 물론 자연스러운 일이다. 합리주의적 사고의 저변에는 자신에게 이해되지 않는 것은 경멸의 대상이라는 생각, 습관과 관례는 그 자체로 나쁜 것이며 일종의 '무지의 표현'이라는 생각이 깔려있다.[74] 합리주의적 사고에 젖은 개인은 '시간과 우연의 세계'에서 벌어지는 온갖 번잡한 사태를 다루는 데 역부족이 된 나머지 그 세계에서 벗어나서 이데올로기가 약속하는 사이비 영원으로 도피하려는 경향이 있으며, 그리하여 늘 '자신의 고국을 벗어난 이방인처럼 자신이 피상적으로 밖에 알지 못하는 낯선 전통과 행위 습관에 어리둥절하여 어찔 줄 모른다'.[75] 그는 물론 다양한 '기법'을 습득하고 있지만, 오직 기법만 소유하고 있는 '겉똑똑이들'에 지나지 않는다. 그러나 온전한 전체로서의 도덕성이 아니라 그것을 형편없이 왜곡하고 축소하여 얻어낸 기법－또는, 도덕적 규칙과 이상－이 도덕이나 정치와 같은 실제적 활동에 필요한 '행위의 전통과 표준에 관한 미묘한 감각'을 대신해 줄 수 있는 것은 아니다.[76]

사정이 이러하다면, 합리주의의 전횡에서 벗어날 방법은 무엇이라고 보아야 하는가? 오우크쇼트는 "전적으로 합리주의에 입각한 교육의 형식이 완전히 확립될 때, 그것에서 벗어나는 유일한 희망은 누군가 '오래된 양피지 문서 더미와 먼지 낀 기록들을 뒤적거리는' 한 무명의 현학자의 노력에 의하여, 그런 교육이 약속하는 그 천년왕국이 도래하기 전에도 세계는 여전히 존재했다는 것, 그리고 그 세계는 세계로서 별로 손색이 없었다는 것이 밝혀지는 데 있다"[77]는 대단히 '소극적'이고 '간접적'인 대답을 내어놓고 있다. 그러나 "정치철학의 본래 의도는 '행위의 처방'이 아니라 '행위의 설명'에 있다"[78]라는 그의 입장, 나아가 다음과 같은 그의 발언은 거의 그러한 소극적이고 간접적인 답변이 '불가피한 것'이라는 생각을 가능하게 한다: "합리주의의 전횡에 대한 저항을 더욱 강력하게 하는 길은 그 저항의 원천인 전통적 행위를 자기 의식적인 이데올로기로 바꾸는 데 있다는 식의 사고방식은 이

미 합리주의의 병균이 뼈 속까지 감염된 사회에서나 생겨날 수 있다".[79)]

누군가가 합리주의의 전횡에서 벗어나기 위하여 모종의 처방을 내리는 순간 그것은 다시 하나의 이데올로기로 변질되어 본래의 의도와는 달리 합리주의에로의 예종(隸從)을 더욱 촉진하게 된다는 그의 견해는 독자에게 당혹감을 불러일으킨다. 행위의 처방이 아니라면 도대체 무엇을 해야 하며, 또 무엇을 할 수 있단 말인가? 그리고 그가 말하는 '행위의 설명'이라는 것은 구체적으로 무엇을 가리키는가? 오우크쇼트의 또 다른 글("교육: 그 영위와 좌절")에 등장하는 다음과 같은 말은 이성의 오용이라는 문제에서 벗어난 교육을 묘사하고 있다고 보아도 좋은 만큼, 이성의 올바른 사용이라는 문제에 관심을 기울이고 있는 이 부분의 결말을 장식할 만하다.

> '학교'에서의 해방은 학교에서 벗어남으로써 이루어지는 것이 아니라, 학습자의 주의가 끊임없이 새로운 방향으로 재조정됨으로써 이루어진다. 학습자의 활기는 그가 원래부터 가지고 있던 성향 때문이 아니라, 일찍이 꿈도 꾸지 못했던 위대한 것에 대한 동경과 포부 때문에 생긴다. 학교에서 학습자가 대면하는 것은, 흔히 하는 말로, '삶의 심각한 문제'에 대한 '대답'이 아니라, 이때까지 한 번도 들어보지 못하고 머릿속에 떠올려 보지도 못한 '질문'이다. 학교에서 학습자는 이때까지 가져보지 못한 새로운 '관심'을 가지게 되며, 즉각적인 결과를 얻어야 한다는 압력에 방해받지 않고 그것을 추구할 수 있다. 학교에서 학습자는 이때까지 상상한 적도 바란 적도 없는 만족의 추구를 학습하게 되는 것이다.[80)]

이상의 논의가 관례적 도덕성이 나타내는 것과 같은 '자연적 과정'으로서의 도덕교육과는 구분되는 교과를 통한 도덕교육에 중요한 시사를 제공하고 있다는 점은 분명하다. 이 시사에 따르면, 도덕교육, 특히 도덕적 지식의 전달을 본래의 과업으로 삼는 도덕과교육에서 행위의 처방에 해당하는 '삶의 심각한 문제'에 대한 이러저러한 대답을 가르치는 것, 한마디로 말하여－미리 마련해 둔 도덕적 규칙과 이상을－'일러주기'와 같은 방식을 사용한다면, 그것은 어디까지나 합리주의에 뼈 속까지 감염된 도덕과교육이라는 혐의에서 벗어날 수가 없다. 그러나 도덕과교육이 전달하는 것은 이때까지 한 번도 들어보지 못하고 머릿속에 떠올려 보지도 못한 '질문'이다. 실지로 공정한 삶, 정의로운 삶을 살아야 한다고 생각하고, 또 나름의 방식으로 그것의 실현을 위해 노력하는 사람마저도 '공정이란 무엇인가', '정의란 무엇인가'하는 질문에 관심을 기울이는 경우는 예외에 가깝다. 도덕과교육이 생활을 통한 도덕교육과 구분되는 것은 바로 이 예외에 해당하는 일을 하기 때문이다.

결국, 도덕과교육이 합리주의의 전횡에서 벗어나기 위해서는, 이를테면 그것의 과업이 '대답의 전달'이 아니라 '질문의 탐색'으로 이해되어야 한다. 거기에서 전달하는 것은 윤리학자가 내어놓은 탐구 결과가 아니라, 그 윤리학자가 탐구 과정에서 품었던 질문, 즉 '윤리학적 사고'이다. 이렇게 보면, 오우크쇼트의 대답이 과연 합리주의의 전횡이라는 문제에 대한 불충분한 대답인가 하는 의문이 제기되는 것은 당연하다. 행위의 처방이 이성의 그릇된 사용을 나타내는 것이라면, 오우크쇼트의 대답은 그 자체로 합리주의의 전횡이라는 불행한 사태를 극복하려는 지적 노력, 그것도 의무적이거나, 강제적인 것이 아니라 '불가피한' 지적 노력의 모범이라고 말해도 좋을 것이다.

3. 덕과 전통

앞서 살펴본 바와 같이, 뒤르껭은 자신의 시대를 종교적 도덕성에서 세속적 도덕성으로 이행하는 급변기로 규정하였다. 뒤르껭은 그 급변기에 도덕적 관념의 요체를 실어 나르던 종교적 관념을 대신하여 다시 그것을 실어 나를 합리적 대체물을 찾아내려고 하였으며, 그 대체물은 바로 '사회'였다. 그러나 뒤르껭의 시대 진단과 노력에도 불구하고, 점차 도덕성의 세속화 경향은 극에 달하여 한 가지 뚜렷한 윤리학적 관점을 형성하였다. 이왕 뒤르껭을 언급한 김에 그의 정신을 따라 규정하자면, '근대'라는 시기를 특징짓는 도덕성은 '사회 없는 개인'과 같은 형태에 가까운 것이었다. 이제 보편・타당한 도덕의 기준이 존재한다는 생각은 점점 그 힘을 잃어가고, '각자의 주관이 곧 기준'이라는 생각이 그 자리를 대신하게 된다. 이 경향을 부르는 또 다른 이름이 바로 '다원주의'이다. 소위 덕윤리의 대표 주자로 알려진 맥킨타이어는 그의 유명한 책 『덕의 추구』(After Virtue)[81]에서 이 극에 달한 도덕성의 세속화 경향을 '대재앙'이라고 말해도 좋을 참사로 규정하였다.

맥킨타이어와 같은 덕윤리학자들이 당대 윤리학의 병폐로 지적하는 것은 도덕의 표준 문제와 관련되어 있다. 덕윤리학의 관점에서 당대의 윤리학은 '무엇을 해야 하는가'와 같은 지말(枝末)에 해당하는 질문에 지나치게 관심을 기울임으로써, 일체의 도덕적 행동의 합리적 근거를 마련하는 데 모든 힘을 쏟아붓고 있었다. 그러나 그들은 정작 '어떤 사람이 되어야 하는가'와 같은 근본에 해당하는 질문을 간과함으로써 마치 한 개인의 이성에 입각한 합리적 판단이 도덕적 행동의 근거가 될 수 있다고 생각하였다. 덕윤리학자의 관점에서 보면, 이 생각은 도덕의 표준을 한 개인의 이성으로 대치하려는 것이요, 결국 도덕성 상실로 귀착된다. 그들이 보기에, '어떤 사람이 되어야 하는가'라는 질문에 응분의 관심을 기울이는 것이야말로 도덕성 상실이라는 대재앙의 사태에서 벗어날 수 있는 유일한 방안이었다.

도덕과교육학의 정립에 관심을 기울이는 사람의 입장에서 보면, 위와 같은 덕윤리학의 문제의식과 그 극복을 위한 노력은 특별히 주목의 대상이 된다. 아닌 게 아니라, 당대 윤리학의 병폐에 관한 덕윤리학의 처방은 "윤리학은 그 본래의 의미에 있어서는 도덕적 인간의 형성 또는 덕의 추구를 위한 노력으로서의 도덕교육을 설명하는 이론이었다"[82]라는 주장과 다르지 않기 때문이다. 물론, 도덕과교육의 관련 문제를 염두에 두면, 덕윤리학의 견해는 별도의 상세한 고찰이 필요하다. 이하에서는 맥킨타이어에 주목하여 도덕과교육에 막대한 영향력을 미치고 있는 덕윤리학의 견해를 살펴보겠다.

덕의 상실: 정의주의 윤리학

맥킨타이어는 『덕의 추구』에서 당대의 인간 삶은 도덕과 관련하여 한 가지 뚜렷한 경향을 나타내고 있다고 보았으며, 이 점을 다음과 같은 가설의 형태로 제시하고 있다: "우리가 살아가고 있는 세계의 도덕 언어는 심각한 무질서에 처해 있다."[83] 그는 이 가설을 가급적 생생한 형태로 보여주기 위하여 가상의 사건을 예로 들고 있다. 그것을 요약하면 다음과 같다.

> 대재앙으로 인해서 자연과학이 상실되었다고 상상해 보자. 예컨대, 환경재해의 근본적인 원인으로 자연과학자들이 지목된다. 폭동이 일어나 책과 실험실을 불태우고 과학자들을 처단하기 시작한다. 세월이 한참 흘러, 비록 과학이 무엇인지 거의 망각한 상태이긴 하지만, 일부 계몽된 사람들이 자연과학을 복원하려고 한다. 그렇지만 그들이 현재 가지고 있는 것은 자연과학의 파편들뿐이다. 실험에 의미를 부여해 주던 이론적 맥락에서 떨어져 나온 몇몇 실험에 관한 지식, 그들이 가지고 있거나 실험한 이론들과 전혀 관계를 지을 수 없는 파편에 해당하는 이론들, 사용 방법을 잊어버린 실험도구들, 반절이 날아가 버린 책들, 논문의 낱장들, 그나마도 찢겨지고 불타서 거의 읽을 수 없게 된 것들뿐이다. 그럼에도 불구하고 이 모든 지식의 파편들은 물리학, 화학, 생물학이라는 이름으로 부활하여 일련의 실천의 체계로 불완전하게나마 다시 구현된다. 대재앙 이전의 자연과학자들에게는 다소 우스꽝스러워 보이겠지만, 파편에 해당하는 지식을 가진 사람들이 상대성 이론, 진화론, 플로지스톤 이론 등의 장점에 관해 진지하게 토론을 하고 있다.[84]

아마 자연과학의 대부분이 상실된 상태에서 오로지 그것의 흔적에 의존하여 이러저러한 논의를 한다고 하여 그것을 자연과학이라고 말하기는 어려울 것이다. 문제는 대재앙 이후 많은 시간이 흐른 뒤이다. 대재앙 이전의 자연과학자들은 분명 코웃음을 치겠지만, 그 이후의 자연과학자를 자처하는 사람들은 자신이 하고 있는 것이 자연과학이 아니라는 사실, 그들 자신이 자연과학의 상실이라는 대재앙을 겪었다는 사실을 깡그리 잊어버린 상태에서 마치 자신이 자연과학의 대가인 것처럼 으스대는 것이다.

> 아무도, 아니 거의 아무도 자신들이 하는 것이 본래적 의미에서의 자연과학이 아니라는 것을 그들은 인식하지 못한다. 그도 그럴 것이, 그들이 행하고 말하는 모든 것은 정합성과 일관성이라는 모종의 기준에 부합하기는 하지만 그들이 행하는 것을 이해하는 데 요청되는 맥락들이 되돌릴 수 없을 만큼 상실되었기 때문이다.[85)]

맥킨타이어가 '대재앙'이라고 부르는 가상의 사건을 제시하는 것은 이 사건 자체가 도덕 분야에서 나타난 재앙과도 같은 현상에 그대로 상응하는 의미를 갖기 때문이다. 오늘날 지리멸렬하게 이어지는 도덕적 논쟁에 명백하게 나타나 있는 도덕의 위기, 즉 도덕적 주장들 사이에 나타나는 의견 불일치 현상은 이를 여실하게 보여주고 있다. 낙태를 두고 벌어지는 논쟁을 생각해 보자.[86)] 한편에는 여성의 자기 결정권을 내세우는 주장이 있고, 다른 한편에는 태아의 생명권을 내세우는 주장이 있다. 물론, 여기에서 그치지 않는다. 여성이나 태아에 주목하지 않고 '살인' 그 자체에 주목하여 낙태를 허용해서는 안 된다는 주장도 있을 수 있다. 자, 이제 어느 편을 선택해야 하는가? 이 논쟁이 아무런 결실도 얻지 못한 채로 계속될 수밖에 없는 것은 셋 중 하나를 결정할 수 있도록 하는 방법이 사회에 정착되어 있지 않기 때문이다.[87] 거기에는 오로지 이성에 입각한 '합리적 근거'가 난무할 뿐이다. 이 정도가 되면, 어느 편을 선택하는가는 순전히 개인의 '선호' 문제가 될 수밖에 없다. 여기에서 우리가 마주하게 되는 윤리학 이론이 바로 일체의 도덕적 판단은 '선호'의 표현들, '태도 및 감정'의 표현들에 지나지 않는다는 주장을 내세우는, 이른바 '정의주의'(情意主義, emotivism)이다.[88]

맥킨타이어가 보기에, 현대적 자아를 특징짓는 정의주의적 자아는 '도덕적 의미'에서의 도덕적 판단에 관한 합의를 할 수 없으며, 하지도 않는다. 그러한 자아를 갖춘 사람이 합의에 이른다면, 그것은 서로 다른 선호나 태도 및 감정을 가진 사람들 사이에서 모종의 비합리적 영향력을 행사한 결과에 지나지 않는다. 즉, 그들에게 있어서 타인은 언제나 자신의 목적을 달성하는 데 필요한 수단이며, 그리하여 그 자체로 목적이 되지 못한다.[89] 그의 책이 '덕의 상실'이라고 번역되기도 하는 것은 바로 이러한 사정과 긴밀하게 관련되어 있다. 정의주의적 자아를 가진 인간에게 있어 도덕적 판단의 표준은 자신의 선호, 태도 및 감정이요, 그리하여 자신의 주관이 된다는 점은 이를 잘 보여준다.

낙태에 관한 논쟁에서도 확인할 수 있듯이, 오늘날 도덕적 논쟁에 배태되어 있는 심각한 위기, 즉 도덕적 주장들 사이의 의견 불일치 현상은 결국 도덕적 판단의 근거가 자기 자신이 된다는 것, 그리하여 도덕의 표준이 상실되었다는 것을 나타낸다. 맥킨타이어는 이 불일치 현상을 '통약불가능성'(incommensurability)이라는 과학철학의 용어를 빌어 설명하고 있다.[90] 덕이 상실된 시대, 서로를 수단으로 간주하는 시대, 자기 자신의 욕망을 최대한 안정적으로 만족시키기 위해 노력하는 것이 자연스러운 시대를 가리켜 사용된 이 '통약불가능성'이라는 표현은, 사태를 정확하게 포착하는 데 도움을 제공하지만, 다소 과격해 보이는 '대재앙'이라는 표현과 마찬가지로 그 시대적 문제를 가리키는 용어로는 어이없이 부족하다고 보아야 할지도 모른다.

그에 의하면, 서양 윤리학의 역사에서 덕의 상실이라는 대재앙의 경위는 다음과 같다. 그것은 칸트, 흄, 디드로, 키에르케고르와 같은 계몽주의자들이 아리스토텔레스의 덕윤리의 전통을 합리주의적 전통으로 바꾸어버린 일과 관련된다. 그에 의하면, 아리스토텔레스의 '목적론적 전통'에서는 도덕이 '삼중 구조'로 설명된다. 아리스토텔레스의 '목적론적 도식'(teleological scheme)은 '우연히 있게 된 인간'과 '본성을 실현할 때라야 가능하게 되는 인간', 그리고 '도덕적 계율'을 내용으로 한다.[91] 목적론적 도식에 입각한 윤리학은, 맥킨타이어가 특별히 강조하고 있는 바와 같이, '우연히 있게 된 인간'이 어떻게 '본성을 실현할 때라야 가능하게 되는 인간'으로 이행하는지 이해할 수 있게 해 주는 학문이었으며,[92] 이 말은 윤리학은 도덕교육을 설명하는 이론이었다는 점을 뜻한다. 충분히 짐작할 수 있듯이, 여기에서 도덕적 계율은 전자에서 후자로 이행을 가능하게 해 주는 장치의 역할을 담당하였다.

위와 같은 도식은 아리스토텔레스의 『니코마코스 윤리학』에서 출발하여 중세까지 이어져 내려오다가, 종교개혁가들에 의하여 약간의 변형을 거친 뒤, 계몽주의자들에 의하여 '목적'에 해당하는 '본성을 실현할 때라야 가능하게 되는 인간'을 제거하는 방향으로 나아갔다.[93] 맥킨타이어의 입장에서 보면, 칸트가 밝혀낸 실천이성의 명령으로서의 도덕법칙-'너의 준칙이 보편적인 법칙이 되도록 네가 동시에 의욕할 수 있도록 하는 그러한 준칙에 따라서 행위하라', '너는 너 자신의 인격에 있어서건 또는 다른 모든 사람의 인격에 있어서건 인간성을 단순히 수단으로만 사용하지 말고 항상 동시에 목적으로 사용하도록 행위하라'-이 시사하듯이, 그들의 관심은 '어떤 사람이 되어야 하는가' 하는 것이 아니라 '무엇을 해야 하는가'에 있었다. 결과적으로, '계몽주의 기획'은 본성의 실현이라는 목적과의 관련을 떠나서 순전히 합리적 이성에 입각하여 도덕적 계율을 정당화하려는 시도였다고 평가할 수 있다. 그것의 한계는 '도덕적 계율'의 합리적 정당화에 지나치게 관심을 기울인 나머지 정작 도덕적 계율을 실천해야 할 '행위자'에 관심을 기울이지 못했다는 데 있다. 앞에서 언급한 도덕적 판단의 '통약불가능성'이라는 문제는 이러한 사정과 자연스럽게 연결된다.

사정이 위와 같다면, 대재앙에 비유되는 당면한 문제를 극복하기 위해 맥킨타이어는 어떤 처방을 내리고 있는가? 그에게 있어서, "덕은 우리의 삶을 목적의 실현으로 이끄는 인격적 성향으로서, 개개의 실천이 지향하는 선을 넘어서는 목적, 인간의 삶 전체가 지향하는 선을 넘어서는 목적이 있다는 것을 논리적으로 가정하는 경우에만 의미 있게 추구될 수 있다."[94] 윤리학은 도덕교육을 설명하는 이론이었다는 그의 견해는 이제 '덕의 추구'라는 표현으로 요약할 수 있는 주장으로 연결된다.

덕의 추구: 전통으로의 입문

맥킨타이어의 입장에서 볼 때, 계몽주의 기획의 실패를 극복하기 위해서 반드시 제기해야 하는 질문은 바로 '나는 어떤 사람이 되어야 하는가'이다. 그는 다음과 같은 유명한 구절에서 이 질문을 약간 다른 방식으로 표현하고 있다.

> 인간은, 자신이 지어낸 허구에서도, 자신의 행위와 실천에 있어서도 본질적으로 '이야기하는'(story-telling) 동물이다 …… 인간에게 핵심적인 질문은 그 자신의 창조적 성격에 관한 것이 아니다. 아닌 게 아니라, "나는 무엇을 해야 하는가" 하는 질문은 그것에 선행하는 질문, 즉 "나는 어떤 이야기의 부분인가"라는 질문에 대답하지 않고서는 대답될 수 없다. 우리는 우리에게 부과된 하나 이상의 성격을 가지고—즉, 우리가 어쩔 수 없이 맡게 된 역할들을 부여받은 상태로—기존의 인간사회에 진입하게 된다. 타인이 우리에게 어떻게 반응하고, 우리가 그들에게 어떻게 반응해야 하는가를 이해하기 위해서는 그 성격들과 역할들을 배워야 한다.[95]

인용문을 참고하여 말하자면, '나는 어떤 사람이 되어야 하는가' 하는 질문은 나는 '어떤 이야기의 부분인가' 하는 질문을 요청하며, 여기에서 그 이야기는 바로 '전통'을 가리킨다. 실지로 인간은 전통이 시작되기 이전에, 혹은 그것과 함께 태어나는 것이 아니라 어떤 방식으로든지 인류에 의하여 축적된 전통의 한 가운데서 태어난다. 전통은 인간이 하는 일체의 행동에, 그것을 의식하는가의 여부와는 상관없이, 의미를 부여하는 맥락으로서의 역할을 하고 있다. 맥킨타이어는 다음과 같은 예를 든다.

> 만약 내가 칸트 윤리학을 강의하는 중간에 갑자기 여섯 개의 계란을 그릇에 깨어 넣고 밀가루, 소금과 설탕을 넣은 다음 계속해서 칸트 해석을 이어간다면, 나 자신이 요리책에 나온 요리 순서를 따랐다는 사실에도 불구하고 이해될 수 있는 행위를 한 것이 아니다.[96)]

누구나 쉽게 인정하듯이, 칸트에 관한 맥킨타이어의 해석은 '강의실'에서 이루어졌을 때 의미를 부여받을 수 있다. 인용문에서와는 완전히 반대로, 누군가가 한창 요리하는 도중에 칸트 윤리학에 관한 자신의 해석을 떠들고 있다고 생각해 보라. 타인의 눈에 비친 그 사람은 말 그대로 '정신이 나간' 사람이요, 우리가 암묵적으로 따르고 있는 '전통에서 이탈한 사람'이다. 모종의 행동이 타인에게 이해되는가의 여부는 그 행동이 전통이라는 맥락을 준수하고 있는가의 여부에 달려있다. 인간의 모든 행동은 전통이라는 무대 위에서 펼쳐지며, 한 인간의 삶의 이야기는 자신의 정체성을 보장해 주는 인류 공동의 이야기, 즉 전통에 기반을 두고 있다.

> 나는 내 자신을 역사의 한 부분으로 파악한다. 일반적으로 말하여, 나는-그것이 나의 마음에 드는가, 또 내가 그것을 인정하는가의 여부와는 무관하게-전통의 담지자이다.[97]

혹시 전통이라는 용어가 불러일으키는 소극적이고 수동적인 느낌 때문에 그것에서 벗어나기 위하여 애써 몸부림치는 사람이 있을지도 모른다. 그러나 그것은 불가능한 일이다. 아닌 게 아니라, 나로부터 전통을 떼어내려는 시도는 자기 자신을 부정하는 것과 다르지 않으며, 심지어 그 부정하려는 노력조차도 전통의 도움에 의해서만 가능하다는 점에서 그 자신이 이미 전통의 한 부분을 이루고 있다는 사실을 인정하는 것이요, 결국에는 그것에서 벗어날 수 없다는 점을 확인하는 것이 된다. 결국, 맥킨타이어는 종래의 윤리학에서 배제한 목적을 '전통'이라는 이름의 식별 가능한 형태로 드러낸 셈이다.

여기에서 한 가지 분명히 해야 할 문제가 있다. 맥킨타이어가 '목적론의 재건'을 자신의 과제로 삼으면서, 그 결과로 주목하는 것은 아리스토텔레스식의 형이상학적 목적론이 아니라 '사회적 목적론'이라는 것이다. 사회적 목적론은 공동체의 전통이라는 측면에서 목적의 존재를 설명하는 관점으로서, 공동체와 그 전통의 측면에서 볼 때, 구성원들이 추구해야 할 목적, 또 '현실적'으로 추구할 수 있는 목적이 존재한다는 것을 설명하는 데 관심을 기울인다.[98] 결과적으로, 맥킨타이어에게 있어서 '본성을 실현할 때라야 가능하게 되는 인간'은 현실적으로 추구할 수 있는 수준의 전통에 입문한 인간이요, 그리하여 전통으로의 입문은 덕교육의 핵심이 된다.

그러나 일반적으로 생각하는 '전통'의 개념을 떠올리면 도저히 지금까지의 논의를 믿기 어렵다고 생각하는 사람이 있을지도 모른다. 심지어 전통이라는 이름으로 내려오는 악습이 존재한다. 그것의 존재는 전통을 따르는 삶이 악습의 반복이라는 누구도 바라지 않을 결과로 연결될 가능성을 열어놓고 있지 않은가? 그러나 맥킨타이어가 보기에, 전통은 '살아 있는' 것이요, 그것은 완결되지 않는 이야기를 지속한다.[99] 악습을 전통으로 이해하는 사람은 전통이라는 것이 살아 움직이지 않고 죽어있다고 보는 것이다. 그러나 전통은 인류의 사고가 조금씩 바뀌듯이 언제나 역동적으로 변화하고 있다. 결국, 악습은 전통에 담긴 정신을 도려내고 남은 겉껍데기 형식에 지나지 않는다. 따지고 보면, 악습은 전통 그 자체의 타락을 가리키는 것이 아니다. 오히려 그것은 우리가 전통에 담긴 정신이 아니라 그것의 표현에 지나치게 집착하고 열광하는 모습을 가리키고 있다.

덕윤리와 도덕과교육

사실 윤리학자로서의 맥킨타이어에게 도덕과교육에 관한 직접적인 의견을 구하는 것은, 나무에 올라가서 물고기를 구하는 격이라고 보아야 할 것이다. 실지로 그는 도덕교육을 자신의 주요한 관심사로 삼고 있지도 않을 뿐만 아니라, 그것에 관하여 구체적인 언급을 하고 있지도 않다. 다만, 그의 주장이 도덕교육 전반과 친근성을 갖는다는 것은 사실이며, 그리하여 이 점을 부단히 염두에 두고 이하에서는 그의 논의가 도덕과교육에 어떠한 함의를 가지고 있는가를 생각해 보겠다.

지금까지의 논의에 비추어 볼 때, 맥킨타이어가 도덕과교육의 문제를 어떻게 진단하고, 그것에 대해 어떤 처방을 내릴지는 충분히 짐작할 수 있다. 그의 관점에서 볼 때, '무엇을 해야 하는가'는 주요한 관심사가 될 수 없으며, '어떤 사람이 되어야 하는가', 즉 '어떻게 덕스러운 사람'으로 이끌 수 있는가가 중요한 관심사가 된다. 덕스러운 사람은 마치 고대 아테네 사람들이 그랬듯이, 자신이 속한 정치공동체에 입문되어 있고, 그 전통이 추구하는 덕을 파악하고 있는 사람이다.[100] 맥킨타이어에게 따라붙는 '공동체주의'라는 표현은 이 점에서 충분히 납득될 수 있다. 어쨌든, 덕스러운 사람의 형성을 위해서, 아리스토텔레스가 그렇게 하듯이, '실천'과 그것의 결과로 나타나는 '습관'이 특별히 강조될 수밖에 없다. 다만, 여기에서 이론적 지식의 탐구가 부차적인 관심사가 되는 것은 불가피하다.

한 가지 주목할 만한 점은 맥킨타이어의 견해에 제기되는 의문이다. 앞서 살펴본 바와 같이, 그의 문제의식은 정의주의 윤리학이 나타내는 도덕 상대주의 문제였다. 현대 윤리학이 상정하는 정의주의적 자아는 그 문제의 근본적인 원인이 되며, 앞서 살펴본 바와 같이 맥킨타이어의 처방은 '전통으로의 입문, 그리하여 '공동체 수준의 자아'의 강조였다. 여기에서 충분히 짐작되듯이, 맥킨타이어는 정의주의 윤리학, 그것이 조장하고 부추기는 도덕 상대주의 문제의 극복을 겨냥하였지만, 그가 이 문제를 실지로 극복했는가 하는 점은 여전히 의문의 여지가 있다. 따지고 보면, 전통을 강조하는 맥킨타이어의 입장은 도덕 상대주의 문제를 한 개인에서 공동체 수준으로 옮겨놓은 것에 지나지 않기 때문이다.

맥킨타이어가 이러한 비판의 대상이 되는 이유는, 그가 '목적' 개념을 '사실 수준의 전통'으로 대체하고 있다는 점과 관련되어 있다. 한 연구는 맥킨타이어가 아리스토텔레스의 형이상학적 목적론에서 나타나는 것과 같은 목적의 실현 불가능성 문제에 대해 강박증을 가진 나머지, 인간의 목적을 사실적인 수준의 것으로, 보다 정확히 말하여 인간이 실천할 수 있는 수준의 것으로 바꾸었다고 주장한다.[101] 여기에서 이 문제와 관련하여 더 이상 상세하게 말하는 것은 불필요할 것이다. 그러나 그 지적은 맥킨타이어의 시도가 어떤 방식으로 보완을 필요로 하는가를 분명한 형태로 보여준다고 말할 수 있으며, 추후 맥킨타이어 스스로도 자신의 사상적 기조를 사회적 목적론에서 '토미즘'(Thomism)으로 선회한 것은 이러한 사정이 반영되어있다.[102] 어쨌든, 맥킨타이어에게 제기된 의문은 앞서 언급된 뒤르껭의 사회, 오우크쇼트의 습관과 관례의 진정한 의미를 드러내는 데 하나의 거점이 될 수 있을 것이다.

4. 논의: 도덕과교육에서의 개인과 사회

개인과 사회의 관련 문제는 그 주제를 중심으로 도덕과교육에 관한 다양한 이론적 접근을 정리할 수 있다고 말해도 좋을 정도로 그것의 핵심을 이루고 있다. 그 문제가 도덕과교육의 핵심을 이루고 있다는 데서도 충분히 짐작할 수 있는 바와 같이, 개인과 사회라는 도식은 그 자체로 '이것이냐/저것이냐'와 같은 질문을 제기한다. 그러나 분명히 말하여 양자 가운데 어느 한 편을 소홀히 해서는 도덕과교육을 충분히 설명할 수 없다. 결국, 개인과 사회의 '관련' 문제라고 말했을 때, 진짜 문제는 대립하는 것으로 보이는 두 입장 가운데 어느 한 편을 지지하는 것이 바람직한가 하는 문제가 아니라, 개인과 사회가 대립한다는 점을 인정하면서도 양자를 동시에 긍정할 방안은 무엇인가 하는 것이다.

위의 설명에 의하면, 개인의 이성을 강조하는 사상적 분위기를 호흡하고 있는 오늘날 '사회'와 '전통'을 강조하려는 노력이 자연스럽게 생겨난다는 점은 충분히 이해될 만하다. 개인을 지나치게 강조한다는 것은 사회의 이익과 개인의 이익이 충돌할 때, 언제나 개인의 이익을 추구한다는 뜻이며, 결국 사회와 전통의 파괴로 연결된다. 반대로 사회를 지나치게 강조한다는 것은 언제나 사회의 이익을 추구한다는 뜻이며, 결국 개인에게 희생을 요구하는 것이 된다. 이런 식으로 개인과 사회는 마치 인간 삶을 규정하는 두 극단으로 간주되며, 역사적으로 인간의 삶과 교육은 양자 사이를 오락가락하면서 애써 균형을 맞추기 위해 노력해 왔다고 말해도 좋을 것이다.

이상의 발상은 도덕과교육에도 자연스럽게 연결된다. 사회보다 개인을 강조하는 입장은 자신의 합리적 판단을 중요시하고, 개인보다 사회를 강조하는 입장은 사회가 마련해 놓은 규범을 따르는 것을 중요시한다. 그리하여 개인을 강조하면 사회적 규범은 무의미한 것이 되며, 사회를 강조하면 개인의 판단 능력이 무의미한 것이 되고 만다. 피아제와 뒤르껭 사이의 논쟁은 이 점을 중요한 포인트로 하고 있다. 개인과 사회는 어느 한 편을 긍정하면, 어느 한 편을 부정해야 하는 첨예한 긴장 관계를 이루고 있다.

이렇게 보면, 개인과 사회의 관련 문제는 긍정과 부정을 동시에 긍정할 수 없는 것과 같은, 그리하여 양립 불가능한 모순 관계를 이루고 있다는 점을 순순히 인정하고 받아들여야 할지도 모른다. 그러나 그렇지 않다. 양자의 관계를 모순으로 설명하는 것은 개인과 사회를 동일한 범주로 생각하는 것이다. 그도 그럴 것이, 사회는 무엇이며, 또 그것은 어디에 있는가? 여기에서 '사회' 개념을 마치 맥킨타이어가 『덕의 추구』에서 사용하는 전통 개념과 같은 수준으로 이해하는 것은 이 문제를 회피한 것이라고 보아야 한다. 그렇다면, 양자의 관련은 어떠한 방식으로 확립되어야 하는가?

우리는 우리가 하는 행동을 순전히 '개인의 행동'이라고 생각하는 경향이 있다. "그러나 조금만 깊이 생각해 보면, 우리가 '개인의 행동'이라고 부르는 것은 그 행동을 하는 사람이 개인이라는 뜻일 뿐, 그 행동이 '개인의 것'이라는 뜻은 아니다".[103] 우리가 하는 행동은 각자에 의하여 이루어지는 것이 사실이지만, 그것은 관례와 예법에 의하여 그 수행방식과 절차가 대체로 규정되어 있다. 일상생활에서 이루어지는 다양한 행동, 예컨대 밥을 먹거나 청소를 하는 경우에 있어서도 우리는 이미 규정되어 있는 관례와 예법을 따르고 있다. 우리는 우리가 관례와 예법을 따르고 있다는 사실을 의식하지 못할 정도로 그것에 녹아들어 있는 것이다.

위에서 말한 관례와 예법은 사회라는 개념으로 바꾸어도 무리가 없다. 그것은 우리 행동의 이면에 존재하면서, 또 우리의 행동에 모종의 영향력을 발휘하는 것으로서, 사실상 우리의 행동에 의미를 부여하는 역할을 하고 있다. 우리가 무엇인가를 판단할 때, 우리는 판단의 기준을 사회로부터 빌려 쓰는 것이며, 그 기준에 부합하는 삶을 사는 사람을 도덕적인 사람이라고 부르는 것이다. 물론, 그 사회는 엄밀하게 말하여, 뒤르껭이 말하는 '집단적 의식'과 다르지 않다고 보아야 한다. 결국, 사회의 편에서 보면, 도덕교육은 집단적 의식의 내면화를 부르는 다른 이름이며, 그것을 통하여 한 개인은 사회가 요구하는 마음을 갖추게 된다. 그리고 우리는 그 마음을 개인이 갖춘 습관을 통해서 확인하게 된다. 한 연구는 "습관은 개인 마음속의 집단적 의식이고 개인 마음속의 사회이다"[104]라고 말한다. 이런 의미에서의 습관은 '사회의 심리학적 대응물'인 것이다.

그렇다면 다시, 개인과 사회의 관련은 어떠한 방식으로 확립되어야 하는가? 이 질문은 간단한 설명이라는 것이 거의 불가능하다고 말해도 좋을 정도의 심각한 의미를 가지고 있으며, 따라서 여기에서 상세하게 설명하기에는 어려움이 있다. 다만, 그 질문에 대한 하나의 가능한 대답으로서 이탈로 칼비노(Italo Calvino)의 소설 『보이지 않는 도시들』(Invisible Cities)의 일부를 소개하겠다.[105]

> "폐하, 이제 제가 알고 있는 도시란 도시는 모두 폐하께 말씀드렸습니다."
>
> "아직 자네가 말하지 않은 도시가 하나 남아 있다네."
>
> 마르코 폴로가 고개를 숙였다.
>
> "바로 베네치아." 칸이 짧게 말했다.
>
> 마르코가 미소를 지으며,
>
> "제가 지금까지 폐하께 말씀드린 것이 베네치아가 아니라면 무엇이라고 생각하십니까?"라고 물었다.
>
> 그러나 황제는 눈썹 하나 까딱하지 않고,
>
> "하지만 나는 자네가 베네치아라는 이름을 언급한 것을 본 적이 없네."라고 답했다.
>
> "도시를 묘사할 때마다 저는 베네치아에 관한 무엇인가를 말씀드렸습니다."
>
> "도시들에 대해 물었을 때에는 그 도시들에 대한 이야기를 해야 하네. 베네치아에 대해 물었을 때에는 베네치아에 관한 이야

기를 해야 해."

"다른 모든 도시들이 지닌 특성을 구별하기 위해서는, 암묵적으로 남아 있는 최초의 도시에서 출발해야 합니다. 제게는 그 최초의 도시가 베네치아입니다."

마르코 폴로는 칸에게 자신이 알고 있는 도시를 빼놓지 않고 모두 묘사하였다고 생각하였다. 그러나 칸은 그에게 베네치아에 관하여 말한 바가 없다고 불평한다. 칸의 불만을 잠재우기 위해 마르코 폴로가 내어놓은 답은 놀랍게도 '이미' 베네치아에 관해 말했다는 것이었다. 그렇다. 마르코 폴로가 이러저러한 도시를 묘사할 때 그것들의 특성을 구별하려면 그 구별을 가능하게 하는 '표준으로서의 도시'가 있어야 한다. 개인과 사회의 관계는 다른 모든 도시와 베네치아의 관계에 비유될 만하다. 결국, 우리가 하는 모든 생각과 말과 행동은 다른 도시들이 베네치아에 의하여 규제되는 것과 꼭 마찬가지로, 사회에 의하여 규제된다.

'왜 이러이러한 행동을 하는가' 하는 질문에 대해서는 두 가지 방식의 대답이 있을 수 있다. 하나는 그 행동을 할 때 개인이 의식하고 있는 심리적 동기를 들어서 대답하는 것이다. 이 대답은 개인적 차원에서의 행동의 의미를 나타낸다. 그리고 또 하나는 그 행동의 기저에 들어 있는 논리적 이유를 들어서 대답하는 것이다. 이 대답은 제도적 차원에서의 행동의 의미를 나타낸다. 앞의 심리적 의미는 개인이 가지고 있는 의도나 목적(즉, '나는 이러이러한 목적을 위하여 그 행동을 한다')을 나타낸다. 여기에 비하여, 논리적 의미는 그 행동을 할 때 개인이 논리적으로 받아들일 수밖에 없는 생각 또는 믿음(즉, '나는 이러이러한 믿음을 가지고 있기 때문에 그 행동을 한다')을 나타낸다. 그리고, 앞에서 여러 차례 말한 바와 같이, 이러한 생각이나 믿음은 반드시 개인에게 의식될 필요가 없다. 그러한 믿음은, 개인이 의식하든지 않든지 간에, 개인이 제도(혹은 사회) 속에서 행동하는 한, 받아들이지 않으면 안 된다.[106)]

제4장

도덕과교육 이론의 새 지평

플라톤의 대화편 『메논』은 '덕은 가르칠 수 있는가'라는 메논의 단도직입적인 질문으로 시작된다. 메논의 입을 빌어 제기된 이 질문은 도덕교육의 가능성을 밝히라는 요청이며, 이 점에서 이는 도덕교육에 종사하는 학자들에게 널리 주목받아 왔다. 실지로 오늘날까지도 도덕교육에 강력한 영향력을 발휘하고 있는 콜버그는 위의 질문을 직접 인용하면서 심리학자가 '덕은 무엇이며', 그리고 '정의란 무엇인가'라는 철학적 질문을 언급하지 않고서는 도덕성 발달과 학습의 심리학을 논의할 수 없다고 주장한 바 있다.[1] 오늘날 윤리학과 심리학이 도덕교육의 중요한 두 축으로 인정받고 있다는 점 또한 이러한 사정과 무관하지 않다. 이렇게 도덕과교육을 포함한 넓은 의미에서의 도덕교육이 두 축을 바탕으로 한다면, 그 목적과 방법을 보여주는 윤리학과 심리학의 긴밀한 관련이 요구되는 것은 자연스러운 일이며, 그리하여 양자의 올바른 관계는 심성함양을 설명하는 도덕교육 이론이 갖추어야 할 기본 전제라고 할 수 있다.

이 장에서는 도덕과교육의 중요한 두 축으로 인정받고 있는 윤리학과 심리학이 갖추어야 할 조건과 이 양자의 올바른 관계라는 문제를 염두에 두고 도덕과교육 이론의 새로운 지평을 탐색하겠다. 여기에서 '새롭다'는 뜻의 수식어를 사용한 것에 관하여 약간의 설명을 붙일 필요가 있을 것이다. 종래에 '도덕과교육'과 그 배경 학문으로서의 '윤리학과 심리학'의 관계를 취급할 때는 대체로 후자에서 논의된 내용이 전자에 '적용'된다는 식으로 이해되는 경향이 있었으며, 이러한 방식의 이해는 양자를 논리적 관련성을 맺지 못한 것으로 이해하는 것이다. 그 이해 경향에 의하면, 양자는 '사실상' 관련을 맺고 있으며, 여기에서 도덕과교육은 언제나 두 학문이 적용되는 장으로서의 역할을 하게 된다. 말할 필요도 없이, 이 이해 경향에서 도덕과교육은 그 자체의 고유성을 잃고 희생되는 처지가 될 수밖에 없다.

그리하여 도덕과교육 이론의 '새로운' 지평이라는 주제를 내세운 이 장은 암묵적으로 이상에서 간략히 설명한 통념의 극복을 겨냥하고 있다. '암묵적'이라는 말이 시사하듯이, 이하에 제시되는 내용들은 잠정적 수준의 아이디어를 담고 있다고 말할 수 있으며, 따라서 그것은 장차 꾸준히 연구되어야 할 주제라는 점을 밝혀 둔다. 어쨌든, 그 극복의 방향은 대략적으로 말하여 도덕과교육의 배경 학문으로서의 윤리학과 심리학이 도덕과교육의 실천을 중심으로 하여 서로 연결되어 있다는 점을 드러내는 것이라고 말해도 좋을 것이다. 이러한 관점에 입각하여, 이하에서는 '내러티브 이론', '흥미 이론', '자아형성의 이론'이라는 세 가지 주제를 살펴보겠다. 특히, 그 지적 탐구의 과정에서 도덕과교육 이론이 어떤 성격을 가져야 하며, 또 어떤 조건을 갖추어야 하는지를 심도 있게 고찰하겠다.

1. 심성함양과 내러티브

이 절에서는 최근 주목받고 있는 '내러티브 접근'이 도덕성 발달과 도덕교육의 관련 문제를 어떻게 파악하고 있는가의 문제의식을 탐색하는 데 방점이 있다. 이를 위해, 이하에서는 도덕교육에서의 내러티브 접근을 대표하는 학자로 국내외에 소개되고 있는 태펀(M. B. Tappan)의 관점을 중심으로 살펴보겠다.[2)]

내러티브의 의미

국내에서 널리 사용되고 있는 '내러티브'는 narrative의 음역에 해당하는 용어이다. narrative는 '서사', '이야기' 등으로 번역되어 사용되기도 하고 음역을 그대로 표현하여 '내러티브'로 사용되기도 한다. 서사(敍事)의 경우에는 '사건을 기술하거나 묘사하는'이라는 의미를 지니고 있다. 사건을 잘 기술하고 묘사하는 일은 스토리의 구조, 스토리의 구성에 있어 중요한 조건이다. '이야기'의 경우에는 글쓰기에 고정된 담화로서의 텍스트를 포함하여 대화를 주고받는 활동을 총칭하는 의미를 지니고 있다. 서사와 이야기의 의미를 고려할 때, 양자는 활동의 성격상 '사건을 기술하고 묘사한다'라는 점에서 공통분모를 지니고 있다.

그런데 생각해 보아야 할 것은 이야기를 구성하거나 대화를 주고받는 과정에는 사건을 기술하고 묘사하는 것만이 아닌 '정서'에 해당하는 것이 들어있다는 점이다. narrative를 순전히 사건을 기술하고 묘사하는 차원에서의 '서사'로 의미를 한정할 경우, 서사적 활동은 인간의 정서에 관한 부분이 배제되거나, 또는 지극히 간접적인 요인으로 작용한다. 글쓰기에 고정된 텍스트이든 대화를 주고받는 활동이든, 내러티브에는 사건을 기술하고 묘사하는 일과 분리되지 않게 정서의 표현이 중요한 측면을 이루고 있다. 서사와 서정(敍情)은 별개의 실체로서 사실상의 구분에 따른 상이한 용어로 볼 수도 있지만, 엄밀히 말하여 양자는 내러티브라는 인간 행위의 두 측면을 이루는 개념상의 구분에 해당한다. 후자에 따르면, 내러티브 활동, 특히 지식의 내면화에 초점을 두는 교육활동으로서의 내러티브에는 사건을 기술하고 묘사하는 서사의 기능과 인간 정서의 표현으로서의 서정의 기능이 분리 불가능한 상태를 이루고 있다.

도덕적 마음－이것을 '도덕성' 혹은 '심성'이라고 명명하든－이라는 것이 무엇이고 그것이 어떻게 획득 가능한가의 문제는 도덕교육의 본격적인 관심사에 해당하며, 인간이 자신의 도덕적 마음을 '표현'하고, 또한 그 과정에서 자신의 도덕적 마음을 '형성'하는 일은 대화를 주고받는 담화 형식으로서의 내러티브를 통해서 가능하다. 국내에서 narrative를 음역 그대로 '내러티브'로 사용하는 데는, 아마도 여러 가지 이유가 있겠지만, 마땅한 번역어를 찾기에 어려움이 따르기 때문인 것으로 이해된다. 이러한 사정을 고려하면, 도덕교육 분야에서 narrative를 '서사'로 번역하여 사용하는 경우, 서사의 언어적 의미인 사건을 기술하고 묘사하는 것 이상으로, 서사라는 용례를 염두에 둔 상태에서 정서-도덕적 정서, 심정(心情)-를 포함하는 용어로 새롭게 이해될 필요가 있다.

한편, 학교 현장에서는 narrative가 storytelling과 의미상, 그리고 활동의 성격상 유사하다는 점을 근거로 하여 양자가 상이한 용어이지만 동일한 의미와 활동의 성격을 지닌 것으로 간주되기도 한다. 이러한 견해는 '내러티브가 곧 스토리텔링'이라는 관점에 기인하는 것이다. 그러나 양자의 관련에 관해서는 별도의 연구가 필요하다. 다만 한 가지 분명한 것은 내러티브가 오로지 '쉽게 서술하고 쉽게 전달하는' 데만 방점이 있지 않다는 점이다. 교육의 사태를 고려할 때 내러티브는 학습자를 위한 서술과 전달면에서의 고려 이상의 심오한 의미를 지니는 '교육적 용어'로 이해될 필요가 있으며, 그렇게 이해될 때 비로소 내러티브의 개념 및 활동이 지니는 가치는 더욱 빛을 발하게 된다.

도덕과교육에서의 내러티브

도덕교육에서 내러티브가 본격적인 관심의 대상이 된 것은 '내러티브 접근'이라는 최근의 연구 동향에 기인한다. 그러나 도덕교육의 역사적 변천을 고려해보면, 전통적 도덕교육이든 콜버그의 토론식 수업이든, 그동안의 도덕교육이 내러티브의 활동 성격을 지니지 않았다고 단정하여 평가하기는 어려울 것이다. 다만 이때까지 도덕교육의 주요 관점에 입각한 각각의 수업 형태가 어떠한 방식의 내러티브를 구사해왔는가에 관해서는 더욱 세밀한 이해가 필요하다.

잘 알려져 있듯이, 전통적 도덕교육에서는 교사가 옳고 좋은 삶의 사례를 예화(exemplary narrative)의 형태를 빌려 학생에게 전달해줌으로써 그 의미를 내면화하는 데 초점을 두었다. 달리 말하여, 옳고 좋은 삶에 관한 스토리를 학생에게 말하는 스토리텔링 방식이 주를 이루었다. 스토리텔링은 스토리를 소재로 하여 상대방에게 전달하고자 하는 바를 생생한 이야기로 설득력 있게 전달하는 행위이다. 전통적 도덕교육에서의 스토리텔링은 누군가의 도덕적 판단의 결과를 스토리에 담아 전달하는 데 더할 나위 없는 효과적인 방법이다. 그러나 이러한 형태의 내러티브는 스토리텔링이라는 대화 기법에 한정하여 의미를 지닌다. '교사→학생'이라는 일방향적 특성은 어떤 식으로든지 교화의 위험을 안고 있기 때문이다.

콜버그의 토론식 수업은 전통적 도덕교육에서의 교화의 문제를 정면으로 비판하면서 등장하였다. 콜버그에 따르면, 도덕적 판단의 결과(내용)보다 더 중요한 것은 '도덕적 판단의 형식'이다. 따라서 이 수업 방식에서는 누군가의 도덕적 판단의 결과를 학생이 일방적으로 받아들이는 것이 아닌, 학생의 선택과 그러한 선택을 가능하게 하는 이유와 근거에 초점을 둠으로써 교사와 학생, 또는 학생 상호 간 도덕적 논증에 입각한 토론 활동에 무게를 두고 있다. 토론 활동을 위한 소재는 전통적 도덕교육에서의 텍스트의 성격과는 달리 고도의 '가설적인 도덕적 딜레마 스토리'(hypothetical moral dilemma story)이다. 콜버그의 토론식 수업에 따른 교사와 학생, 그리고 학생 상호 간의 내러티브는 전통적 도덕교육의 내러티브 방식에 비해 진일보된 것으로 평가받을 수 있다. 그러나 이 수업의 한계는 내러티브에서 중요한 측면을 이루는 '정서'가 도덕성 발달의 요인에서 배제되거나 소홀히 취급되었다는 사실이다.[3)]

1980년대 이후 주로 미국에서 이루어진 도덕성 발달과 관련된 연구들은 전통적 도덕교육에서의 내러티브와 이성적 판단에 입각한 도덕적 추론 활동으로서의 (콜버그식) 내러티브가 지니는 한계점을 극복의 대상으로 삼아 등장하였다. 교사 주도의 방식에서 학생 주도의 방식으로의 변화, 텍스트의 원천과 주체 문제에 있어서 사회에서 개인으로의 이항은 도덕교육이 이전과는 달리 새로운 기반에서 도덕성 발달의 문제를 이해해야 한다는 현대 교육철학이 표방하는 변화의 물결에 상당한 영향을 받았다. 도덕성 발달의 주체로서의 자아, 그리고 자아의 형성 문제에 관한 내러티브 관점은 이전의 내러티브와는 근본적인 차원에서 성격과 활동을 달리하고 있다.

이하에서는 저자의식, 권위, 책임, 정체성을 핵심 주제로 하는 내러티브 접근에 대한 탐색을 위하여 특별한 이론적 고찰이 요구되는 태펀의 관점을 살펴보겠다.

내러티브와 도덕적 경험

태펀에 따르면, 내러티브와 도덕적 경험은 서로 밀접한 관련을 맺고 있는데, 양자의 관련은 두 가지의 근거에 입각해 있다.[4] 하나는 개인이 도덕적 선택에 직면하는 순간에는 그 선택을 변호하고 그 선택에 의미를 부여하는 내러티브 행위가 수반된다는 점이다. 다른 하나는 하이데거(M. Heidegger)와 리쾨르의 '시간' 개념과 길리건의 '관계' 개념의 상호 관련성에 기초하여, 인간의 경험은 반드시 내러티브의 근본적 차원인 시간과 관계 속에서 발생한다는 점이다. 내러티브와 도덕적 경험의 관련성에 관한 태펀의 입장은 내러티브가 일련의 사건에 의미를 부여하는 것임과 동시에 내러티브가 인간만이 누릴 수 있는 특별한 활동이라는 점을 강조하기 위한 것이다.

일련의 사건에 의미를 부여하고, 또한 그 의미를 부여하는 존재가 이야기를 구성하는 주체로서의 '나'라는 태펀의 입장은 도덕교육에서의 내러티브 이론 정립을 위한 중요한 기반으로 작용한다. 사실 이러한 태펀의 견해는 그 스스로가 창안한 것이 아니라 "내러티브가 인간의 행동을 묘사하는 가장 기본적이고 필수적인 장르"[5]라는 점과 "인간은 본질적으로 이야기하는 동물"[6]이라는 점을 강조한 맥킨타이어의 입장, 그리고 "인간이 살아가는 문화 속에서 내러티브가 중요한 역할을 하며, 내러티브가 인간의 행동과 경험을 형성하고 구조화하는 기능을 제공한다"[7]라는 브루너(J. S. Bruner)의 입장을 받아들여 그것을 자신의 관점으로 정련한 결과이다.

태펀은 '내러티브와 도덕적 경험의 관련 방식이 무엇인가'라는 문제의식을 탐색하는 과정에서 도덕성 발달의 필수 조건에 해당하는 중요한 개념을 발견하게 되는데, 그것은 바로 '저작'(authoring)과 '저자의식'(authorship)이다.[8] 태펀은 내러티브와 도덕적 경험의 관련 문제를 탐색하는 과정에서는 저작과 저자의식의 문제가 필연적으로 요청될 수밖에 없다고 본 것이다. 그런데 과연 개인을 내러티브, 이를테면 도덕 이야기의 저자로 보는 것이 이치에 맞는가? 태펀은 바흐친(M. M. Bakhtin)의 두 가지 관점에 입각하여 이 물음에 긍정적인 대답을 한다.[9]

바흐친에 따르면, 소설 작품에서의 저자는 가장 기본적인 의미에서 자신이 말하는 이야기의 원작자, 창작자, 구성자이다. 이와 마찬가지의 관점에서 태펀은 사고, 감성, 행동이 고스란히 담겨 있는 내러티브의 주체로서의 '나'의 삶의 이야기는 원작자, 창작자, 구성자로서 역할을 한다고 주장한다. 그리고 바흐친에 따르면, 저자는 소설 작품의 원작자, 창작자로서 그 이야기에 '책임'[10]이 있다. 이와 마찬가지의 관점에서 태펀은 내러티브의 주체로서의 '나'는 나의 삶의 저자로서 나의 사고, 감정, 그리고 행동에 대한 책임을 질 수밖에 없다고 주장한다. 사실 저자로서 책임의 중요성에 관한 바흐친의 강조는 맥킨타이어와 아렌트(H. Arendt)에 발언에 특별히 주목한 결과이다. 맥킨타이어는 "인간은 자신이 저자인 것에 대한 책임을 요구받을 수 있다"[11]라고 보았으며, 아렌트는 "우리는 저자로서 우리의 삶에 대한 권위를 책임져야 한다"[12)]라고 보았다. 바흐친은 아렌트의 사고에 힘입어 책임이라는 것이 '권위'(authority)와 매우 밀접한 관련을 맺고 있다고 보았다.

이렇게 보면, 인간을 여타의 생명체와 구분할 수 있는 기준은 저작 과정과 저자의식의 실현 가능성 여부이며, 인간이 저자의식을 가진다는 것은 필연적으로 책임과 권위를 수반한다. 태펀은 저작, 저자의식, 권위, 책임이라는 것이 개인이 이야기를 구성하는 일련의 활동 과정에서 표현되고 형성되는 것으로 보았다. 결국 학생에게 저작 과정을 몸소 실천해보도록 함으로써 스스로 저자의식을 형성하고 '책임'이라는 최상위의 도덕적 원리를 확립하도록 하는 것은 학생의 '도덕적 권위의 발달'을 위한 중요한 경로이다. 이 관점에 비추어 볼 때, 태펀은 '책임'을 여러 덕목 중 하나에 불과한 것이 아니라 도덕성 발달을 위한 최상위의 보편적 원리로서의 정의와 배려에 상응하는 대응 개념으로서의 지위를 가지는 것으로 보고 있다.

도덕적 권위의 발달

이상의 고찰에 따르면, 학생의 도덕성 발달을 위해서는 '저작 과정'이 다른 무엇보다도 중요하다. 그런데 이 주장은 한 가지 중요한 질문을 불러일으킨다. 즉, 마음의 형성은 사회적 관계, 달리 말하여 사회적 상호작용의 맥락을 결코 벗어날 수 없다는 사실이다. 저작 과정이 순전히 자아가 세계를 홀로 대면하는 고독한 존재로서 유아론적 사고에서 일어난다는 것을 상상하는 것은 불가능에 가깝다고 보아야 한다. 태펀은 저작 과정이 사실은 관계성에 입각해 있다는 점을 뒷받침하기 위하여 바흐친의 '대화적 변증법'에 의존한다.[13)]

대화적 변증법은 단순하고 이분법적인 양자택일의 관점을 지양한다. 개인은 자신의 발언과 행동에 책임을 수반하는데, 이는 발언하고 행동하는 개인이 독립적인 존재이기 때문이 아니라, 개인의 권위와 책임이라는 것이 애초부터 타자와의 대화, 타자와의 관계에 의해서만이 형성될 수 있기 때문이다. 말하자면, 유아론적 주관성에 입각한 고독한 자아는 애초부터 있을 수 없다는 것이 바흐친의 입장이다. 이는 저자의식이라는 것이 자타 간의 대화적 관계에서 생겨난다는 것을 바꾸어 표현한 것이다. 바흐친의 이러한 관점은 다음의 다소 놀랄만한 주장으로 이어진다.

> "살아있는 언어는 자아와 타자의 경계에 놓여 있으며, 언어 속에 있는 말의 절반은 타자의 것이다."[14)]

태펀은 바흐친의 이 주장을 사실로 수용하는 경우 '개인은 어떻게 타자의 말과 언어를 자신의 말과 언어로 생성할 수 있는가'라는 질문을 제기한다. 이 질문에 대답하기 위하여 태펀은 17살의 두 여학생이 처하고 있는, 대학 진학 문제에 관한 부모와의 갈등 및 선택에 관한 인터뷰가 담긴 내러티브를 예로 든다.[15)] 이 이야기의 요지는 두 여학생의 발언에서 각기 소리를 내는 다양한 목소리가 공존한다는 점이다. 바흐친의 용어를 빌어 표현하면, 이러한 현상은 '복화술'로 명명할 수 있는데, 마치 사람이 말하는 상황에서도 인형이 말하는 것처럼 느끼게 하는 복화술과 같이, 특정한 발언에서 하나의 목소리 또는 목소리의 집합이 또 다른 목소리를 통해서 이야기하는 경우를 의미한다. 가령, 한 여학생의 마음 안에서의 끊임없는 내적 대화가 그녀 자신의 목소리와 도덕적 청중(moral audience)[16]으로서 부모님의 목소리를 명확하게 재현하는 경우이다.

따라서 도덕성 발달을 위한 교육의 과정에서 저작 및 저자의식을 존중하고 또 그것에 권위와 책임이 붙박여 있다는 점을 이해하기 위해서는 반드시 저작 과정을 몸소 실천하는 자아가 타자의 언어, 타자의 담화 형식을 내면화하려는,－또는 자기화(점유)하여 사용하려는－그리고 타자의 언어를 선별적으로 동화시키려는 과정이 필연적으로 요청된다. 태펀은 이 과정을 바흐친의 용어인 인간의 '이념 형성'(ideological becoming)을 원용하여 설명하고 있다.[17] 이념의 형성과정은 타자의 언어를 자기 자신의 언어와 화해시켜 하나의 도덕적 담화 형식을 형성하는 것이요(저작), 이는 인간의 정신 기능(저자의식)을 형성하는 과정과 다르지 않다. 이념의 형성과정은 도덕성 발달의 과정에 상응한다는 것이다. 결국 개인이 저작 과정을 통해 저자의식을 형성하고 책임을 확립하는 것은 곧 '도덕적 권위의 발달'이며, 그것은 또한 다른 누군가에게 도덕적 권위의 소유자로 인정받는 직접적인 계기가 된다.

이상의 태펀의 관점이 도덕성 발달의 이해에 주는 시사점은 다음의 한 문장으로 요약할 수 있다. 즉, 도덕성의 발달 문제는 저작 과정을 통한 저자의식과 책임, 그리고 도덕적 권위의 발달과의 관련 속에서 이전과는 달리 새롭게 이해될 필요가 있다.

태펀의 관점에 대한 재고찰

일반적으로 도덕과 수업은 도덕적 지식, 정서, 행동에 대한 탐구를 통해 도덕성을 형성하는 의도적이고 체계적인 활동으로 규정한다. 그런데 사실을 두고 말하면, 배우는 편에 있는 학생뿐만 아니라 심지어 가르치는 편에 있는 교사도 도덕과 수업을 통해 크든 작든 자신의 도덕성을 함양하며, 또한 그 함양이 일어나는 사태에서 말, 글, 행동으로 자신의 도덕성을 표현한다. (그도 그럴 것이, 태펀의 관점을 따르자면 교사도 자신이 내뱉은 말의 저자로서 그것에 책임을 져야 한다.) 말하자면, 도덕과 수업은 교사와 학생이 형성과 표현이라는 두 가지를 동시에 경험하는, 여타의 일상적 내러티브와는 다른 특별한 의미에서의 내러티브의 장이다. 종래의 도덕교육에서 내러티브의 활동 성격과 비교할 때, 그리고 내러티브의 본질적 특성이 무엇인가를 고려할 때, 한 가지 분명한 특징은 교사와 학생 각자의 내면에서, 그리고 교사와 학생 간에 형성과 표현이라는 일견 상이해 보이는 두 가지가 동일한 사태에서 이루어진다는 점이다. 태펀의 관점이 종래의 도덕교육에서 내러티브 활동이 지니는 한계점을 극복하는 새로운 대안으로 특별히 주목받기 위해서는 위의 점이 고려의 대상이 될 수 있다.

태펀은 자신의 관점을 이론적으로 정립하는 과정에서 위에서 언급한 고려의 대상에 정확히 일치하지는 않지만, 어느 정도 근접하려는 논의를 펼치고 있다. 일견 태펀은 교육활동에서 저작과정, 저자의식이라는 학생의 면만을 특별히 강조하고 있는 것으로 보이지만, 적어도 그의 이론적 논의에서는, 저자의식과 권위는 자타 간의 진정한 대화의 과정에서 형성되고 표현되는 것으로 보았다.[18] 심지어 태펀은 히틀러(A. Hitler)의 그릇된 저자의식과 잘못된 도덕적 권위 관념이 세상에 보여준 위험 사례를 제시하면서, 저자의식과 권위는 반드시 타자와의 관계 속에서 형성되어야 함을 역설하고 있다.

앞서 직접 인용한 다음의 구절, 즉 "살아있는 언어는 자아와 타자의 경계에 놓여 있으며, 언어 속에 있는 말의 절반은 타자의 것이다"라는 표현은 한편으로 상식적인 생각을 바흐친이 그럴듯하게 표현한 것으로 보일 수도 있다. 그러나 '다소 놀랄만한 주장'이라는 표현을 사용하여 인용한 이유는 위의 구절이 무엇을 함의하고 있는가에 대해 주목할 필요가 있기 때문이다. 최근 학교 현장에서는 학생을 활동의 주체로 여기고 학생의 활동에 특별히 귀를 기울여야 하며 심지어 교사는 가치 중립자로서 발언을 가능한 한 줄이는 대신 학생의 활동에 물리적 시간을 최대한 할애해야 한다 등등, 낭만주의의 교육철학 및 사회철학의 사상적 분위기와 정조에 경도되어 있다는 느낌을 지울 수 없다. 다소 특이한 점은 태펀의 관점 역시 '실제적 처방의 면'에서 위의 경도된 방향과 크게 다르지 않다는 사실이다.

태펀은 이론적 관점의 후속으로 도덕교육의 실제적 처방에 도움을 제공하는 다음의 시사점을 제시하고 있다.[19] 하나는 내러티브를 구성한다는 것은 특정한 도덕적 관점을 바탕으로 하여 도덕적 설명을 수반하는 것이기 때문에, 이야기를 구성하는 사람이 그 자신의 저자의식과 권위를 표현하는 기회를 제공하라는 것이다. 다른 하나는 도덕적 이야기를 구성하는 일은 단지 문제의 사건을 기술하거나 묘사하는 차원을 넘어 자신의 경험으로부터 더 배울 수 있도록 격려하는 것을 수반한다는 것이다. 이 두 가지의 태펀의 제안은 한 마디로 '학생이 도덕적 사고, 감정, 행동에 대한 권위와 책임을 주장할 수 있도록 격려하는 도덕교육이 이루어져야 한다'로 요약할 수 있다. 여기에 더해 태펀은 공동으로 연구한 브라운과의 성과를 근거로 하여 교육자를 직접 겨냥하는 다음의 메시지를 강조한다. '교사는 학생들에게 학생 자신의 도덕적 이야기를 자신의 목소리로 이야기하는 기회를, 이를 통해 자신의 도덕적 관점과 경험에 권한을 부여하는 기회를 제공해야 한다'.[20]

'학생 자신의 도덕적 경험을 발표하고 이야기를 구성하는 것'은 도덕성 발달을 위한 내러티브 접근의 핵심 활동이며, 『도덕』 교사용 지도서를 비롯하여 국내에 소개된 여러 서적에도 이 점이 제시되어 있다. 그런데 태펀의 관점과 관련하여 심각하게 고려할 것은, 이론적 관점에서는 자아와 타자, 즉 교사와 학생 간의 대화의 중요성을 역설하고 있는 반면에, 실제적 처방에서는 학생의 저작 과정에만 초점을 두고 있다는 점이다. 말하자면, 태펀의 내러티브 도덕교육론에는 그가 정립한 이론적 관점과 교육적 처방으로 제시하는 실제적 조치 사이에 모종의 '불일치'가 일어나고 있다. 이러한 불일치가 일어나고 있는 이유를 면밀하게 파악하기 위해서는 태편이 이론적 모태로 삼고 있는 학자의 이론을 거슬러 올라가 이해하는 방법이 도움을 제공한다. 태편의 관점은 러시아의 철학자인 바흐친과 러시아의 심리학자인 비고츠키의 관점에 이론적 모태를 두고 있다.

비고츠키의 중추발달지대(ZPD)에 근거한 교과의 내면화 이론은 바흐친의 '목소리'(voice)와 '대화'(dialogicality)의 개념에 기반을 둔 자타 간의 대화적 변증법에 근거하고 있다.[21)] 중추발달지대는 발달과 교육의 관계에 관한 종래의 입장[22)]을 동시에 극복하기 위한 시도로서, 학령기의 교과 활동의 핵심에 해당하는 '교수'(instruction)가 학생의 발달에 어떠한 영향을 미치는가를 연구한, 교과 활동의 정당성을 입증한 대표적인 사례이다. 즉, 비고츠키는 '훌륭한 교수는 오히려 발달을 주도하고 이끈다'[23)]라는 실험연구의 성과를 보인 것이다. 사실 중추발달지대에 따른 교과의 내면화 이론이 주는 메시지는 비고츠키를 연구하는 후속 학자들에게 널리 사용되어 온 '안내된 참여'(guided participation)라는 용어에 고스란히 담겨있다. '안내된'이라는 것이 교사의 역할—'교사의 안내에 의한 학생의 안내된'이라는 점—에 방점을 둔 것이라면, '참여'라는 것은 학생의 능동적 활동에 방점을 둔 것이다. 이는 자타 간의 관계, 즉 교사와 학생의 쌍방향적 관계—교수와 학습이라는 두 활동 중 어느 한 곳에 초점을 둔 것이 아님—를 염두에 두는 '교수 · 학습 활동'의 역동성에 방점이 있다.

'바흐친 · 비고츠키 → 태펀'의 사상적 연결고리[24]를 고려할 경우, 태펀의 관점과 그에 따른 내러티브 접근은 마땅히 교사와 학생 간의 쌍방향적 관계에 입각한 '상호성의 내러티브'에 방점을 두어야 하며, 도덕교육의 실제적 조치 또한 응당 그러한 방향으로 진행되어야 한다. 그러나 태펀은 자신의 이론적 관점을 구축하는 과정에서는 상호성의 내러티브를 강조하는 반면에, 실제적 처방의 사태에서는 '학생의 내러티브'에 초점을 두어 강조하고 있다. 태펀의 내러티브 이론과 그 실제 간의 이러한 불일치 현상은, 태펀의 관점과 그의 이론적 모태를 거슬러 올라가 이해하지 않는 이상, 실제적 처방이라는 전향적(前向的) 활동에 종사하는 교사로 하여금 학생의 내러티브, 즉 학생의 저작 과정에만 초점을 두는 결과를 초래할 수 있다. 이 지점에서 심각하게 고려해야 할 점은 이야기를 촉발하고 진전시키는 교사의 역할, 교사의 내러티브가 교수 · 학습 활동에서 부차적인 위치로 전락하거나 소홀히 취급되는 불행한 결과로 이어진다는 사실이다.

도덕과 수업에 주는 시사

『도덕』 교사용 지도서에서는 도덕과 교수 · 학습 지도 방법을 크게 세 가지—직접적 가치 전수 방법, 간접적 가치 탐구 방법, 그리고 실천 · 체험 활동을 통한 가치 학습 방법—로 구분하여 제시하고 있다.[25] 그중에서도 '도덕 이야기하기'는 형식상으로는 직접적 가치 전수 방법의 한 유형으로 분류되어 있다.[26] 직접적 가치 전수로서의 도덕 이야기하기는 교사가 모범적인 이야기 및 그 실천 사례를 학생에게 제시함으로써 학생의 감동 감화 및 실천 의욕을 증진하는 방법이다. 그런데 교사용 지도서에 소개된 그다음의 내용에 따르면, '학생들이 주체가 되는 경우 저자의식이 발달하고 가치의 내면화가 더 잘 이루어진다'라는 태편을 중심으로 한 내러티브 접근의 연구 성과를 소개한 다음, 이러한 방법의 사례로 '도덕적 자기 경험 이야기하기'라는 간접적 가치 탐구 방법을 제시하고 있다. 간접적 가치 탐구는 학생이 중심이 되는 수업 방법으로서 학생 스스로 합리적으로 옹호할 수 있는 가치판단과 의사결정을 하는 데 방점을 두는 방법이다. 말하자면, 내러티브 활동은 직접적 가치 전수와 간접적 가치 탐구 둘 다에서 활용할 수 있는데, 태편을 중심으로 한 내러티브 접근에 입각한 도덕과 수업은 간접적 가치 탐구의 방법에 해당하는 것으로 분석된다.

이러한 분석은 도덕과의 한 수업모형으로 소개되고 있는 '도덕 이야기 수업모형'이 어떠한 활동 성격을 지니고 있는가를 이해하는 데 도움을 제공한다. 『도덕』 교사용 지도서에 소개되고 있는 이 수업모형의 세부 절차를 제시하면 다음과 같다.[27]

〈도덕 이야기 수업모형의 세부 절차〉

절차1	학습 문제 인식과 동기유발
▼	
절차2	도덕 이야기의 제시와 주요 내용 파악
▼	
절차3	도덕 이야기의 탐구 및 자신의 도덕적 경험 발표와 공유
▼	
절차4	자신의 도덕 이야기 또는 유사한 상상의 이야기 구성
▼	
절차5	정리 및 확대 적용과 실천 생활화

위의 세부 절차에서 알 수 있듯이, 이 수업모형에서는 앞서 언급한 직접적 가치 전수와 간접적 가치 탐구의 방법을 '내러티브'라는 활동의 특징을 염두에 두고 일련의 수업 활동에서 이루어질 수 있도록 순차적으로 제시하고 있다. 이는 전통적인 스토리텔링의 활동에 해당하는 '절차2'와 태편을 중심으로 한 내러티브 접근의 핵심 활동에 해당하는 '절차3'과 '절차4'를 하나의 수업 활동에서 시간 계열을 이루며 진행될 수 있도록 조직된 것이다.[28] 국내에 안착한 내러티브 도덕과 수업이 순전히 학생의 저작 과정에만 초점을 두지 말아야 한다는 점을 특별히 고려한 조치로 분석된다.

그런데 이 모형을 수업에 적용하는 교사의 입장에서 볼 때 특별히 유의해야 할 사항이 있다. 하나는, 가령 '절차2'에서는 교사 중심의 내러티브 활동을, '절차3'과 '절차4'에서는 학생 중심의 내러티브 활동이 되어야 한다는 구획적인 사고이다. 이러한 생각을 가능하게 하는 것은 도덕 이야기 수업을 직접적 가치 전수와 간접적 가치 탐구로 구분함으로써, 양자 각각에 별도의 절차에 따른 시간 선정 및 조직이 가능한 것으로 이해하여 적용할 수 있기 때문이다. 수업을 해본 경험이 있는 사람이라면 어렵지 않게 동의할 수 있듯이, 교사와 학생 간의 대화적 상황이라는 것은 특정 활동에 의해 규제되고 구획된 상태에서 일어나는 것이 아니라, 교사와 학생이 '시간과 내러티브'를 공유하는 '동시성의 상황'에서 일어난다고 보는 것이 더욱 자연스럽다.

제7차 교육과정 이후로 현재에 이르기까지 도덕과교육은 아동 중심, 자기 주도적 학습 방법의 추구, 구성주의적 교수 · 학습 환경의 조성 등 이른바 학습자 중심의 교육으로 변화하고 있다.[29] 학생 자신의 도덕적 경험을 텍스트의 소재로 하는 것은 텍스트의 원천을 '개인'에게 부여해야 한다는 생각이 반영된 것이다. 자신의 도덕적 경험을 발표하고 논의하고 공유하는 과정은 가치 규범과 바람직한 삶의 문제에 대한 자기 연관성을 높여 가치의 내면화를 깊숙이 도모하는 교육적 효과를 지니고 있다.[30] 그러나 그렇다고 하여 수업의 매 상황에서 교사의 내러티브, 교사의 역할과 활동을 축소하거나 약화해서는 안 된다. 오히려 교사는 자라나는 학생에게 가치 규범, 도덕적 행동의 진정한 의미를 학생이 소화할 수 있도록, 이야기를 촉발하고 진전시키는 면에서 활동 주체로서의 역할을 견지해야 한다. 수업에서 교사와 학생 중 어느 한쪽에 무게 중심이 쏠려 있다는 느낌이 드는 순간, 그 상황은 자타 간의 진정한 대화적 관계, 즉 교사와 학생의 쌍방향적 관계로 볼 수 없기 때문이다. 교사와 학생 간의 상호성은 아마도 태편이 바흐친과 비고츠키의 어깨에 기대어 자신의 '이론적 관점'을 구축하는 과정에서 가장 염두에 두었던 것일 것이다. 내러티브 이론이 우리에게 주는 시사점은 '교사와 학생이 시간과 내러티브를 공유하는 동시성의 상황을 존중해야 한다'라는 평범한 말에 담겨있는 교육적 원리를 망각하지 않는 것이다.

2. 심성으로서의 흥미

도덕과교육은 일상적인 생활 속에서 어떻게 올바른 판단을 내리고 적절히 처신해야 하는가를 알려주는 데 그치는 것이 아니라, 그 이상으로 학생의 마음의 근본적인 변화를 일으키는 것을 목적으로 한다. 이를테면, 도덕과교육은 세상을 원만히 살아가는 데 요구되는 여러 덕목을 익힘으로써 그것을 적재적소에 투입하여 활용할 수 있도록 하는 수준에 그치는 것이 아니라, 그러한 덕목을 온전히 마음에 안착시킴으로써 '마음이 하고자 하는 바에 따라도 법도에 어긋남이 없는' 상태와 같은 성인(聖人)의 경지를 추구하도록 하는 일을 지향한다. 헤르바르트에 따르면, 이렇게 이상적인 경지를 실현하는 것은 '조화로운 다면적 흥미'를 지니게 된 것과 다르지 않다.[31)]

놀랍게도 헤르바르트는 덕의 실현을 위해서 흥미의 다면성을 교육의 목적으로 설정해야 한다고 말한다.[32)] 그에 의하면, 다면성을 지닌 흥미는 특정한 대상만을 향한 일면성을 지닌 흥미에 비하여 덕(德)이라는 심각한 의미를 동반한다. 흥미의 다면성은 한 사람의 덕을 나타내는 지표라고 말할 수 있으며, 그러한 흥미는 인간 삶의 핵심을 이루고 있다. 그도 그럴 것이, 한 사람이 가지고 있는 흥미는 모종의 대상을 향해 이끌리는 정서적 흥분 상태만을, 그리하여 마음의 일부를 보여주는 것이 아니라 마음의 총체를 드러낸다고 보아야 한다. 나아가 한 사람이 가지고 있는 흥미가 어떤 종류의 것인지는 현재 그 사람의 마음 상태에 비추어 설명될 수밖에 없는 만큼, 흥미는 한 사람이 지니는 덕과 분리될 수 없다. 그리하여 한 사람이 가지고 있는 흥미는 그가 어떤 사람인가 하는 문제, 즉 '사람됨'의 문제를 규정하는 핵심적인 지표이며, 이러한 의미에서의 흥미는 인간의 삶과 교육을 통하여 부단히 지향하고 추구해야 하는 이상적인 경지이다. 흥미 이론에 나타난 헤르바르트의 통찰은 오늘날 강조되는 흥미의 의미가 단순히 정서적 보조물이라는 통념적 의미를 넘어서서 위대한 것에 대한 열망으로, 그리하여 도덕교육의 목적을 나타내는 것으로 이해할 가능성을 열어준다. 또한, 헤르바르트는 흥미를 '도덕교육의 목적'으로 상정하고 인간이 이상적인 경지로 나아갈 수 있다는 점을 보여주었다.

헤르바르트가 제시한 흥미 이론의 중요성을 이해하고 받아들이게 되면, 도덕과에서는 다른 어떤 교과보다도 흥미가 심각한 의미를 지니게 된다. 흥미 이론에 비추어 볼 때, 도덕과는 그 성격상 학생이 지향해야 할 흥미를 심도 있게 고려하지 않을 수 없으며, 이를 간과하게 된다면 도덕과는 실패로 귀결될 수밖에 없기 때문이다. 도덕과는 학생이 교육의 실천을 통해 지니게 될 흥미와 직접적인 관련을 맺고 있기 때문에 그 용어에 담긴 심오한 의미를 염두에 두고 진정한 흥미를 불러일으키기 위하여 부단한 노력을 기울여야 마땅하다. 물론, 여기에서의 흥미는 이해타산적 의미에서의 이익을 추구하는 마음 상태로 이해되어서는 안 된다. 도덕과는 학생의 마음이 진선미성(眞善美聖)의 가치가 붙박여 있는, 이른바 '사고권'(思考圈)에 입문할 수 있도록 하는 것, 달리 말하여 뒤르껭을 다룬 제3장 1절에서 언급한 바 있는 '집단적 관심'을 내면화할 수 있도록 하는 것을 그 어느 교과보다도 직접적인 관심사로 하는 만큼, 다면적 흥미는 그 자체로 사소한 이익을 넘어서는 무한한 가치를 갖는다.

그러나 오늘날 흥미 개념에 대한 통념적인 이해는 그것을 도덕교육의 목적으로 삼는 것에 과도할 정도로 거부반응을 일으키게 한다고 말해도 과언이 아니다. 흥미 개념에 담긴 규범적인 의미를 도외시한 채로, 오로지 흥미를 정서적 흥분 상태로 규정하고 그것을 교육의 중요한 수단으로 간주하는 지배적인 경향은 바로 이러한 거부반응이 어디에서 비롯되었는가를 단적으로 보여준다. 흥미에 관한 이러한 지배적인 사고 경향은 흥미를 모종의 목적에 의하여 정당화되는 것으로, 그리하여 부수적인 중요성만을 갖는 수단으로 이해하도록 함으로써 그것을 목적으로 이해할 가능성 자체를 사전에 봉쇄하고 있다. 그러나 어떤 목적을 위한 수단으로 취급되는 흥미 개념에는 '규범적 의미'가 끼어들 자리가 없다. 흥미가 수단으로 이해되어야 한다고 주장하는 순간, '수단으로서의 흥미의 목적은 누구의 목적인가?', 더 구체적으로 '누가 그 목적을 규정하는가?' 하는 물음이 따라 나온다. 그 목적을 규정하는 사람이 누구이건 간에, 흥미의 목적은 그 사람의 마음 상태에 따라 우연에 내맡겨질 수밖에 없다. 심지어 우연의 일치로 그 목적이 도덕적인 것으로 되더라도, 다시 그 목적이 정당화하는 수단 그 자체가 도덕적인가 하는 것도 우연에 내맡겨진다. 흥미를 수단으로 취급하는 관점에서의 교육은 단순히 경제적 측면, 혹은 다른 측면에서도 '재미를 보는' 삶과 교육을 가리킬 가능성이 크다.

듀이의 흥미 이론: 욕망으로서의 흥미

흥미에 대해 전혀 무관심한 교육학자가 없다고 말할 수 있을 정도로, 심지어 그 개념에 대해 무관심한 사람은 아무도 없다고 말할 수 있을 정도로 흥미는 삶과 교육의 중요한 요소이다. 그러나 앞서 살펴본 바와 같이, 오늘날 흥미는 올바른 관점에서 이해하기 어려운 개념으로 인식되고 있는 형편이다. 결국, 흥미가 교육의 목적이라는 말을 받아들이기 위해서는 흥미의 의미를 최대한 엄밀하게 규정함과 동시에 흥미를 수단으로 간주하는 사고방식이 안고 있는 결함을 드러내야 한다. 이하에서는 흥미에 관하여 헤르바르트와는 상반된 견해를 표방한 학자로 널리 알려져 있는 듀이의 견해를 세밀하게 검토하여, 헤르바르트의 흥미 이론이 듀이의 흥미 이론에 나타난 논리적 모순을 해결하는 중요한 방안이 된다는 것을 드러낼 것이다.

듀이의 흥미 이론을 본격적으로 고찰하기 전에 먼저 지적해 둘 필요가 있는 것은 헤르바르트의 교육이론에서 흥미가 핵심적인 역할을 차지하고 있는 것과 꼭 같이, 듀이의 교육이론에서도 흥미가 핵심적인 역할을 차지하고 있다는 사실이다. 듀이의 대표적인 저서인 『민주주의와 교육』은 이 세계를 단순한 외양으로 보고 우리가 도달할 수 없는 실재의 본질과 그 외양을 구분하는 사고방식, 이른바 '이원론'(二元論)의 배격을 겨냥하고 있다. 듀이의 이론체계에서 흥미 개념이 중요하게 취급될 수밖에 없는 이유는 바로 흥미가 플라톤의 '이데아'와 같은 개념을 상정하는 그릇된 마음의 이론인 이원론을 벗어나는 데 결정적인 관건이 되기 때문이다. 이러한 논의의 흐름은 칸트 철학에서 나타나는 '현상계와 본체계', '자연과 자유'와 같은 이원론을 암시하는 도식을 '흥미 이론'을 통해 극복하려고 했던 헤르바르트의 발상과 매우 유사하다는 인상을 주는 것이 사실이다. 다음과 같은 듀이의 발언은 이러한 사정을 여실하게 보여준다.

> 우리가 흔히 간과하는 사실로서, 성장에는 과정이 시작하는 단계가 있고 완성 단계가 있으며 그 사이에 밟아야 할 과정, 즉 중간 과정이 있다는 것이다. 학습의 경우에, 학생이 현재 가지고 있는 힘은 시작 단계이며 교사의 목적은 그 반대쪽 끝이다. 이 두 가지 사이에 있는 것이 '수단', 즉 '중간 조건'으로서 활동하고 난관을 극복하고 장비를 쓰고 하는 것들이 여기에 해당한다. 이 수단을 '통해서만'-여기서 '통한다'라는 것은 문자 그대로 시간적 의미를 지닌다-맨 처음의 활동이 만족스러운 최종 결과에 도달하게 된다.[33)]

여기에서 언급된 '사이에 있는 것'(to be between)으로서의 '수단'은 의심의 여지 없이 듀이의 이론체계에서의 '흥미'를 가리키는 용어이다. (듀이의 발언이 시사하듯이, 흥미는 본래 '사이에 있음'을 뜻하는 라틴어 단어 '*inter-esse*'를 어원으로 한다.) 듀이가 보기에 종래의 그릇된 마음 이론은 바로 흥미가 가리키는 성장의 시작 단계와 성장의 완성 단계의 사이에 존재하는 '중간 조건'을 간과하고 있다. 특히, 시간적 의미를 지닌 수단을 '통해서만' 최종 결과에 도달하게 된다는 듀이의 주장은 시간 계열에서 이루어지는 교육의 실천을 통해 이념이 드러나고 정립된다는 헤르바르트의 핵심적인 아이디어가 그대로 반영되어있는 듯하다. 헤르바르트와 유사하게, 듀이의 관점에서 종래의 마음의 이론은 성장의 완성 단계에만 주의를 기울인 반면에 그것에 이르는 '과정'을 도외시한다는 점에서 그릇되다. 그에게 있어서 중요한 것은 삶과 활동이 '환경의 변화'에 매여 있다는 사실이다.[34] 그릇된 마음의 이론을 극복하기 위해서는 환경의 변화와 그것에 의한 마음의 변화 과정에 응분의 관심을 기울일 필요가 있으며, 그 문제를 해결할 수 있는 단초는 흥미에 있다. 그러나 이러한 유사점에도 불구하고 듀이는 헤르바르트주의가 '아동의 심리'를 고려하지 못하고 있다고 비판한 바 있다.[35] '우리는 교과를 가르치는 것이 아니라, 아동을 가르친다'라는 기치를 내세우는 듀이의 입장은 이 점에서 보면 자연스러운 일이다. 어쨌든, 듀이와 헤르바르트의 차이는 '아동의 심리'를 고려하는가의 여부에서 발생하는 만큼, 이하에서는 아동의 심리를 고려해야 한다는 듀이의 주장이 무엇을 의미하는가를 상세하게 밝힐 필요가 있다.

듀이는 흥미의 일상적인 의미를 세 가지로 구분하여 설명하고 있다.[36] 먼저, (가) 사람이 종사하는 일, 직업, 전문적 활동 등을 가리킬 때 흥미라는 용어를 쓴다. 이는 '흥미의 대상'을 의미한다. (나) 어떤 대상과 사람이 접촉하는 연결점으로서, 예컨대 기업체의 말 없는 동업자는 기업에 직접 참여하지는 않는다 하더라도 기업체의 성쇠가 자신의 이윤과 채무에 직결되는 경우가 있다. 이때 우리는 흥미라는 용어를 쓴다. 여기에서 언급된 연결점은 한 사람과 대상 사이를 잇는 '이해관계'라고 말할 수 있다. (다) 어떤 사람이 이런저런 것에 흥미가 있다고 말할 때, 즉 '주관적 태도'를 의미할 때 흥미라는 용어를 쓴다. 듀이는 흥미를 가진 사람이라는 말을 할 때, 우리는 그 사람이 특정한 일에 자기 자신을 잃어버렸다는 것과 그 일에서 자기 자신을 찾았다는 것을 동시에 나타낸다고 말하면서, 이 두 가지 표현은 모두 그 대상 속에 자아가 몰입되어있는 상태를 나타낸다고 결론짓는다.[37]

듀이가 흥미의 일상적인 의미를 세 가지로 구분하여 설명하는 이유는 바로, 흥미라는 용어에는 흥미의 대상, 이해관계, 주관적 태도라는 세 가지 요소가 별개로 존재하는 것이 아니라 그 모두가 통합되어 있다는 것을 보여주기 위해서였다. 그는 『흥미와 노력, 그 교육적 의의』에서 '자기가 시작한 활동을 지속해 나가기 위하여 요청되는 대상이나 아이디어를 자아와 동일시할 때 수반되는 현상이 곧 진정한 흥미이다'라고 흥미를 정의하면서 흥미는 '통합된 활동'을 의미한다고 말하기도 한다.[38] 여기에서의 통합은 위에서 듀이가 제시한 흥미의 세 요소가 하나가 된 것을 의미한다. 특별히 주목할 필요가 있는 것은 흥미의 대상과 주관적 태도 사이에 '이해관계'가 놓여 있다는 사실이다. 바로 이런 이유에서 듀이는 흥미로운 대상을 향한 노력이 단순노동 혹은 짓누르는 중압감으로 퇴색되는 일이 없다고 말하고 있다.[39] 그에 의하면, 흥미는 노력과 대립하는 개념이 아니요, 오히려 그것을 촉진하는 역할을 한다. 이해관계라는 매개에 의하여 주체가 대상과 관계를 맺는 만큼 주체는 그 대상을 자신의 것으로 만들기 위하여 부단한 노력을 기울인다는 것이다. 결국, 듀이가 말하는 흥미를 불러일으키는데 결정적인 관건은 주체와 대상 사이에 존재하는 '이해관계'를 확실히 깨닫게 해 주는가의 여부이다.

이해관계가 주체와 대상을 매개한다고 말하였지만, 듀이의 흥미 이론에서 오로지 이해관계에만 매달리는 사태는 교육적 흥미에 완전히 미달한다. 그 경우에 흥미는 단순히 사물이 개인적 이익이나 손해, 성공이나 실패에 어떤 영향을 끼치는가 하는 관점에서 파악된다.[40] 이러한 관점을 구체적인 교육적 사태와 결부지어 말하면, 아동의 흥미를 고려한다는 말은 관심이 없는 대상에 '유혹적인 면을 가미하는 것', '쾌락의 뇌물로 주의를 끌고 노력을 짜내려는 것'에 불과하다. 듀이는 이러한 사태를 가리켜 '얼르는 교육', '허기 채우는 교육'으로 규정하면서 이렇게 외적, 인위적인 유인에 의하여 흥미가 생기게 하는 것은 이때까지 교육에서의 흥미의 원리가 받아온 모든 비난과 조롱을 받아 마땅하다고 주장하고 있다.[41] 그가 보기에, 이러한 관점에서의 흥미는 통합되어 있다기보다 분산되어 있다.

그렇다면, 듀이의 흥미 이론에서 진정한 교육적 흥미는 무엇인가? 위와 같이 주체와 대상 사이에 존재하는 이해관계를 따로 떼어 그것을 일방적으로 강조하는 사태는 중요한 의미를 지니지 못한다. 따라서 이 이해관계가 주체와 대상 사이에 존재하는 것이라는 점을 일깨워 주는 것만이 진정한 흥미 개념에 부합한다. 듀이에 의하면 '사이에 있음'을 의미하는 흥미는 사람과 활동의 자료 및 결과 사이에 거리를 없앤다는 것을 의미한다.[42] 이러한 듀이의 설명은 자신이 주장하는 진정한 흥미의 모습이 무엇인가를 짐작하게 해 준다. 다음과 같은 듀이의 설명은 주체와 대상, 그리고 그것들을 매개하는 이해관계가 통합된 모습이 어떤 것인가를 상세하게 보여주고 있다.

> 학습이나 공부는 단순히 학생들이 공부해야 할 과목으로 제시되는 한, 인위적이고 비효과적인 것이 된다고 말할 수 있다. 그와 마찬가지로, 공부가 효과적인 것으로 되려면 학생이 다루는 수학적 지식이 자기에게 관심이 있는 활동의 결실을 얻는 데 중요한 역할을 한다는 것을 알아야 한다. 한편으로 사물이나 주체, 그리고 또 한편으로 유목적적인 활동의 성공적 수행 사이의 이러한 관련이야말로 교육에서의 흥미에 관한 진정한 이론의 알파요 오메가이다.[43]

결과적으로 말하여, 듀이의 흥미는 '학생 자신에게 관심이 있는 활동', '유목적적인 활동'의 성공적 수행을 위하여, 이를테면 학생이 관심을 기울이고 있는 활동의 해결에 수학적 지식이 수단으로서 유용하다는 것을 깨닫도록 할 때 진정한 흥미로 된다. 그에 의하면, '현재의 경향을 완성시키기 위한 수단이 된다는 것, 활동을 하는 사람과 그 목적 사이에 있다는 것, 흥미가 있다는 것, 이것은 모두 동일한 것을 다른 이름으로 부르는 것이다'.[44) 『흥미와 노력, 그 교육적 의의』 말미의 문단은 '흥미를 그 자체로 하나의 목표나 방법으로 보아서는 얻는 바가 거의 없다'[45)]라는 거의 헤르바르트를 직접 겨냥하는 듯한 문장으로 시작된다.[46)] 흥미는 그 자체에 대해 생각하고 그것을 의식적으로 겨냥할 때가 아니라, 배후에서 흥미를 자극할 조건들을 생각하고 마련할 때 얻어진다는 것이다.[47)] 흥미를 자극할 조건은 위에서 언급한 바 있듯이 주체와 대상을 매개하는 이해관계라고 말해야 한다. 즉, 실생활에서 부딪치는 문제들을 자신이 해결해야 할 문제로 확고하게 자각하게 될 때, 그것을 해결하는 데 유용한 조건들이 흥미를 불러일으키게 된다.

듀이의 흥미 이론은 통념상 양립 불가능한 것으로 취급되는 노력과 흥미가 양립할 수 있다는 점을 보여주고 있다는 점에서 교육사적 의의를 지니고 있다고 평가할 수 있을 것이다. 그러나 듀이가 제안한 흥미 개념에는 이해관계로 요약되는 흥미가 '욕망'이라는 개념과 엄밀하게 구분되지 않는다는 치명적인 한계가 존재한다. 듀이의 흥미 개념은 실제적 문제해결에 유용하다는 이유에서, 달리 말해 해결해야 할 목적을 달성하는 데 필요한 노력에 불을 지핀다는 이유에서 가치를 지니기 때문이다. 그리하여 듀이의 흥미는 엄밀히 말하여 마음 바깥의 대상이 마음을 움직이게 하는 경우를 가리켜 사용하는 '동기'(motivation)로 이해된다고 보아야 하며, 거기에는 규범적 의미가 들어설 자리가 없다. 이렇게 규정된 흥미 개념에 따르면, '실제적 문제해결'이 삶과 교육의 전부이며, 학교에서 배우는 교과는 실제적 문제해결을 위한 수단으로서만 가치를 지니게 된다.

그렇다면 듀이가 고려한 아동의 심리, 즉 헤르바르트가 고려하지 못한 아동의 심리는 무엇을 가리킨다고 보아야 하는가? 최대한 긍정적으로 말하면, 듀이는 헤르바르트에 비하여 아동의 정서적 측면을 세심하게 고려한다고 말할 수 있겠지만, 부정적으로 말하면 그것은 아동의 욕망을 고려하는 것으로 된다. 교육에서 거의 의심할 여지 없이 타당한 것으로 받아들여지는 '흥미 존중'이라는 말의 의미는 듀이를 따르게 될 때 '욕망 존중'을 의미하게 될 가능성이 열리게 된다. 수단으로서의 흥미, 즉 '무엇을 위한' 흥미는 누군가의 욕망이 반영될 여지가 존재한다는 점을 염두에 두면, 적어도 듀이의 흥미 이론은 이러한 비판에서 벗어나기 어렵다고 보아야 한다. 이는 흥미를 오로지 실제적 문제해결을 위한 수단의 관점에서만 취급하는 이론이 마주하게 되는 필연적인 결과이다.

헤르바르트의 흥미 이론: 심성으로서의 흥미

그러나 분명히 말하여, 삶과 교육은 실제적 문제해결의 과정으로만 파악되지 않는다. 그것은 온전한 삶, 온전한 교육이라고 말할 수 있는 전체에서 추상된 하나의 양상이요, 그리하여 불완전한 일부에 불과하다. '교과교육을 오로지 실제적 문제해결을 위한 조치의 대상으로 파악할 때 간과되는 것은 바로 교과가 이론적 이해의 대상이 된다는 사실이다'.[48] 헤르바르트의 표현을 빌려 말하자면, 교과가 이론적 이해의 대상이 된다는 사실을 간과하는 삶과 교육은 '욕망 아래에서 다양한 흥미가 질식되어 버린 결과'[49]라고 볼 수밖에 없다. 그도 그럴 것이, 수단으로 취급되는 흥미는 결코 지속될 수 없다. 논리적으로 볼 때, 거기에는 '흥미의 단절'만이 있을 뿐이다. 실제적 문제해결의 과정에서 수단으로서 유용성을 인정받던 조건들이 그 가치를 상실하게 되면 새로운 조건들을 찾아 나서야 하며, 그 문제가 종결되고 나면 또 다른 해결해야 할 문제를 찾아 나서야 한다. 이는 수단으로서의 흥미가 단절될 수밖에 없다는 점을 분명하게 보여준다. 이는 실패한 삶이요, 실패한 교육의 모습이다. 실지로 헤르바르트는 이와 관련하여 다음과 같이 경고하고 있다.

> 만일 누군가가 자연과 인간에 의해 만들어진 모든 것들이 단지 목적 추구에 유용하기 때문에 흥미의 대상이 된다고 말하려 한다면, 우리는 다면성을 함양해야 할 교육에서 그러한 사악한 의견을 말하지 말아 달라고 부탁할 것이다. 즉각적인 흥미에는 파멸적인 이기주의만이 존재할 뿐이다.[50]

'우리는 학교를 위해서가 아니라 삶을 위해서 배운다'(*non scholae, sed vitae discendum*). 듀이의 것이라고 말해도 무방해 보이는 이 말은 고대 스토아학파의 세네카(R. A. Seneca)가 남긴 말로 잘 알려져 있다. 헤르바르트는 『일반교육학』에서 교수의 결과를 논의하는 장소에 가서 바로 이 말에 의문을 제기하고 학교와 삶의 관계를 분명히 하자고 주장한다. 그가 이러한 주장을 하는 이유는 세네카의 그 말이 '사치를 위해서가 아니라, 실용을 위해서'[51]라는 의미로 이해된다는 데 있다. 그러나 삶과 교육은 단순히 '실용'의 관점에서 파악되는 것도 아니요, '사치'라는 말로 격하될 수 있는 것도 아니다. 헤르바르트는 세네카의 그 말을 완전히 뒤집어야 한다고 본다. 즉, 우리는 삶을 위해서가 아니라 학교를 위해서 배운다. 이러한 발상의 전환을 이해하기 위해서는 헤르바르트 교육학에서 흥미가 욕망과 엄밀하게 구분된다는 점을 논의할 필요가 있다.

헤르바르트에 의하면, 흥미는 인간이 지닌 내적 활력의 극단적인 표현을 부정하면서 생겨났다. 여기에서 부정되는 것은 행위를 부추기는 것, 즉 '욕망'이다.[52] 헤르바르트가 보기에, 흥미와 욕망은 인간의 내적 활력을 구성하는 두 축이다. 양자는 인간의 활력을 설명해 주지만 분명하게 구분되어야 한다. 아닌 게 아니라, 양자는 동일한 것일 수 없다. 그에 의하면, 욕망은 무엇인가를 얻으려고 하면서, 현재 가지고 있지 않은 어떤 미래의 대상을 손에 넣으려고 애쓰는 것이요, 흥미는 바라보는 것 그 자체에서 전개되며, 바로 관조된 '현재화'(*Gegenwärtigen*)에 매달린다.[53] 여기서 언급되고 있는 현재화는 무엇을 가리키는가? 그것을 이해하기 위해서는 헤르바르트가 구분한 네 단계의 마음의 상태, 즉 '주의', '기대', '요구', '행위'를 먼저 간략하게 살펴볼 필요가 있다.

위의 구분은 흥미와 욕망을 엄밀하게 구분할 목적으로 제시된 것이라는 점을 먼저 언급할 필요가 있다. 즉, 주의와 기대는 흥미의 조건이요, 요구와 행위는 욕망의 조건이다.[54] 구체적으로 말하자면, 주의와 기대는 대상에 집중하여 '현재 어떻게 되어 있는가를 알고 싶어 하는 마음'을 의미하며, 요구와 행위는 대상에 대하여 '어떻게 하고 싶어 하는 마음'을 의미한다.[55] 전자의 경우에는 대상에 주의를 기울이기는 하지만 대상에 푹 빠져 몰두하기만 하는 그러한 상태가 아니라, 그 주의를 통해 마음과 세계가 어떻게 되어 있는가를 파악하려 애쓰는 마음 상태이다. 주의와 기대로 표현되는 마음 상태는 마음과 세계에 대한 '이론적 이해'의 측면을 보여준다고 말할 수 있다. 반대로 후자는 대상으로 나아가 그것을 실현하고자 하는 마음 상태로서, '욕망'으로 치달은 상태를 가리킨다. 요구와 행위로 설명되는 마음 상태는 위에서 설명된 듀이의 관점과 정확하게 상응하며, 따라서 '실제적 문제해결'의 측면을 보여준다고 말할 수 있다.[56]

헤르바르트가 흥미와 욕망을 엄밀하게 구분하는 이유는 욕망으로 치달은 마음 상태가 인간 내적 활력의 한 축으로 소개되는 흥미를 우리의 머릿속에서 완전히 지워낼 가능성이 있기 때문이다. 물론, 그러한 흥미가 지워진 삶은 인간다운 삶이 아니다. 욕망과 구분되는 흥미를 이해하지 못하는 사람은 '순수한 지적 호기심이 공부의 이유이다'라고 말하는 사람을 보고 지나친 농담이라고 말하면서 코웃음을 칠 것이 분명하다. 그 사람이 공부하는 이유는 오로지 '부와 권력'으로 특징지어지는 '풍요로운 삶'에 있기 때문이다. 순전히 '지적 호기심'을 동력으로 하여 공부하는 사람에게 선물처럼 주어지는 '지적 희열'은 그 풍요로운 삶에 끼어들 자리가 없다. 그러나 그 상태는 흥미가 완전히 단절된 상태를 의미한다. 이러한 입장에서 보면, 듀이가 중요시하는 아동의 심리는 욕망과 다르지 않다. 거기에는 '규범적 의미'가 결여되어 있다. 반대로 헤르바르트가 중요시하는 '아동의 심리'라는 것이 있다면, 그것은 '욕망으로 치닫지 않는 조심(操心) 있는 흥미, 다시 말하면 욕망으로 치달으려는 경향을 가장 잘 억제할 수 있는 흥미이다'.[57] 그가 보기에, '갖가지 욕망에 몰두하는 것은 부끄러운 일이다'[58]라고 말할 수밖에 없다.

욕망과는 구분되는 이상적인 흥미는 정상적인 지식의 습득 과정에서 반드시 마주하게 되는 순수한 지적 호기심이라고 말해도 틀린 말이 아니며, 간단하게 말하여 개념의 습득을 통해 이념으로 나아가려고 하는 순수한 열망과 다르지 않다. 헤르바르트가 흥미 개념을 도입한 것은 인간의 마음에 흔히 욕망이라고 불리는 힘과 함께 삶과 교육의 이상이라고 할 만한 역동적인 힘이 존재한다는 것, 바로 그것이 교육을 가능하게 하는 근본적인 세력이라는 것을 일깨워 주기 위해서였을 것이다. 이를 간과할 때 흥미는 언제나 욕망으로 이해될 뿐이다. 한 연구자의 다음과 같은 설명은 흥미의 이상적인 모습을 여실하게 보여준다.

> 이론적 흥미는 성격상 주의에서 시작하여 기대로, 다시 기대에서 주의로 나아가는 과정이 끝없이 반복되지만 그것은 점점 그 폭이 넓어지고 그 깊이가 깊어지면서 더 높은 단계로 승화된다. 그러므로 이론적 흥미에서는 충족이나 발산이라는 것이 있을 수 없으며, 그것은 끝없는 동경으로 이어진다.[59)]

지금까지의 고찰에 비추어 보면, 앞서 언급된 '현재화'라는 용어는 이념과 관련하여 이해할 때 비로소 그 진정한 의미가 드러날 가능성이 있다. 분명히 말하여, 여기에서의 현재는 순전한 '지금 여기'(*hic et nunc*)를 가리키는 것이 아니다. '흥미가 지각한 것은 선호에 의해 마음을 점유하며, 다른 표상들 사이에서 하나의 어떤 "인과성"으로 작용한다는 점에서 흥미는 단순한 지각 이상으로 된다'라는 헤르바르트의 발언에 비추어 볼 때,[60)] 그 현재는 앞서 '선물처럼 주어지는 지적 희열'이라는 말이 어울리는 순간, 즉 이념과 대면하는 '순간'이라고 보아야 한다. 이 순간은 전체의 한 부분으로서의 특정한 대상에 매달리는 사태가 아니며, 교육의 실천을 통하여 형성되는 크고 아름다운 마음, 바로 그것을 동원하여 말 그대로 대상 속에 희미한 형태로 어른거리는 전체를 보는 순간, 혹은 성리학의 용어로 '활연관통'(豁然貫通)이 일어나는 순간이다. 결국, 헤르바르트가 말한 인과성은 자연필연성에 따르는 인과성을 의미하는 것이 아니라 '초월하는 인과성'으로서, 이념으로 나아가려는 '심성'을 전체적으로 특징짓는다.

사정이 이러하다면, 앞에서 언급한 세네카의 말은 어떻게 재해석될 수 있는가? 과연 헤르바르트의 주장대로 '우리는 삶을 위해서가 아니라 학교를 위해서 배운다'라는 말이 성립되는가? 먼저, 이 말은 삶을 배제하는 관점을 취하는 것이 아니라는 점에 유의해야 한다. 헤르바르트가 삶이라는 용어보다 학교라는 용어에 더 큰 중요성을 부여하는 이유는 인간의 삶이 욕망과 흥미의 결합으로 이루어져 있으며, 따라서 욕망과 엄밀히 구분되는 힘으로서의 흥미가 간과될 가능성이 존재하기 때문이다. 이를 고려하여 말하면, 삶이 아니라 학교를 위해서 배워야 한다는 헤르바르트의 주장은 지식을 가르치고 배우는 교육의 실천을 통해 다면적 흥미를 갖춤으로써 동물적인 삶에서 벗어나 '인간다운 삶'을 살아가야 한다는 말로 이해되어야 한다. 학교를 위해서 배운다는 그 주장은 이상적인 삶을 겨냥하는 것이지 삶 그 자체를 부정하는 것이 아니다. 헤르바르트가 보기에, 학교는 여가(*Musse*)를 의미한다.[61] 따라서 삶을 위해서가 아니라 학교를 위해서 배운다는 말은 '여가'를 위해서 배운다는 말로 이해된다. 인간다운 삶을 사는가의 여부는 바로 이 여가를 누릴 수 있는가에 달려있다. 삶 속에서 일어나는 수많은 변화에만 귀 기울이지 않는 것, 욕망으로부터 벗어나 자유를 누리며 사는 것, 달리 말해 진정한 의미에서의 흥미라고 불릴 만한 마음 상태에 존재하는 삶의 향유, 바로 이러한 상태로서의 여가를 누리는 삶, 그리고 여가를 지향하는 교육, 그것이야말로 헤르바르트가 바라보는 삶과 교육의 이상적인 모습이다. 요컨대, 헤르바르트에게 있어서 흥미는 자신이 바라는 모종의 대상을 손에 넣으려는 심리 상태로서의 욕망, 즉 대상의 실현에 매달리는 욕망에서 해방된 상태로서, 진정으로 여가를 향유하는 인간의 심리 상태를 나타내는 용어이다.

도덕교육의 목적으로서의 흥미

듀이의 교육이론은 그동안 교육에 종사하는 수많은 사람의 사고를 지배해 왔다고 말해도 좋을 정도로 큰 힘을 발휘하였다. 그 결과 오늘날 삶과 교육의 핵심적인 의미가 실제적 문제해결에 있으며, 그것이 전부라는 듀이의 주장에 이의를 제기하는 경우가 드물다는 것은 말할 필요도 없고, 교과의 가치가 흥미, 즉 이해관계에 의하여 파악된다는 듀이의 주장은 심지어 그의 이론을 접해 본 적이 없는 사람들까지도 나름의 확신을 가지고 받아들이는 하나의 상식이 되었다. 교과의 가치가 이해관계에 의하여 파악되는 오늘날의 상황에서 교육에 종사하는 사람들이 흥미의 성격에 부합하는 교육을 하기가 어렵다는 것은 너무나도 당연한 일이다. 흥미가 지닌 심오한 의미를 간과하게 되는 경우, 우리에게 남는 것은 욕망의 실현에 매달리는 인간의 모습밖에 없다. 삶과 교육에 의미를 부여하는 '참으로 있는 것', 즉 '이념'을 의도적으로 배제하는 관점에서의 흥미는 자기 이익의 추구를 위한 욕망과 구분되지 않는다. 헤르바르트가 흥미를 욕망과 엄밀하게 구분하고 흥미를 도덕교육의 목적으로 상정한 것은 흥미를 오로지 학생이 지닌 현재의 심리 상태로 파악하여 그것의 의미를 수단으로 격하시키는 사고방식에 대한 항거이다. 이 항거에 의하면, 흥미는 현재의 심리 상태가 아니라 도덕교육의 결과로 기대되는 심리 상태로서, 도덕교육의 결과이자 목적이다.

말할 필요도 없이, 교육적인 흥미의 추구가 가장 적극적으로 일어나는 장소는 학교요, 더 구체적으로 교사와 학생이 가르치고 배우는 '수업사태'이다. 헤르바르트가 주장한 바와 같이, '수업은 학생의 충만한 흥미라는 정신활동의 유발을 목적으로 하는 시간'이다.[62] 진정한 의미에서의 흥미 유발은 누군가가 이미 정해 놓은 도덕적 규범을 일방적으로 전달하는 것으로는 어이없이 부족하다. 그것은 전달의 대가로서의 교사만이 할 수 있는 일이다. 전달의 대가가 된다는 것은 현란한 방법을 동원하여 이러저러한 정보를 재미있게 전달한다는 것을 의미하지 않는다. 교사는 자신이 품고 있는 마음과 세계에 관한 질문과 그것의 이면에 존재하는 순수한 지적 호기심을 전달함으로써 자신의 것과 조금도 다름이 없는 흥미를 학생들과 공유하는 존재이다. 겉으로는 아동 존중이라는 기치를 내걸고 실지로는 학생의 욕망을 자극하는 교사가 될 것인가, 아니면 심성으로서의 흥미를 유발하는 교사가 될 것인가는 전적으로 교사 자신의 실존적 결단에 달린 문제이다.

3. 자아형성과 해석

이 절에서는 도덕과교육에 대한 이해의 지평을 넓히는 방안으로 자아의 형성 문제를 특별히 인간의 이해와 해석 활동과 관련하여 고찰하고자 한다. 이하에서 소개되고 있는 프랑스의 철학자이자 해석학자인 폴 리쾨르(Paul Ricoeur)는 인간의 인식과 존재가 공유하는 특징으로서의 '서사성'에 주목하고 그것을 '자기이해'의 문제를 해명하는 단서로 삼았다. 리쾨르가 이 문제를 해명하는 면에서 거둔 이론적 성과는 도덕적 지식을 통한 '심성함양'이라는 도덕과교육의 근본 성격을 해명하는 데 빛을 던져준다. 이 절에서는 리쾨르의 이론에 비추어 도덕과교육의 서사적 성격을 심도 있게 설명함으로써, 도덕과교육의 목적은 '자기이해'에 있다는 것, 그리고 자기이해의 의미와 가치는 도덕과교육의 '실천'에 의하여 확립된다는 것을 밝혀 보겠다. 이하에서는 '자아형성과 해석'이라는 주제로 도덕과교육의 이론에 관한 새로운 지평을 탐색해 보겠다.[63]

도덕과교육에서의 서사와 해석의 관계

도덕과교육은 교육내용으로서의 텍스트를 매개로 하여 교사와 학생의 '교육적 대화'가 오고 가는 서사적 상황이다. 또한 도덕과 수업의 사태에서 오고 가는 이야기는 '교사'에 의하여 촉발되고 진전된다는 점에서, 일상적인 이야기와는 특별한 차이점을 지닌다. 사실상 교육내용으로서의 텍스트는 '글쓰기에 의해 고정된 이야기'에 해당하며,[64] 바로 이 점에서 텍스트에 들어있는 지식은 '명제'의 형태로 존재한다. 그러나 '수업'을 경험해 본 사람이라면 누구나 인정하듯이, 텍스트에 들어있는 지식이 언어로 표현되는 과정, 즉 교육적 이야기가 오고 가는 과정에서 그것은 '살아있는' 이야기, '생생한' 이야기의 형태로 변모하게 된다.[65] 도덕과 수업 활동은 교사와 학생이 살아있는, 생생한 이야기를 공유하는 과정을 통하여 도덕적 지식을 내면화하는 심성함양의 과정이다. 교사가 도덕적 지식을 전달하고 학생이 그것을 받아들이는 과정에서 '언어'(이야기)는 다른 어떤 매체보다도 핵심적이고 중요한 역할을 담당한다.

실지로 오늘날 교육학 분야에서는 담화, 담론, 소통, 서사, 대화, 이야기 등의 용어가 자주 등장하고 있다. 이러한 현상은 '언어 사용의 문제'가 앎과 삶의 과정에서 중요하다는 공통된 입장에서 비롯된 것이라고 보아야 한다. 언어 사용의 중요성에 대한 이러한 관심은 도덕과교육에도 주목의 대상이 되었으며, 학계에서는 그것을 '서사적 접근'(narrative approach)으로 명명하고 있다.

도덕과교육의 관점에서 보면, 서사적 접근은 종래의 도덕발달적 접근을 대표하는 콜버그의 인지발달론과 도덕사회화 접근을 대표하는 뒤르켕의 도덕교육론에 대안적 관점을 취하고 있다. 앞서 고찰한 태펀에 의해 대표되는 이 접근에 의하면, 학생은 자신의 실제 삶 속에서의 다양한 경험과 딜레마를 소재로 하여 스스로 하나의 '이야기'를 엮고 표현함으로써, 이야기의 '저자'로서 존중받으며 삶의 의미를 깨닫고 자신의 삶에 애착을 갖게 된다.[66] 그것은 이미 도덕과 수업에서 하나의 '수업모형'으로 정착되어 활용되고 있을 정도의 영향력을 발휘하고 있다.

그러나 서사적 접근은 도덕과교육에서 이야기, 서사적 상황이 중요하다는 점을 들어 가르치고 배우는 수업의 실천 사태를 중요시하고 있지만, 그 과정에서 일어나는 '이해'와 '해석'의 성격과 의미를 통념적인 수준에서 다루고 있다. 최근 주목받고 있는 서사적 접근은 현재 일어나고 있는 이야기, 일상적인 이야기를 주된 소재로 함으로써, 전통적 이야기 교육과 콜버그의 가설적 딜레마 이야기 교육의 한계를 극복하려고 시도하고 있다. 그리하여 이 접근에서 교육내용의 자료로서 특별히 강조하고 있는 것은 학생 '개인의 경험'에 바탕을 둔 삶의 이야기, 그리고 구체적 행동 사태에서 갈등이 야기되는 '현실적 이야기'이다. 이들이 표방하고 있는 이야기의 현대화에 비추어 보면, 그들은 사실상 교육내용의 원천을 사회가 아닌 '개인'에 두고 있다. 그러나 이야기의 현대화가 왜 필요한가 하는 점은 더 깊게 생각해 볼 문제이다.

서사적 접근의 입장에서 볼 때, 이야기의 현대화는 두 가지 측면에서 요청된다. 먼저, 전통적 이야기는 학생이 몸담는 현재의 시공간과는 멀리 떨어진 이야기이다. 전통적 이야기는 모범적인 사례의 성격을 띠고 있으며, 그것이 학생의 마음에 동경의 대상이 될 수는 있어도 현재의 맥락으로 끌어오기에는 한계를 지니고 있다. 콜버그식의 도덕교육은 전통적 도덕교육의 한계를 극복하기 위한 시도로서, 전통적 이야기를 교육내용으로 하는 대신 하인즈 딜레마 이야기와 같이 도덕성 발달을 위해 특별히 고안된 텍스트-가설적 딜레마 이야기-를 소재로 하여 학생들에게 의도적인 인지적 비평형 상태를 조장하고, 그런 다음 한 단계 높은 도덕적 추론 능력을 키우는 방식이다. 그러나 콜버그식의 도덕교육은 판단의 내용이 아닌 판단의 '이유와 근거'에 초점을 두고 있고, 거기에서 사용되는 가설적 딜레마 이야기는 일상생활의 범위를 넘어선다. 서사적 접근의 입장에서 볼 때, 가설적 딜레마 이야기는 지속적인 사고훈련을 통하여 학생의 도덕적 판단 능력을 향상시킬 수는 있어도, 전통적 이야기가 지닌 한계, 즉 향상된 도덕적 판단 능력을 '현재의 맥락으로 끌어오는데 적합하지 않다'는 한계를 공유하고 있다.

이야기의 현대화의 두 번째 필요성은 소위 '학생 존중'이라는 측면과 관련을 맺고 있다. 즉, 학생을 이야기의 '주체', '화자'로 보아야 한다는 서사적 접근의 입장에서는, 이때까지의 접근은 개인을 텍스트로부터 소외시켜 왔다고 보고 지식을 구성하고 생성하는 주체의 입장을 특별히 존중하는 사회철학의 입장을 표방한다. 학생을 텍스트의 저자로 보고 그 저자에 대하여 이야기의 구성자로서의 '권위'와 '책임'을 부여하는 것이 최근의 서사적 접근이 취하고 있는 주된 입장이다. 이렇게 볼 때, 최근 도덕교육에 관한 논의에서 서사적 접근이 중요하게 부각되고 있다는 사실은 새삼 기이한 일이 아니다.

그럼에도 불구하고 서사적 접근은 여전히 이야기를 '활용'의 대상으로 삼고 있다는 점에서 근본적인 문제를 내포하고 있다. 리쾨르는 일상적 삶의 이야기를 엮어가는 방식에서 개인이 느끼고 이해하는 것이 중요하지 않은 것은 아니지만, 삶의 서사적 통일성이 일상 삶의 과정과 삶의 한복판에서 일어나는 '현실적 이야기'에 기대는 것은 '불확실하고 유동적인 삶의 계획과 단편적인 실천에 어떤 식으로든지 영향을 받지 않을 수 없다'고 보았다.[67] 이야기의 원천을 개인의 경험과 사회현상에서 벌어지는 사건에 가져다 두는 순간, 그 이야기는 한 개인의 이야기 혹은 한 사회의 이야기로 된다. 그 이야기가 의미를 갖게 되는 것은 그 이야기를 말한 한 개인 혹은 그 사회에 속한 개인으로 한정된다. 이 점에서 볼 때, 이야기의 원천을 사회에서 개인으로 전환하는 것은 맥킨타이어가 '대재앙'에 비유한 것(제3장 3절)과 같은 수준의 위험성을 내포하고 있다.

나아가 서사적 접근이 이야기를 '활용'의 대상으로 삼고 있다는 점은 도덕과교육 그 자체와 관련하여 심각한 문제를 안고 있다. 행위의 방향을 일러주는 데 초점을 두는 도덕과교육과 학생을 텍스트의 저자로 인정하는 서사적 접근은 겉으로 보기에는 현격한 차이가 있다. 그러나 누군가가 정한 행위의 방향을 강조하든, 학생이 정한 행위의 방향을 강조하든 간에 이야기를 '활용'의 대상으로 삼는 방식은 교사와 학생 사이에 끊임없이 일어나는 이해와 해석의 과정을 도외시한다는 동일한 문제를 불러일으킨다. 여기에서 교사와 학생의 '공동 해석'이라고 말해도 좋을 상호작용은 완전히 무의미한 것이 되며, 그 행위의 방향을 지시하는 누군가의 서사-도덕 교과에 명제의 형태로 고정된 도덕적 지식-가 일방적으로 강요된다. 거기에서 이야기는, 그것을 적어 넣은 사람이 어떤 사람인가의 여부와는 상관없이, 사적 성격을 가질 뿐 공적 성격을 갖지 못한다. 결국, 서사적 접근은 '해석과 분리된 서사'의 입장을 취한다.

이상의 논의에 의하면, '해석과 서사의 분리'는 도덕과교육이 반드시 극복해야 할 문제이다. 해석과 서사가 분리될 때, 그것은 누군가의 일방적인 서사를 강요하는 도덕과교육으로 연결된다. 도덕과교육에서 추구하는 서사는 어느 한 사람의 서사가 아니라 공적 성격을 띠는 '공동의 서사'여야 하며, 이러한 의미에서의 서사가 가능하기 위해서는 반드시 텍스트에 대한 '해석의 자유'가 허용되어야 한다. 다음과 같은 리쾨르의 말은 이를 가리키는 것으로 이해된다.

> 한 권의 책을 읽는 것은 바로 그 저자를 이미 없는 것으로 간주하고 그 책을 그의 유작으로 고려하는 것이다. 사실 책과의 관계가 온전해지고, 어떻게 보면 손상되지 않게 될 때는 바로 저자가 없을 때이기 때문이다. 저자는 더 이상 대답하지 않게 되며, [그 때 오직] 그의 작품을 읽는 사람이 남게 되는 것이다.[68]

도덕적 지식이 해석의 대상이 되지 못하고 일방적인 수용의 대상이 될 때, 좋은 도덕과교육이라고 말할 수 없는 것—그것은 '이데올로기 교육'과 다르지 않다—과 꼭 마찬가지로 누군가의 책이 해석의 대상이 되지 못하고 일방적인 수용의 대상이 될 때, 그것은 결코 좋은 책이라고 말할 수 없을 것이다. "한 권의 책을 읽는 것은 바로 그 저자를 이미 없는 것으로 간주하고 그 책을 유작으로 고려하는 것이다"라는 리쾨르의 발언이 시사하는 바와 같이, 도덕적 지식과 그 맞은 편의 교사와 학생의 관계가 온전해질 때는 그것을 기록한 저자가 없을 때, 달리 말하여 그것에 관하여 교사와 학생이 해석의 자유를 누릴 수 있을 때이다. 결국, 서사적 접근이 결여하고 있는 것은 이러한 리쾨르의 통찰이다.

'해석학'과 '서사 이론'은 사람의 마음이 어떻게 이루어져 있는가를 다루는 학문이라는 데 공통점이 있다. 양대 이론의 핵심 개념에 해당하는 '해석'과 '서사'는 마음이 하는 두 가지 작용이다. 마음, 그것도 도덕과교육의 실천을 통해 기대할 수 있는 심성을 이해하기 위해서는 그 중 어느 하나도 소홀히 해서는 안 된다는 점에서, 양자는 마음을 이해하는 열쇠 그 자체이다. 요컨대 리쾨르의 서사해석학이 설명하는 서사의 과정은 이해와 분리될 수도 없고 분리되어서도 안 된다. 또한 동시에, 그것은 해석일 수밖에 없다. 우리는 이야기하는 과정에서 자신의 이해를 '표현'하기도 하면서 '형성'하기도 한다. 리쾨르의 서사해석학은 '서사적 접근'의 한계를 극복하는 데 중요한 거점이 되며, 특히 이 점과 관련하여 자아형성의 논리를 드러내고 있는 '삼중(三重)의 미메시스'(*la triple memèsis*)는 특별한 주목의 대상이 된다.

자아형성의 논리: 삼중의 미메시스

자아형성을 부단히 염두에 두고 자기이해의 문제에 대하여 논의한 리쾨르의 안목은 '사람이 곧 지식이며, 심성의 형성과 표현은 전적으로 교사와 학생이 텍스트를 매개로 이야기를 주고받는 행위에 달려있다'라는 한 문장으로 표현될 수 있다. 이 말은, 도덕적 지식의 의미를 이해하는 당사자의 마음이란 단지 덕목의 개념과 의미를 알고 그것에 비추어 도덕적 행동을 하는 것 이상임을 의미하며, 도덕적 지식의 의미를 이해하는 과정에서는 마음의 근본적 지향처로서의 심성이 배제되거나 소홀히 되어서는 안 된다는 의미로 이해된다. 리쾨르에 의하면, 서사 행위의 과정에서 당사자는 '텍스트가 제안하는 의미의 세계'를 응당 따라가면서 이해해야 한다.[69] 그 의미의 세계는 텍스트를 이해하고 해석하는 당사자의 '서사적 이해력'의 소산이다.[70] 결국, 진정한 이해는 온전한 '심성' 그 자체이며, 이 점에서 양자는 사실상 구분이 불가능하다고 보아야 한다.

서사해석학에 비추어 보면, 도덕적 지식을 자신의 마음에 완전히 달라붙도록 노력하는 과정, 그것에 가깝게 다가가려 노력하는 과정은 곧 자기이해의 과정이다. 나아가 자기이해는 서사 행위를 통한 부단한 자아형성의 과정, 즉 자기교육의 과정이다. 인간은 텍스트가 열어가는 숭고한 의미에 대한 이해를, 서사 행위라는 '시간적 차원'에서 체험한다. 그러나 인간은 이러한 시간 체험의 과정에서 숭고한 의미가 자신의 삶을 되돌아보고 반성하는 계기를 마련하여 심성의 도약이 이루어지는 순간, 이른바 '무시간적 차원'을 경험하게 된다. 도덕과 수업을 통해서 도덕성이 형성된다는 것은 교사와 학생이 시간의 '이중적 측면', 즉 시간적 차원과 무시간적 차원을 동시에 경험함으로써 심성의 도약을 이룬다는 것을 의미한다. 이하에서 설명될 바와 같이, 도덕과 수업은 텍스트에 대한 이해를 통하여 텍스트가 지향하고 있는 숭고한 의미를 깨닫는 시간이 되어야 한다.

그렇다면, 어떤 텍스트가 어떠한 서사적 과정에 의해 시간의 이중적 체험을 통한 진정한 의미에서의 심성의 도약을 가능하게 하는가? 서사해석학은 바로 위의 물음에 대한 교육학적 안목을 분명하게 제시하고 있다. 텍스트의 이면에 숨겨진 의미를 이해하는 과정을 통하여 심성의 도약을 이룬 상태는 자신의 삶을 되돌아보고 반성하는 '넓은 자아', '겸허한 자아'의 모습이다.[71] 자기이해는 자기 자신을 올바로 알고 있는, 교육받은 사람이 지닐 수 있는 심성의 이상태이다. 이렇게 볼 때, 자기이해는 도덕교육의 목적 그 자체라고 말할 수 있다. 도덕교육의 목적이 자기이해에 있다는 말은 서사해석학에서 강조하고 있는 바와 같이, 텍스트의 '이중적 의미'—일차적이고 직접적인 의미와 더불어 그것을 통해 전달되는 이차적이고 간접적인 의미—를 이해하기 위한 서사 행위의 과정이 자아형성, 심성함양을 가능하게 한다는 사실에서 비롯된다.[72] (이 점에서 텍스트의 이중적 의미는 시간의 이중적 측면과 내적 연계성을 지닌다.)

그에 의하면, 이해는 전적으로 텍스트를 '대면'하는 것에서 출발한다.[73] 텍스트를 대면한다는 것은 텍스트가 오로지 하나의 대상, 또는 종결된 의미(일차적 의미)를 가진 대상으로 취급된다는 것을 뜻하지 않는다. 차라리 텍스트와의 대면은 무한히 열려있는 '의미의 세계'(이차적 의미)와의 교섭을 의미한다. 그러나 텍스트가 하나의 대상으로 취급될 경우, 그것을 이해하고 해석하는 당사자는 텍스트에 고정된 저자의 의도나 텍스트의 표면에 드러나 있는 일차적 의미를 파악하는 것으로 이해가 종결되었다고 생각할 수 있다. 텍스트에 들어있는 저자의 의도나 텍스트의 표면적 의미는 이해의 객관적 방법을 확보할 수 있다는 의의에도 불구하고, 이 경우 이해는 텍스트의 표면적 의미, 달리 말하면 피상적 수준에서의 의미로 파악될 가능성을 안고 있다.

텍스트의 표면적 의미를 파악하는 것은 리쾨르가 말하는 미메시스I(전이해의 단계, MI)에 해당하며, 삶과 행동에 대한 통념적인 수준의 이해 단계를 의미한다. MI은 텍스트와 행동의 의미를 통념적인 가치와 규범의 틀 안에서 이해한다는 점에서 의의를 지니지만, 여기에서는 텍스트와 행동에 내재되어 있는 이면의 의미를 깨닫기 위한 부단한 이해와 해석의 과정, 달리 말하면 지적 모험, 지적 대화의 과정이 절실하게 요청되지 않는다. 물론, 학습자는 텍스트에 고정된 의미, 텍스트의 표면적 의미를 이해하는 과정에서도 마음의 변화, 즉 심성의 도약을 이룰 수 있다고 볼 수 있다. 그러나 텍스트의 의미를 고정된 것으로 보게 되면, 그것을 이해하고 해석하는 과정은 상대적으로 소홀히 이루어질 수밖에 없다. 이 문제를 해결하기 위해서는 텍스트의 이해와 해석에 의한 이야기 구성의 과정이 필연적으로 요청된다. 이 과정은 상상과 의미를 그 안에 풍부하게 담고 있는 '텍스트의 매개'와 그것을 올바르게 이해하고 해석하는 '타자의 영향'을 받을 때 비로소 이루어질 수 있다. 그는 이것을 미메시스II('형상화의 단계', MII)라고 명명하였다.

MII는 삶과 행위에 관한 전이해(MI)를 바탕으로 텍스트에 내포된 비유와 상징의 심층적 의미를 파악함으로써 당사자로 하여금 '상상의 변주'(*variations imaginatives*)와 '의미론적 혁신'(*innovation sémantique*)을 불러일으키는 것을 가능하게 하는 '매개의 과정'이다. 또한 MII는 텍스트에 기반한 서사 행위에 힘입어 자아를 형성해가는 '이해의 단계'이다. 리쾨르는 이를 가리켜 '이야기 구성'의 차원으로 명명하고 있다. MII는 텍스트의 표면적 의미를 뛰어넘어 텍스트에 내포된 심층적 의미를 파악하는 과정이며, 따라서 이 과정은 '본격적인' 이해의 단계에 해당한다. MII는 서사 행위, 즉 해석학적 경험에 의한 지적 대화의 과정이 학습자의 심성을 함양하는 심성의 도약을 위한 계기를 마련해준다. 심성의 도약이 이루어지기 위해서는 텍스트가 지적 도약과 심성의 도약을 이끌어야 하며, 그렇게 함으로써 '심미적 차원'을 경험할 수 있어야 한다. 리쾨르에 의하면, 허구 이야기와 역사 이야기는 바로 이러한 조건을 지니고 있다. 학생은 허구 이야기와 역사 이야기에 들어있는 비유와 상징적 표현이 담고 있는 의미를 부단히 이해하고 해석하는 과정을 통하여 상상의 변주와 의미론적 혁신을 경험하게 된다. 바로 그 과정에서 학생은 텍스트가 열어가는 의미의 세계, 이때까지 인류가 축적해 온 이야기의 세계에 입문하게 된다.

그러나 허구 이야기와 역사 이야기를 통해 이야기를 구성하는 과정에서 학생이 텍스트가 인도하는 의미의 세계에 입문한다는 것은 결코 쉬운 일이 아니다. 학생은 텍스트가 투사하는 세계와 무한한 거리에 처해 있다는 바로 그 이유로 말미암아 상심과 갈등의 사태에 직면하게 된다. 도덕과 수업에서 학생 자신의 통념적 이해가 텍스트가 열어가는 의미가 아니라는 점을 깨닫는 순간, 학생은 지적 혼동을 겪게 된다. 그러나 이러한 마음 상태는 텍스트의 숭고한 의미를 깨닫기 위하여 반드시 거치지 않으면 안 되는 실존적 경험이라는 점에서, 심성함양의 과정에서는 반드시 수반되어야 할 필수불가결한 마음 상태이다. 그 과정에서 '교사의 자세'는 상심과 갈등의 상태에 처해 있는 학생의 마음을 텍스트가 열어가는 지적 모험의 세계로 초대하는 데 결정적인 관건이 된다.

교사는 학생보다 앞서 삶을 살아오면서, 또한 학습의 과정을 거치면서 텍스트가 펼쳐가는 숭고한 의미를 드러내는 데 적합한 '개념'과 '언어'를 갖추고 있는 '앞선 사람'이다.[74] 교사는 그 스스로가 텍스트의 표면적 의미에 비추어서만 자신의 관점을 정립시키지 않는다. 그러나 교사가 앞선 사람으로서 권위를 가질 수 있는 것은 그 자신 역시 텍스트의 의미를 올바로 파악하기 위하여 노력하는 과정에서 자신도 끊임없이 배움의 길을 걸어야 한다는 '겸허한 자아'의 모습을 갖추기 위하여 노력하는 존재이기 때문이다. 학생은 텍스트가 제안하는 숭고한 의미를 이해하기 위하여 몸부림치는 교사의 일체의 발언과 제스처에 귀를 기울이는 바로 그 순간에 텍스트라는 존재와의 무한한 교섭을 이루게 된다. 학생은 교사의 이야기를 '자신의 이야기'로 받아들이는 과정을 몸소 체험함으로써, 비로소 텍스트 앞에서 넓은 자아의 모습을 깨닫게 된다.

미메시스III(MIII)은 이야기 구성의 마지막 세 번째 단계에 해당하며, 리쾨르는 이 단계를 '재이해'로 명명하였다. 이 단계는

MII의 매개 과정이 온전하게 재현되었을 경우를 염두에 둔 것으로, 미메시스가 밟아가는 과정의 최종 국면이라고 할 수 있다. 그러나 교사와 학생은 절대자가 아닌 이상 텍스트가 투사하는 세계를 완벽하게 이해했다고 볼 수 없다. 사실을 두고 말하자면, 현실은 언제나 '이상'에 미달한다. 리쾨르가 텍스트 앞에서의 자기이해의 상태를 완전한 시간 체험이 아닌 '인간의 시간', '이야기된 시간'의 체험으로 보는 것에서 알 수 있듯이,[75] 자기이해는 서사 행위에 의해 교사와 학생의 심성이 끊임없이 도약과 반성을 거듭하는 것 이외의 다른 것이 아니다.

결국 MIII은 이해의 최종 국면이요 도덕과교육이 겨냥하는 최종 국면을 가리킨다. 그러나 그것은 그것에 관한 일체의 언설이 무의미한 '소극적 기준'으로 이해된다. 즉, 우리의 현실이 이상에 미달한다는 판단을 내릴 수 있는 것은 우리가 이상에 대하여 무엇인가를 알고 있기 때문이어서가 아니다. (우리가 알 수 있고, 또 알고 있는 것은 언제나 현실이다.) 그리하여 그 판단의 근거는 우리가 그것에 도달하지 못했다는 사실 이외의 것이 될 수 없다. MIII 또한 마찬가지이다. 그것은 텍스트가 투사하는 세계에 대한 우리의 이해가 실패했다는 성찰에 의하여 드러나고 확립된다. 그리하여 언제나 시간 속에 존재할 수밖에 없는 인간에게 허용된 최종 목적은 그 이상으로 부단히 나아가려고 하는 마음 상태로서의 '심성'이라고 말해도 좋을 것이다. 그것은 자아가 온전한 형태의 풍요를 느끼는 상태라기보다 결핍에 의하여 풍요를 지향하고 추구하는 상태에 가깝다.

결국, 자아는 어디까지나 끊임없는 자기이해의 형성과정에 처해 있다. 학생의 입장에서 무언가를 배웠다고 스스로 깨닫는 경우는 그 자신이 인간인 이상 자신의 부족함을 알고 이때까지 살아온 삶을 되돌아보고 반성하는 자세, 즉 '깨달은 자아'(*soi instruit*)의 모습을 지니게 되었다는 것을 의미한다.[76] 끊임없는 이해와 해석을 가능하게 하는, 비유와 상징으로 충만한 텍스트에 숨겨진 의미는 그것을 자신의 마음에 달라붙도록 노력하는 교사의 이해가 학생의 이해로 감염될 때 비로소 빛을 발하게 된다. 이 점에서 도덕과 수업을 통한 교사와 학생의 지적 모험의 여정은 인간이 누릴 수 있는 모든 활동 중에서도 가장 아름답고 숭고한 의미로 충만한 교육적 경험의 시간이다.

앞서 언급한 텍스트에 기반한 서사 행위가 사람의 마음을 심미적 차원으로 이끌어준다는 것은 텍스트의 저자에 의해 정형화된 의도에 구애받는 것이 아니다. 오히려 그러한 통념적 의미에서 출발하되 그것을 뛰어넘어 보다 넓은 의미, 새로운 의미를 창출하는 것이다. 이것은 허구 이야기와 역사 이야기의 의미가 순전히 개념에 의해서만 이해되는 것이 아니라, 텍스트에 무한히 펼쳐져 있는 '상상력'에 의해서 이해되고 해석된다는 점을 의미한다.[77] 리쾨르가 '상상의 차원'에서 텍스트의 의미가 새롭게 해석된다고 본 이유도 이와 같은 맥락에서 이해되어야 한다. 삼중의 미메시스에 관한 설명 중에서 MII, 즉 이야기 구성의 차원은 바로 이 점을 설명하기 위한 일환이다.

해석의 자유를 누리는 도덕과 수업

서사해석학은 삼중의 미메시스를 통하여 설명하는 '당사자' 자신까지 설명하는 복잡한 구조를 이루고 있다. 리쾨르는 삼중의 미메시스에서 텍스트의 이해 활동이 그 활동에 참여하는 당사자, 즉 자아의 '형성'을 여실하게 보여준다는 점을 드러내고 있다. 자아형성의 관점에서 볼 때, 그의 이러한 생각은 텍스트의 이해와 형성이 분리되어 취급될 수 없다는 점을 강조하는 것이다. 즉, 리쾨르는 그 형성의 차원에 대한 고려 없이 이해를 설명하는 것에 우려를 표하고 있다. 이렇듯 이해와 형성의 내적 관련성은 수업 사태에서의 서사와 해석의 중요성을 일깨워 준다.

서사와 해석을 동시에 고려하는 사태에서는 그것을 설명하는 당사자 자신의 심성이 어떤 식으로든지 반영될 수밖에 없다. 이 점에서 볼 때, 도덕과교육에서는 텍스트의 의미를 이해하고 해석하는 교사 자신의 '사람됨'이 무엇보다도 중요하다. 이 점을 받아들인다면, 한편으로는 지식이 서사의 구조를 띠고 있다고 볼 수도 있지만, 다른 한편으로는 오히려 우리의 심성이 서사의 구조를 띠고 있다고 보아야 한다. 살아있는 이야기, 생생한 이야기는 지식에 들어있는 것이 아니라, 그것을 대면하는 사람의 심성에 들어 있으며, 그 심성이 이야기로 펼쳐지는 가운데 서사의 구조가 자연스럽게 생성되는 것이라고 보아야 한다. 텍스트를 통하여 서사의 구조가 자연스럽게 생성되는 과정에서 요구되는 '상상의 변주', 그리고 그 과정에서 드러나는 자아의 '의미론적 혁신'은 우리의 심성이 바로 그러한 상태를 가능하게 하는 강력한 교육적 추진력으로 작용한다.

상상의 변주와 의미론적 혁신은 리쾨르의 미메시스론에서 가장 중요한 개념이다. 그러나 양자가 미메시스를 설명하는 데 관건이 된다는 사실은 텍스트를 이해하고 해석하는 사태에서 상상의 변주도 중요하고 의미론적 혁신도 중요하다는 식의 통념적인 의미로 받아들여서는 안 된다. 미메시스를 설명하는 과정에서 두 개념이 특별히 부각되는 이유는 리쾨르가 양자의 '관련'에 주목하고 그것이 자아를 형성하는 데, 달리 말하면 심성을 표현하고 형성하는 데 중요한 기능을 발휘하고 있기 때문이다.

상상의 변주는 텍스트를 이해하고 해석하는 과정에서 텍스트에 들어있는 개념이나 언어, 또는 저자의 메시지에 의해 고정되는 것이 아니다. 상상의 변주는 텍스트 이해와 해석의 사태에서 교사와 학생이 위와 같은 고정된 구조의 구속에서 탈피하여 이야기를 새롭게 구성함으로써 '해석의 자유'를 누리는 것을 의미한다. 물론, 어느 편에서 보면, 이때의 변주는 이야기의 규칙과 구조, 의미가 어떤 식으로든지 훼손되는 사태를 부정하기 어렵다는 우려를 안고 있다. 그러나 상상의 변주는 텍스트의 의미를 전적으로 부정하는 가운데 교사와 학생이 상상의 날개를 펼치는 것이 아니다. 학생은 텍스트가 제안하는 의미의 세계를 부단히 염두에 두면서 상상력을 발휘해야 한다. 그것이 가능한 이유는 허구 이야기와 역사 이야기와 같은 텍스트가 가지고 있는 성격 때문이며, 또한 그 의미의 세계를 깨닫기 위해 교사가 학생들에게 몸소

'자신의 이야기'로 표현하기 때문이다.

상상의 변주와 짝을 이루는 의미론적 혁신은 도덕과 수업에서 상상력을 발휘하는 교사와 학생의 이야기 구성, 달리 말하면 도덕적 지식의 의미를 찾는 일이 심성의 도약과 필연적인 관련을 맺고 있다는 사실을 뒷받침하는 용어로 이해할 수 있다. 텍스트가 제안하는 세계에 주목하지 않는 한, 다시 말하여 그것과 특별한 관련을 염두에 두지 않고 상상력이 무한히 발휘되는 사태에서는 일상적 의미에서의 상상력이나 내용과의 밀접한 관련이 없는 상상력이 발휘될 수 있다. 그러한 상상의 변주가 교사와 학생의 근본적인 성찰, 즉 심성의 변화를 가져오는 의미론적 혁신을 보장하기 위해서는 수업사태에서의 많은 우연적 요소를 고려하지 않을 수 없다. 학생의 마음에 의미론적 혁신이 일어난다는 것은 학생의 마음과 텍스트가 제안하는 세계 사이에 교섭이 이루어짐으로써, 그 마음이 텍스트의 숭고한 의미를 적극적이고 긍정적인 자세로 받아들이게 된다는 뜻이다. 요컨대 상상의 변주와 의미론적 혁신은 텍스트 이해의 사태에서 어느 하나를 소홀히 하거나 배제하고서는 의미 있게 논의하는 것이 불가능하다고 말할 수 있을 정도로, 양자는 동시에 고려되어야 한다.

결과적으로 말하여, 도덕과 수업에서 교사와 학생 사이에 교육적인 대화가 오고 가기 위해서는 텍스트의 의미 구조나 표면적으로 드러나 있는 규칙, 지침, 저자의 의도에서 벗어나서 '해석의 자유'를 누릴 수 있어야 한다. 교사는 텍스트에 고정된 의미를 이해하고 전달하는 것에 자신의 열정을 쏟을 것이 아니라, 텍스트가 제안하는 세계에 자신의 전 존재를 던지는 데 힘을 쏟아야 한다. 현재와 시공간의 간극이 있는 허구 이야기와 역사 이야기가 교사의 내러티브에 의해 그 간극이 해소되어 '현재의 시간'으로 변모될 때, 학생은 그 내러티브에 동참하여 의미를 공유하는 시간을 경험하게 된다.[78] 바로 그 과정에서 학생은 교사의 내러티브를 접하기 이전에는 감히 상상하지 못했던 정신적 시간 체험, 즉 텍스트가 열어주는 세계로 입문하게 된다.

도덕과 수업에서 교사와 학생이 텍스트에 의하여 '시간과 내러티브'를 공유한다는 것은 이해와 해석의 과정에서 교사와 학생의 마음이 서로 분리 불가능한 상태에 있다는 것을 의미한다. 교사는 학생보다 먼저 세계에 대한 존경, 순수한 호기심, 그리고 열정을 품고 살아가는 존재이다. 도덕과 수업은 교사의 이러한 열정을 품고 있는 마음, 혹은 심성이 학생의 마음에 그대로 전이되는 정신적 체험의 과정이다. 학생에게 세계를 존경하는 겸허한 마음이 생겼다면, 그것은 텍스트 앞에서 자기이해의 과정을 온몸으로 시연하는 교사, 바로 그 교사로 말미암은 것이다.

4. 논의: 심성함양과 교육윤리학

현대 도덕교육의 역사에서 중요한 변곡점에 해당하는 것을 꼽으라면, 아마도 콜버그의 도덕성 발달이론과 그에 입각한 '형식위주의 도덕교육'이 이에 해당한다고 볼 수 있다. 콜버그의 연구는 내용 위주의 도덕교육으로 대표되는 전통적 도덕교육과 도덕교육의 무용론에 맞서서 도덕성 발달의 심리학적, 윤리학적 기반을 구축하였으며, 콜버그 이후의 연구는 그에 대한 작용과 반작용의 결과에 크게 의존하고 있다고 보아도 무리한 이해가 아닐 것이기 때문이다. 콜버그는 도덕성 발달에 관한 심리학 연구가 윤리학과의 긴밀한 관련 속에서 이루어져야 한다는 점과 그러한 심리학 연구가 윤리학적 문제의 해명에 공헌할 가능성이 있다는 점을 크게 강조하였다.

그러나 앞서 2장에서 규정한 '도덕심리학의 교육'이라는 표현이 보여주듯이, 그의 관심은 어디까지나 자신이 확립한 도덕성 발달이론에 근거하여 더 높은 발달 단계에 이를 수 있도록 교육적 처방을 내리는 데 있었으며, 도덕교육의 실천이 가질 수 있는 의미를 이해하고 설명하는 데 관심을 기울이지 않았다. 콜버그의 논의는 역사적으로 독자적인 노선을 걸어온 윤리학과 심리학의 연구 결과가 도덕교육에 적용되어야 한다는 관점을 취하고 있다. 이러한 관점에서는 윤리학과 심리학이 서로 분리된 학문으로 이해될 수밖에 없으며, 이 관점을 고수하는 한 도덕과교육은 윤리학과 심리학이라는 학문이 무차별적으로 적용되는 처방의 대상으로 간주될 수밖에 없다.

오로지 콜버그에 의한 것이라고 말하기는 어렵겠지만, 오늘날까지도 도덕과교육은 윤리학이 보여주는 내용과 도덕심리학이 보여주는 방법을 적용하는 부차적인 영역으로 이해되는 경향이 있다. 문제는 이 경우에 '교육목적과 교육방법의 괴리'[79]라는 문제가 발생할 수밖에 없다는 데 있다. 그러나 우리는 윤리학과 도덕심리학의 연구가 완결되고 나서야 도덕과교육을 실천할 수 있다고 생각하지 않는다. 아닌 게 아니라, 두 학문이 완결되고 나서야 도덕과교육의 실천이 가능하다고 생각하는 사람은, 마치 삶을 살아가기 전에, 그 다사다난한 삶의 실천과 무관하게, 혹은 그 실천 이전에 삶의 의미를 온전히 알아야 한다고 생각하는 것과 같은 사람, 거의 정상적인 생활이 불가능한 사람과 조금도 다른 점이 없다.

이상의 논의에 의하면, 이 장의 제목이기도 한 '도덕과교육 이론의 새 지평'의 탐색을 위하여 해명해야 할 근본 과제는 윤리학과 도덕심리학이라는 두 학문에 종속적인 위치에 머무른 것으로 이해되는 경향을 극복할 수 있는 도덕과교육이 가능한가 하는 질문으로 요약할 수 있다. 아닌 게 아니라, 윤리학과 도덕심리학의 학문적 성격을 도덕과교육의 실천과 분리하여 파악하는 사고방식을 극복하지 못하는 한 이 문제의 해명, 달리 말하여 도덕과교육학의 정립은 요원한 일이 되고 만다. 앞서 이 장에서 취급한 세 주제에 입각한 논의가 이 문제의 완전한 해명이 될 수는 없을 것이다. 다만, 이 장에서 저자는 진정한 의미에서의 도덕과교육은 무엇이며, 그것은 어떻게 가능한가 하는 질문을 구체화함으로써 그 문제의 해명에 가능한 한 가까이 다가가려는 노력의 일단을 보여주고 있다. 이 노력은 도덕과교육의 의미와 가치를 설명하려는 노력이라고 말해도 무방하다.

주목할 점은 이 장에서 도덕과교육의 새로운 지평의 일환으로 소개하고 있는 노력이 일관되게 도덕과 수업의 근본적인 활동 성격을 아우르는 핵심 용어인 '심성함양'과 맞닿아 있다는 것이다. 도덕과 수업은 심성함양을 근본 문제로 삼아야 한다는 점, 그리고 그 활동이 가르치고 배우는 교사와 학생의 마음의 핵심부, 달리 말하여 '심성을 크고 아름답게 하는 일'을 주된 과업으로 해야 한다는 점이다. 이렇듯 도덕과교육을 심성함양을 위한 방편으로 이해하기 위해서는 도덕과 수업의 활동 성격을 새로운 시각에서 볼 수 있는 인식의 전환이 필요하며, 이는 도덕과교육에 몸을 담고 있는 우리에게 '교육윤리학'의 관점이 절실하게 요청된다는 의미 있는 메시지를 제공한다. 교육윤리학은 도덕과 수업의 활동 성격이 '심성함양'과 어떻게 내적 관련을 맺고 있는가의 문제를 이해하는 과정에서 그 의미와 가치가 여실하게 드러난다. 이하에서는 이 장의 이론적 토대를 이루고 있는 교육윤리학을 그것의 이론적 기반을 이루고 있는 '메타프락시스'(metapraxis)라는 아이디어를 중심으로 고찰하겠다.

메타프락시스라는 용어는 본래 카슐리스(T. P. Kasulis)가 종교적 담론의 성격을 밝히기 위하여 제안한 개념으로 알려져 있다.[80] 그는 이 용어를 통하여 종교현상에 관한 담론이 존재, 실재, 세계에 관한 이론, 즉 메타피직스(metaphysics)가 아니라 실천에 관한 이론, 즉 메타프락시스를 지향해야 한다는 것을 설명하였다. 한 주목할 만한 연구는 카슐리스의 설명에 공감하면서도 그가 그 개념의 의미를 정확하게 전달하는 데 어려움을 겪고 있다는 점을 지적하면서, 메타피직스와 메타프락시스 양자의 차이를 다음과 같이 해석하였다. '[메타프락시스를] 종교적 수행의 가치를 설명하는 방식으로 해석할 때, 메타피직스는 수행과는 무관하게, 또는 수행하기 이전에, 수행이 도달해야 할 세계의 완전한 모습을 드러내는 데 비하여 메타프락시스는 수행의 행위 그 자체가 수행의 목적을 확립하는 행위임을 드러낸다'.[81] 이러한 해석에 의하면, 메타프락시스는 종교적 수행과 그 목적의 관계를 설명하는 용어이지만, 그것은 교육의 실천과 그 목적의 관계를 설명하는 데 그대로 적용될 수 있다. 요컨대, 교육의 실천은 그 자체로 교육의 목적을 확립하는 행위이다.

메타피직스는 삶의 이상과의 합치에 이른 상태를 그것을 위한 실천과 무관하게 분석의 거점으로 삼는다. 교육의 실천은 그 논의의 거점에 전제로서 주어져 있음에도 불구하고, 그 전제를 드러내는 것은 메타피직스의 관심이 아니다. 메타피직스적 자세는 결국 인간 형성 또는 심성함양을 설명하는 면에서 근본적인 한계를 드러낸다. 그것은 '실천에 의하여 함양될 심성을 실천과는 무관하게, 또는 실천 이전에 결정될 수 있는 것으로 보며, 이 점에서 그것은 수단-목적 관계에 의한 설명의 특징을 다소간 공유하면서 나아가서는 그 관점을 더욱 부추긴다고 말할 수 있다'.[82] 이와 대비되는 자세로서의 메타프락시스는 심성함양을 위한 실천에 응분의 관심을 기울인다는 특징을 가진다. 물론, 양자는 그것을 실재(實在)로 부르건, 심성(心性)이라고 부르건 간에 삶의 이상에 해당하는 경지가 차원을 달리한다는 것, 구체적으로 말하여 실재와 외양, 심성과 심성의 표현이 서로 위아래로 맞붙어 있는

'중층구조'(重層構造)를 이루는 것으로 본다는 점에서 유사성을 보인다.

'메타프락시스'라는 용어는 '메타피직스'와의 대비를 나타낼 뿐만 아니라 '실천(praxis)과의 대비를 나타내기도 한다.[83] 이는 시간의 흐름을 따라 실천을 설명하는 관점이 변화와 운동의 성격을 그릇되게 파악할 가능성이 있다는 점을 염두에 둔 것이라고 말할 수 있다. 이 가능성은 듀이의 흥미 이론과 태펀의 내러티브 접근에 구체화되어 있다. 실제적 문제해결을 위한 수단으로 취급되는 듀이의 흥미 개념에 비추어 보면, 흥미가 개입되는 실천은 중층구조의 아래층에서만 일어나는 '일상적 의미의 실천'이라고 말해야 하며, 이는 학생의 '일상적 이야기'를 강조하는 태펀의 관점과 자연스럽게 연결된다. 그러나 현상계와 본체계, 개념과 이념, 자연과 자유의 '사이', 요컨대 중층구조의 위층과 아래층의 '사이'를 가리키는 헤르바르트의 흥미, 그리고 그 아래층에서 위층으로의 발돋움 가능성을 설명한 리쾨르의 서사해석학의 안목은 그러한 수준의 실천을 지향하지 않는다. 흥미가 개입되는 실천, 진정한 의미에서의 해석의 자유를 누리는 내러티브에 입각한 실천은 아래층에서 위층으로의 운동을 문제삼는 실천으로서 '이념의 실현을 위한 실천'을 가리킨다.

최근의 한 연구는 메타프락시스라는 아이디어에 입각하여 윤리학과 도덕교육의 관계를 종래와는 달리 새롭게 파악함으로써 도덕교육의 성격을 가능한 한 충실하게 드러내려는 의미 있는 시도를 펼쳐 보였다.[84] 도덕과교육과의 직접적인 관련 속에서 '교육윤리학'이라고 명명되는 이 관점을 이해하면 다음과 같다. 지금까지 윤리학과 도덕과교육의 관계는 오랜 이론적 논의를 통하여 체계화된 윤리학의 연구결과가 도덕과교육의 실제에 영향을 준다고 보고, 양자 사이에는 이른바 '시간상의 선후 관계'가 존재한다고 규정하는 방식으로 이해되어 왔고, 이는 거의 통념으로 되어 있다. 즉, 도덕과교육은 윤리학의 연구 성과를 일방적으로 적용하거나 실천하는 장으로서 파악되어 온 것이다. 그러나 통념과는 달리, 윤리학과 도덕과교육의 관계를 규정하는 시각도 가능하다. 이는 양자의 관련을 새롭게 보는 대안적 관점으로, '도덕과교육의 실천을 통하여 도덕성의 의미와 가치가 확인되고 확립된다'[85]는 아이디어로 요약될 수 있다. 대안적 관점은 도덕과교육의 실천 과정에서 윤리학의 개념, 원리, 목적이 교사와 학생들에게 보다 '생생하게' 받아들여지고 정립될 수 있다는 점을 부각시켜준다. 이 점을 존중한다면, 도덕과교육의 목적과 방법에 관한 연구는 오히려 도덕성 자체를 탐구하는 윤리학 연구에 큰 빛을 던져줄 수 있다. 도덕을 가르치고 배우는 일은 도덕과교육의 가치를 확립하는 일로서의 의미와 가치를 지니며, 이는 도덕과교육에 대한 우리의 인식과 태도에 변화를 일으키는 도덕과 수업으로서의 실천이 얼마나 중요한가를 여실하게 드러낸다. 의심의 여지없이, 이 실천은 무엇보다도 교사와 학생 자신의 심성을 함양하는 교과교육의 본령에 해당하는 교육적 대화의 장으로서의 의미와 가치를 지닌다.

'코페르니쿠스적 전환'에 비견될 만한 교육윤리학의 발상은 윤리학과 도덕심리학의 관련이라는 도덕과교육의 근본 문제를 해명하는 데 중요한 거점을 제공한다. 아닌 게 아니라, 메타피직스적 관점에 의하면 도덕과교육의 실천에 의하여 함양될 심성을 그 실천과는 무관하게, 또는 실천 이전에 결정될 수 있는 것으로 보며, 따라서 그 실천에 동원되는 목적과 방법은 그 실천 이전에 결정되어 있어야 한다. 그러나 메타프락시스를 따르는 교육윤리학의 관점에 의하면, 윤리학과 도덕심리학은 도덕교육의 실천을 중심으로 서로 연결되어 있으며, 그리하여 양자는 '논리적 관계'를 맺고 있다고 말해야 한다. 윤리학과 도덕심리학은 구체적인 도덕과교육의 실천의 의미와 가치를 인정하고 그 목적과 방법을 각각 해설하는 역할을 한다고 말할 수 있다. 물론, 반대로 도덕과교육은 두 학문이 해설한 목적과 방법이 '구체화'되고, 또 그것이 실지로 '실현'되는 장으로서의 의미를 갖는다. 장차 이 면에서의 연구가 활발하게 이루어질 필요가 있겠지만, 지속하여 강조해온 바와 같이, 그 연구는 도덕과교육의 실천의 의미와 가치를 밝히는 방향으로 이루어질 필요가 있으며, 이 방향의 연구는 그 자체로 도덕과교육학의 정립에 크게 기여할 것이다.

지금까지의 논의 외에도, 교육윤리학에 입각한 도덕과 수업은 어떤 형태를 띠고 있는가 하는 점을 살펴보는 것은 교육윤리학 그 자체를 이해하는 데도 도움이 된다. 이하에서 취급될 도덕과 수업에 관한 논의를 읽는 독자는 그것이 암묵적으로 교육윤리학의 관점을 따르고 있다는 점을 부단히 염두에 두어야 한다.

제5장

도덕과 수업의 성격과 교사의 역할

수업은 교사가 학생에게 교과 지식을 전달하는 것을 의미한다고 이해되는 경향이 있지만, 수업은 그 자체가 철학적 분석을 요청하는 심각한 의미를 지니고 있다. 수업은 교사, 교육내용, 학생이라는 세 가지 주요한 요소를 포함하며, 그 각각이 서로 더하기 식으로 연결된 활동을 가리켜 부르는 것이 아니라, 삼자가 유기적으로 조화를 이룬 활동을 가리킨다. 이 유기적인 조화, 달리 말하여 교육적 관계라는 튼튼한 토대 위에서 이루어지는 수업은 단순히 무엇인가를 '가르친다'라는 수단적 의미로 그치는 것이 아니다. 수업은 그 자체로 이상적인 인간의 형성이라는 고유한 목적을 가진 예술 활동이며, 교육의 가장 구체적이고 직접적인 표현이 된다. 이 장에서 취급할 도덕과 수업은 교육이 지향하는 '심성함양'을 가장 명시적으로 겨냥한다는 특징을 가지고 있다.

도덕과도 하나의 교과인 만큼, 거기에 여타의 교과에 적용되는 '수업'의 원리가 적용될 수 있으며, 또 적용되고 있다. 이러한 사정에도 불구하고, 도덕과를 담당하는 교사는 도덕과의 성격을 반영한 수업을 할 수 있어야 하며, 그리하여 도덕과 수업의 성격은 무엇인가 하는 점은 깊게 고민해 볼 필요가 있다. 이 장에서는 도덕과 수업과 가치의 관계를 밝히는 것으로부터 시작하여 좋은 도덕과 수업의 예시로서 '부정적 수업'을 소개하고 그 수업의 원리가 '교학상장'(敎學相長)이라는 말로 요약될 수 있다는 점을 살펴볼 것이다.

이 장에서의 또 하나의 관심은 교사의 역할이다. 도덕과교육은 교과의 특성상 교사의 자질과 역할에 그 성공 여부가 달렸다고 말해도 좋을 정도로 거기에 크게 의존한다. 도덕과 수업을 담당하는 교사는 현재 학생의 수준과 그 학생이 부단히 지향하고 추구해야 하는 도덕적 이상 사이로 파고들어 학생을 전자에서 후자로 이끌어야 한다. 물론, 교사가 자라나는 학생으로 하여금 도덕적 이상이라는 '위대한 것'을 추구하도록 하기 위해서는, 교사 자신이 먼저 그 '위대한 것'에 부합하는 '품격(品格)의 구현체'가 되어야 한다. 이 장의 마지막 부분에서는 '품격의 구현체로서의 교사'라는 주제로 교사의 역할을 생각해 보겠다.

1. 도덕과 수업과 가치의 정립

특별한 사정이 없다면, 우리나라 사람은 초등학교에 입학하여 '도덕과 수업'을 접하게 된다. 아마 도덕과 수업은 그것을 담당하는 교사가 도덕과를 어떻게 이해하고 있는가에 따라 다양한 양상으로 나타났을 것이 분명하다. 다만, 그것의 다양한 양상이 무색하게 일반적으로 도덕과 수업은 학자들에 의하여 규정된 도덕적 지식이 있고, 교사는 그 지식을 학생들에게 전달하는 것으로 이해되는 경향이 있다. 도덕적 지식이 있고 그것을 전달하는 것이 수업이라는 관점은 도덕적 지식에 관하여 이루어지는 교사와 학생의 상호작용이 도덕적 지식에 대해 어떠한 영향력도 발휘할 수 없다는 생각이 전제되어 있다. 그러나 이 생각은 더 깊게 고민해 볼 문제이다.

헤겔(G. W. F. Hegel)은 『법철학』 서문에서 "미네르바의 올빼미는 황혼녘이 되어서야 날개를 편다"라고 말하였다. 이 말에서 미네르바의 올빼미는 헤겔 자신과 같은 이론가를 비유한 것이며, 거기에서 이론가는 해가 지고 나서야 날개를 펴고 활발하게 활동하는 것으로 되어 있다. 문제는 해가 지기 이전에 어떤 일이 일어났겠는가 하는 것이다. 해가 지고 나서야 활동하는 존재가 이론가라면, 그 반대편에는 실천가가 있다고 보아야 하며, 양자의 관계를 이렇게 파악한다면 다음과 같은 생각이 가능하다: 이론가는 실천가가 실현해 놓은 것을 '설명'하는 존재요, 실천가는 이론가가 설명한 것을 '실현'하는 존재이다. 이러한 해석에 비추어 보면, 도덕적 지식이 먼저 있고 수업은 그것을 전달하는 수단에 불과하다는 생각은 도덕적 지식과 수업의 관계를 그릇되게 파악하는 것이다. 이 장에서는 위의 문제의식을 바탕으로 도덕과 수업의 의미와 가치를 드러내는 데 초점을 둔다.[1)]

이상의 문제를 다루는 데 있어서 2022 개정 도덕과 교육과정에서 초미의 관심사가 되어 있는 '핵심 아이디어'에 관한 논의는 좋은 거점이 된다. 핵심 아이디어는 종래의 교육과정에서 '핵심 가치'로 인정받은 성실, 배려, 정의, 책임을 문장으로 상세하게 기술해 놓은 것이다. 그러나 도덕과 교육과정이 개발된 이후에도 마치 서로 약속이라도 한 것처럼 여러 연구자에 의하여 핵심 아이디어의 모호성이 반복적으로 지적되어 왔다.[2] 핵심 아이디어의 의미가 모호하다는 주장들은 충분히 일리가 있으며, 그에 응답하려는 논의들 또한 그 의미를 이해하는 데 기여하고 있다고 볼 수 있다. 그러나 핵심 아이디어의 이론적 배경을 제공한 것으로 알려져 있는 브루너 자신조차도 그 용어의 모태가 되는 '지식의 구조'를 분명하게 정의하고 있지 않다는 점에 비추어 보면,[3] 이 문제는 지식의 구조가 등장할 때부터 예고된 것이었다고 보아야 하며, 그 예고된 혼란은 지금까지도 광범한 영향을 미치고 있다. 이러한 사정은 핵심 아이디어를 이해하기 위해서는 이전과는 다른 방식을 취하지 않으면 안 된다는 시사점을 제공한다. 그 방식이라는 것은 '핵심 아이디어가 무엇인가'하는 질문을 던지기보다는 '핵심 아이디어는 어디에서 왔는가' 하는 질문을 던질 필요가 있다는 것, 핵심 아이디어의 진정한 의미를 발견하기 위해서는 수업의 실천 바깥에서 그것에 관한 이러저러한 논의를 할 것이 아니라, 반대로 수업의 실천 그 안을 더욱 자세히, 그리고 심도 있게 들여다보아야 한다는 것을 뜻한다.

핵심 아이디어는 어디에서 왔는가?

핵심 아이디어는 2009 개정 교육과정에 '핵심 개념'(key concept)이라는 표현으로 처음 도입된 것으로 알려져 있다.[4] 역사적으로 그 용어는 '빅 아이디어'(big ideas)로, 다시 핵심 아이디어로 정착해 오는 과정을 겪어 왔다. 용어가 변화해 온 과정에서 그 각각에 어떤 의미상의 변화가 있었는가 하는 문제는 분명 중요하다고 보아야 하겠지만, 여기에서 문제의 초점은 거기에 있지 않다. 핵심 아이디어에 관한 최근의 연구에 의하면, 핵심 아이디어가 가진 문제는 그것이 여전히 '교과마다, 전문가마다 다르게 해석될 수 있는 그 의미, 취지, 진술 방식의 모호함'[5]이라고 요약될 수 있다. 이 지적을 통해서 확인할 수 있는 가장 명확하고도 중요한 사실은 핵심 개념, 빅 아이디어, 핵심 아이디어 등과 같이 어떤 용어들로 설명하는가와는 상관없이 그것이 가리키는 대상은 모호성을 고유한 특징으로 하고 있다는 것이다. 이 점을 인정한다면, 우리가 할 수 있고, 또 해야 하는 일은 그것의 모호성을 겸허히 인정하고 받아들인 뒤에 그것이 모호할 수밖에 없는 이유를 탐색하는 것이어야 한다.

먼저, 우리가 어떤 이유에서 핵심 아이디어를 이해하는 데 어려움을 겪고 있는가를 분석해 볼 필요가 있다. 이 어려움을 분석하는 데는 핵심 아이디어라는 용어가 브루너의 '지식의 구조'를 모태로 삼고 있다는 점에서 비롯되었다는 사실이 좋은 거점이 된다. 한 연구에 의하면, 지식의 구조라는 용어는 교육내용 중의 특정한 것들을 지칭하는 것이 아니라 교육내용을 새로운 관점에서 규정해야 한다는 아이디어를 나타낸다.[6] 즉, "지식의 구조, 개정 교육과정의 용어로 '핵심 아이디어'라고 하는 것은 개별적이고 특수적인 사실이 아니라 원리에 해당하는 것이다".[7]

지식의 구조를 어떤 방식으로 규정하든지 간에 교과교육이 추구하는 가치, 혹은 교육내용의 가치가 존재한다는 생각을 가시화하기 위하여 그 용어를 도입했을 것이라는 추측은 그릇된 것이 아니라고 보아야 할 것이다. 다만 '원리'라는 것은 마치 '이것은 나무요, 저것은 산이다'라는 식으로 구체적인 대상을 지시하는 용도로 사용할 수 없는 '관념'인 만큼, 그것을 이해하는 데 어려움을 겪는 것은 그 아이디어 자체의 특징에서 파생되는 부수적인 현상이라고 말해야 한다. 브루너 자신도 지식의 구조를 분명한 형태로 정의하지 않은 것은 그만한 사정이 있었으리라는 짐작을 가능하게 한다. 물론, '구체적인 정보와 사실들을 모두 잊어버린 후에라도 학습자의 마음속에 남아 있는, 그리하여 영속적 이해(enduring understanding)에 해당하는 것'[8]이라거나, '영역을 아우르면서 해당 영역의 학습을 통해 일반화할 수 있는 내용을 핵심적으로 진술한 것'[9]이라는 식의 조작적 규정이 존재하는 것은 사실이지만, 그 의미가 그다지 분명해지는 것처럼 보이지 않는다. 그러나 핵심 아이디어의 모호성은 그것에 관한 이러저러한 규정이 그릇된 것이기 때문이라기보다 그 규정만으로는 핵심 아이디어의 의미를 온전히 규정할 수 없다는 점에서 찾아야 할지도 모른다. 이렇게 말한다고 하여 도대체 그러한 관념이 실지로 존재하느냐 하는 반문을 던지면서 그것의 모호성을 받아들이지 않으려고 하는 것은 자가당착의 한 사례가 된다. 우리는 눈앞에 존재하는 구체적 대상에 이름을 붙이는 단 하나의 용도로만 언어를 사용하지 않으며, 구체적인 대상이 어떤 상태인가를 지칭할 때도 언어를 사용한다. 정의, 사랑과 같은 개념은 이 점을 증거한다.

이상과 같은 사정은 핵심 아이디어를 이해하는 일을 가능하게 하는 한 가지 믿을만한 노선, 더 정확하게는 '정당한' 노선이 있다는 점을 짐작하게 해 준다. 우리는 '이것은 정의요, 저것은 사랑이다'라는 식으로 정의와 사랑이라는 개념을 사용하긴 하지만, 양자의 의미를 분명하게 정의한 상태에서 사용하는 것은 아니다. 그것의 의미를 먼저 분명한 형태로 정의해야 한다면, 논리상 우리가 당장 해야 할 일은 그 개념의 사용을 중단하는 것이어야 한다. 그러나 우리는 의미가 분명하지 않은 상태에서도 모종의 특수한 사태를 보고 해당 사태의 의미, 혹은 그것의 상태를 설명하기 위해서 정의와 사랑이라는 개념을 사용해 왔다. 달리 말하여, '산과 나무는 누군가가 그것의 이름을 붙이기 전에 구체적인 물건으로 존재하는 것이요, 그 말의 의미는 그 구체적인 물건을 가리킴으로써 밝힐 수 있는 데 비하여, 자유나 민주주의는 올바른 삶에 관한 우리의 관념에 의하여 규정된다. 이와 마찬가지로 지식의 구조는 산이나 나무처럼 구체적인 물건으로 보여줄 수 있는 것이 아니라, 교과를 잘 가르친다는 것이 어떤 사태를 가리키는가에 비추어 그 의미가 파악되어야 한다'.[10] 결국, 구체적인 수업의 실천과 무관하게 지식의 구조를 명제의 형태로 대상화할 수 있다고 확신하는 것은 이미 그 용어가 정상적으로 사용될 수 있는 맥락에서 이탈한 것과 다르지 않다. 한 연구의 다음과 같은 발언은 이 점과 관련이 있다고 말해도 좋을 것이다.

> 성공적인 도덕과 교육과정 개발을 위해 도덕과의 핵심 아이디어를 영역별로 도출하는 것도 더할 나위 없이 중요한 과제이겠지만, 그 과제를 해결하는 것만으로는 충분하지 않다. 도덕과 교육과정 개발 담론은 핵심 아이디어의 도출만이 아니라 핵심 아이디어의 학습을 가능하게 하는 구체적 방안에 대한 논의로까지 그 범위가 확장될 필요가 있는 것이다.[11] 도덕과의 핵심 아이디어가 원리에 해당하는 것이라면 그것을 명사형('핵심 가치')으로 제시할 것인가, 문장형으로 제시할 것인가 하는 문제는 그다지 심각한 의미를 가지지 않는, 비유컨대 근본(根本)보다는 오히려 지말(枝末)에 해당하는 문제일 수 있다. 정말 심각한 것으로 취급해야 할 질문은, '덕은 가르칠 수 있는가'라는 메논의 질문처럼, '원리는 가르칠 수 있는가' 하는 질문일 수 있다.[12]

본래의 용도에서 벗어나 그것과는 전혀 다른 방식으로 사용되는 용어는 정상적인 의미를 잃어버린 것이라고 말해야 하는 만큼, 지식의 구조에 기반을 두고 있는 핵심 아이디어라는 용어의 진정한 의미를 파악하기 위해서는 그것이 사용되는 본래 용도를 부단히 존중할 필요가 있다. 그것을 존중한다는 것은, 이를테면 지식의 구조라는 용어가 정상적으로 사용될 수 있는 사태로 돌아가 그 사태 속에서 지식의 구조라는 용어의 의미를 파악해야 한다는 점을 뜻한다. 사실을 두고 말하자면, 우리는 이미 그러한 삶을 살아가고 있다고 보아야 할지도 모른다. 산과 나무의 의미를 떠올릴 때와는 명백히 다르게, 지식의 구조라는 용어의 의미를 떠올릴 때 우리는 그것에 정확히 대응하는 구체적인 대상을 생각하는 것이 아니다. 차라리 우리는 지식의 구조를 포착하게 해 주는 특수한 사례—예컨대, 브루너가 제시한 바 있는 향성(向性)을 주제로 한 생물학 학습 사례와 도시의 입지에 관한 학습 사례—를 생각하고 있다. 인용문에서 제기한 '원리는 가르칠 수 있는가' 하는 질문, 나아가 '핵심 아이디어는 가르칠 수 있는가' 하는 질문이 심각한 질문으로 되는 것은 이러한 맥락을 진지하게 고려할 때이다. 아닌 게 아니라, 그 질문은 '덕은 무엇인가', '핵심 아이디어는 무엇인가' 하는 질문이 심각한 논의의 대상이 될 수 있는 그러한 구체적인 교육의 실천 사태에 주목함으로써 해명될 수 있다고 보아야 한다. 정말 심각한 것으로 취급해야 할 질문이 '원리는 가르칠 수 있는가' 하는 질문이라는 주장은, 원리는 그것이 구현되어있는 구체적인 수업의 실천 사태에 비추어 이해해야 한다는 주장으로 해석될 수 있다.

이상의 해석은 기이한 것도 아니요, 완전히 새로운 것도 아니다. 이 점은 지식의 구조를 제안한 브루너 자신에 의하여 이미 제기된 것이라고 말해도 하등의 무리가 없다. 이 점을 확인하기 위해서는, 그의 유명한 책 『교육의 과정』에서 빈번하게 사용되는 '탐구' 또는 '발견'이라는 용어가 지식의 구조를 가르치는 방법적 원리로서 널리 인정받고 있다는 점을 검토할 필요가 있다.

> 물리학을 배우는 데는 다른 무엇보다도 물리학자들이 하는 일과 똑같은 일을 하는 것이 훨씬 쉬운 방법일 것이다. 물리학자들이 하는 일과 똑같은 일을 한다는 것은 물리학자들이 하듯이 물리현상을 탐구한다는 뜻이다.[13)]

물리학자들이 하는 일과 똑같은 일이 '물리현상을 탐구'하는 일이라는 그의 주장은 물리학의 탐구 결과로 얻은 여러 가지 결론, 즉 '중간언어'라고 명명되는 바로 그것의 전달에 매몰되지 말아야 한다는 점을 나타내고 있다. 그에게 있어, 중간언어가 가치 있다면 그것은 여러 요소, 혹은 여러 사물이나 현상이 서로 특이한 관계를 맺고 있다는 점을 포착하는 데 도움을 제공하기 때문이다. 요컨대 중간언어가 그 자체로 중요한 것은 아니며, 그것의 의미와 가치가 중요한 것이라고 말해야 한다. 중간언어에 관한 브루너의 견해는 지식의 구조라는 용어에도 의미의 손상 없이 그대로 적용될 수 있다. 지식의 구조가 학습자에게 중간언어를 맹목적으로 전달하고 받아들이도록 하는 사태와의 대비를 염두에 두고 사용되는 용어라는 점, 지식의 구조와 중간언어가 교육내용을 바라보는 두 개의 관점을 나타낸다는 점은 인정해야 한다. 그러나 그 용어는 엄연히 교육학의 탐구 결과로 얻은 결론이요, 따라서 누군가에게 그것을 맹목적으로 전달하고 받아들이도록 한다면 그것 또한 중간언어라고 말해야 한다. 그도 그럴 것이, 지식의 구조가 가치 있다는 것은 그 용어의 의미가 가치 있다는 뜻이요, 더 구체적으로 말하여 그 용어가 가치 있는 것은 교육 현상을 특정한 안목으로 바라볼 수 있도록 해 주는 '개념적 도구'로서의 역할을 하기 때문이다. 사정이 이러하다면 그것을 파악하는 경우에도 탐구 또는 발견이라고 명명되는 방법적 원리가 그대로 적용되어야 한다. 따라서 다음과 같은 질문은 분명히 제기할 만한 가치가 있다: 브루너 자신은 지식의 구조를 '어디에서' 발견하였는가? 그가 구체적인 수업의 실천 바깥에서 지식의 구조를 발견하고, 그 이후 수업에 그것을 적용했다고 말하는 것은 어불성설이다. 『교육의 과정』에서 구조라는 용어의 의미를 설명하기 위하여 브루너가 다양한 수업 사례를 제시하고 있는 것을 보면, 그는 자신이 본 수업 가운데에서도 훌륭한 수업이라고 생각한 수업에서 그것을 발견하였다고 말하는 것이 타당하다.

가치를 정립하는 도덕과 수업

이상의 논의에 의하면, 도덕과교육에서 학생들에게 전달하려고 하는 '가치'라는 것은 도덕과 수업과 무관하게, 그것에 앞서서 존재할 수 있는 것이 아니라, 반대로 도덕과 수업을 통하여 확인되고 확립된다고 말해야 한다. 도덕과교육을 담당하는 교사는 윤리학자가 설명한 도덕적 지식을 단순히 전달하는 사람이 아니라, 학생들과 함께 그 도덕적 지식을 실현하는 사람이요, 도덕과 수업은 문자의 형태로 죽어있던 도덕적 지식에 생기를 불어넣는 시간이다. 책 속에 문자의 형태로 설명되어있는 도덕적 지식을 학생의 마음속에서 되살려내는 일은 전달의 대가로서의 교사만이 할 수 있는 일이다.

도덕과 수업이 가치를 정립하는 역할을 한다는 점을 인정할 수 있다면, 이제 도덕과 수업을 '보는' 관점 또한 변화되어야 한다. 어떤 교사에 의해 도덕과 수업이 공개되고 그 수업에 참관한 교사는 이제 무엇을 보아야 하는가? 정립된 가치를 전달하는 것이 도덕과 수업의 과업으로 이해될 때는 언제나 그 가치를 잘 전달하고 있는가, 교사는 전달하는 역할을, 학생은 수용하는 역할을 하고 있는가, 그리하여 학생은 교사가 전달한 도덕적 지식을 되뇔 수 있는가를 따져 보아야 한다. 거기에서 관심의 초점이 되는 것은 언제나 내용과 별도로 존재하는 '방법'이요, 과정과는 무관한 '결과'일 뿐이다. 그러나 가치를 정립하는 것이 도덕과 수업의 과업으로 이해될 때는 사정이 완전히 다르다. 거기에서는 교사가 전달한 도덕적 지식을 학생이 되뇔 수 있는가는 전혀 고려의 대상이 아니다. 거기에서는 학생이 교사와 함께 정립해 나가는 가치에 '관심'을 기울이게 되었는가, 부단히 탐구하려는 '의욕'을 갖게 되었는가 하는 점, 학생은 특정 가치에 관하여 전보다 더 발전한 이해의 상태가 되었는가를 깊게 따져 보아야 한다. 여기에서 관심의 초점이 되는 것은 내용, 그것도 방법과 긴밀히 조화를 이루고 있는 내용이요, 바람직한 결과가 자연스럽게 따라오는 '교육의 과정'이다.

좋은 도덕과 수업 사례를 발굴하고 기술하는 일, 나아가 그것을 비평하는 일이 활발하게 이루어지고 있다고 말할 수 있는 형편은 아니지만, 지금까지의 논의는 그 일이 단순히 좋은 수업을 추구하는 현장 교사들에게 모범이 될 만한 사례를 제공하는 일이 아니요, 그것을 넘어서는 가치가 있다는 점을 드러내고 있다. '좋은 수업'이라는 것은 구체적인 수업사태를 떠나 존재할 수 있는 것이 아니며, 핵심 아이디어와 꼭 같이 좋은 수업의 중요한 의미를 이루는 요소 또한 구체적인 수업사태를 떠나 문자로 고정된 객관적 지식의 형태로 존재할 수 있는 것이 아니기 때문이다. 결국, 도덕과 수업의 실천사례를 제시하는 일은 보다 발전된 도덕과 수업의 개념을 확립해 가는 데 반드시 요구되는 거점을 마련하는 일이요, 그 과정에서 도출되는 다양한 개념적 도구들을 구체적인 수준에서 확인하고 확립하는 일이라고 말해야 한다. 수업의 실천사례가 교사들에게 도움이 되는 것은 그것이 마음껏 재생해도 좋은 믿을만한 사례가 되기 때문이 아니라, 좋은 수업에 관한 안목을 형성하는 데 기여하기 때문이다.

2. 부정적 수업으로서의 도덕과 수업

'도덕과교육'과 '수업'은 애써 말할 필요가 없다고 할 수 있을 정도로 서로 깊은 관련을 맺고 있다.[14] 실지로 도덕과는 제3차 교육과정부터 독립된 교과로서의 지위를 인정받고 있으며, 현재 학교에서 수업이 이루어지고 있는 교과 가운데 하나이다. 그러나 이러한 사정과는 상관없이 양자의 관련은 여전히 모호한 상태에 놓여있는 형편이다. 도덕교육은 교과가 아니라 '생활'을 통해, 그리고 '교과 전반'을 통해 이루어져야 한다는 생각이 엄연히 존재하고, 또 역사적으로 그러한 생각이 호응을 얻어온 만큼 이러한 생각은 그릇된 것이 아니라고 보아야 한다.[15] 도덕과교육의 실효성 문제가 교육과정 개정 시기에 맞추어 거론되는 것은 이러한 사정을 배경으로 하고 있다. 여기에서는 도덕과교육과 수업은 서로 깊은 관련을 맺고 있다는 점을 인정하고, 또 양자의 관련을 분명하게 인식하는 것이 중요하다는 점을 밝히는 데 관심을 둔다. 그리하여 '수업'의 개념을 이 글의 출발점으로 삼겠다.

교육의 개념적 기준과 교육적 수업

수업을 거점으로 하여 도덕과교육과 수업의 관련을 탐색하기 위해서는 먼저 수업의 의미를 분명히 하는 일이 요구되며, 이 일은 '이것은 수업이고, 저것은 수업이 아니다'라고 말할 수 있는 토대를 마련해 줄 것이다. 본격적인 논의에 앞서 다음과 같은 사실을 분명히 할 필요가 있다. '수업'이라는 말이 일상적으로 사용되고 있기는 하지만, 이 말은 대단히 애매한 의미로 사용되고 있다는 것이다. 그러나 문제는 수업이라는 용어를 정의하는 일이 간단하지 않다는 데 있다. 아닌 게 아니라, 우리가 사용하는 수업이라는 용어는 그것이 좋은 것이든 나쁜 것이든 간에 단순히 '무엇인가를 가르친다'라는 의미로 한정되는 것이 아니며, 어디까지나 '교육적'이어야 한다는 생각이 거기에 붙박여 있다. 이렇게 보면, 수업이라는 용어를 정의하는 일이 어려운 이유는 '교육'이라는 말을 정의하기가 어렵다는 바로 그 이유에서 비롯된다고 말해도 좋을 것이다.

교육의 개념에 관한 피터즈의 분석은 이 문제를 생각해 보는 거점이 될 수 있다. 피터즈는 『윤리학과 교육』에서 교육의 개념을 정의하는 일이 어렵다는 점을 지적하면서, 그 이유로 교육이라는 용어의 용도 중에는 명확한 정의로 포괄할 수 없는 그런 용도가 있다는 점, 또 사물의 이름은 그 전형적인 지시 대상과 관련하여 의미를 갖지만 교육은 이러한 방식으로 의미를 갖는 용어가 아니라는 점을 들고 있다.[16] 그가 보기에, '친구들과 여행을 한 것은 진정한 교육이었다'[17]라는 말은 일상적으로 통용될 수 있는 것이기는 하지만 교육의 개념적 기준을 벗어난 사례라고 보아야 한다. 교육은 '재배'라는 용어와는 달리 정의상 특정한 활동—예컨대, 무엇인가를 가르치는 것—을 지칭하지 않기 때문이다. 교육은 '용법상' 다양한 활동을 가리켜 부르는 이름으로 사용되지만, '정의상' 특정한 활동을 지칭하는 것이 아니라는 그의 분석은 "교육은 특별한 활동이나 과정을 꼬집어서 지칭하는 것이 아니라 활동이나 과정이 갖추어야 하는 기준을 명시하는 것이다"[18]라는 결론으로 이어진다.

피터즈는 이상의 결론에 입각하여 교육이라는 용어의 용도 가운데 지엽적인 것과 근본적인 것을 엄격하게 구별해 내려는 시도를 하고 있다. 이 시도는 교육이라는 용어의 '사용 기준'을 드러내려는 노력과 다른 것이 아니다. 그 과정의 끝에서 도출되는 사용 기준은 본 연구의 관심사인 '수업'이라는 용어의 사용 기준을 나타낸다고 말해도 좋을 정도로 서로 긴밀한 관련을 맺고 있다는 점은 특별히 주목할 만하다. 물론, '교육'이 특정한 활동을 가리켜 부르는 것이 아니라면, 그것은 가르치는 것과 같은 활동과 동일시할 수 없다고 보아야 한다. 그러나 교육적이라고 말할 수 있는 수업은 무엇보다도 교육의 개념적 기준에 부합해야 한다는 점은 부정할 수 없다. 이 점에서 교육이라는 용어의 사용 기준은 교육적 수업과 그렇지 않은 수업을 구분하는 척도가 될 수 있다.[19] 따라서 이하에서는 피터즈의 분석을 따라가면서 그것의 사용 기준, 혹은 그의 표현으로 '교육의 개념적 기준'을 살펴보도록 하겠다.

첫 번째로 그는 '교육은 무엇인가 가치 있는 것을 추구하는 활동'이라고 말한다.[20] 흔히 교육을 '가르치는 일'로 규정하지만, 그 규정이 그릇된 이유는 '도둑질을 가르치는 것' 또한 교육인가 하는 질문을 불러일으키기 때문이다. '교육'이라는 용어에 이미 가치 있는 것을 추구하는 활동이라는 의미가 들어있다면, 도둑질은 교육이라는 말을 쓸 수 없는 경우에 해당된다. 피터즈에 의하면, "'형편없는' 교육이라는 것은 가치 있는 일이 도중에 망쳐졌다는 뜻이요, '나쁜' 교육이라는 것은 사람들이 교육한답시고 열심히 하고 있는 일이 아무 가치가 없다는 뜻이다".[21] "교육이라는 말 속에는 무엇인가 가치 있는 것이 전달되거나 촉진된다는 뜻이 들어 있다".[22] 여기에 언급된 '가치 있는 것'은 다른 목적을 위한 수단이 될 수 있다는 뜻에서의 '외재적' 성격이 아니라 그 자체로 가치 있다는 뜻에서의 '내재적' 성격을 가진다. 피터즈는 '개인의 잠재 능력의 발달이나 지력과 인격의 발달'이라는 목적이야말로 내재적 목적이라고 말하고 있다.[23] 좋은 대학, 좋은 직업을 얻도록 준비시키기 위하여 교육한다든가, 경제 성장을 위한 충실한 일꾼을 기르기 위하여 교육한다든가 하는 표현은 그릇되다. 이 경우는 교육이라는 개념에 붙박여 있는 규범적 측면을 배제하고 교육을 다른 목적을 위한 수단으로 생각할 때만 가능하다. 외재적 목적을 염두에 두고 우리가 사용하는 용어는 교육이 아니라 '훈련'(training)이다.[24] 훈련은 '무엇무엇을 위하여'라는 식으로 외재적 목적의 달성을 지향하지만, 교육은 '그 자체로' 가치 있는 내재적 목적을 지향한다는 것이다.

두 번째로 피터즈는 화이트헤드(A. N. Whitehead)의 견해를 수용하여, 교육받은 사람이 갖추어야 할 지식은 '무기력한 지식' 이어서는 안 된다고 말한다.[25] 이 말은 교사가 수업을 통해 아동에게 전달하는 지식은 정보의 수준 이상으로 아동의 '안목'이 되어야 한다는 점을 나타내고 있다. 교육받은 사람은 '사고의 형식', 즉, 사물을 보는 틀을 가지고 있으며, 그 기준을 이해하고 소중히 여길 줄 아는 사람이다. 물론, 어느 하나의 영역에 안목을 갖추었다고 말한다고 해서 곧바로 교육받은 사람이 되는 것은 아니다. 교육받은 사람은 '폭넓은 안목'을 갖추고 있으며, 이는 '교육은 전인을 기른다'라는 말의 의미를 나타내고 있다. 앞서 언급한 바와 같이, 특정한 영역에 필요한 능력을 기르는 일에 관심을 기울일 때 우리는 '훈련'이라는 말을 쓰며, 이는 폭넓은 안목을 갖추도록 하는 일을 주요한 관심사로 하는 '교육'이라는 말과 엄밀히 구분된다. 지식의 전달이 교육적인 것이 되려면 정보의 전달 수준을 넘어서서 사고의 도약과 같은 '인지적 변화'가 수반되어야 한다. 예컨대, 단순히 학교에서 도서관으로 가는 길을 알려주는 일이 교육의 의미에 부합하지 않는 것은 그것이 인지적 변화를 일으키지 않는 정보의 전달이기 때문이다.

세 번째로 교사가 무기력한 지식을 독단적으로 제시한다든가, 설명의 여지가 없는 일을 연습시킴으로써 훈련에 가까운 일을 한다든가, 경험을 통하여 학습하도록 어떤 사태에 방치하는 것과 같은 사례는, 어린 아동을 교육하는 경우 필요불가결한 일이지만, 교육의 과정적 기준을 충족시키지 못한 것이다.[26] 셰플러(I. Scheffler)가 지적한 바와 같이, "가르친다는 것은, 그 용어의 표준적 의미에 있어서는, 학생들의 이성을 인정하는 것이요, 달리 말하여 학생들이 이유를 요구할 권리와 제시된 이유를 판단할 능력을 가지고 있다는 것을 인정하는 것이다".[27] 따라서 교사는 수업을 통하여 "자신이 전수하고자 하는 신념을 뒷받침하는 근거를 제시하지만, 동시에 학생 스스로가 교사가 제시한 것에 대하여 비판적으로 검토하고 평가하도록 허용한다. 교사는 자신이 가르치는 활동의 하나로 설정한 대화에 스스로 참여하여 자신이 지닌 신념이 비판의 대상이 되어 검증받는 것을 기꺼이 감수한다".[28] 위의 세 가지 사례(무기력한 지식의 독단적 제시, 훈련, 방치)는 학생들의 판단 능력을 존중하지 않는 활동, 교사가 자신의 신념을 비판의 대상으로 삼아 검증받으려고 하지 않는 활동이 어떠한 모습인가를 보여주고 있다. 누군가에 의하여 이미 정해진 모종의 신념을 독단적으로 전달하는 활동은 이데올로기 교육에 지나지 않으며, 설명의 여지가 없는 일을 반복적으로 연습시키는 것은 교육이 아니라 훈련이요, 경험을 통하여 학습하도록 방치하는 것은 교육을 포기하는 것이다.

이상의 분석은 이상적인 수업이 교육이라는 용어의 '사용 기준'을 엄격하게 준수했을 때의 활동과 다르지 않다는 점을 보여주고 있다. 실지로 다음과 같이 교육을 수업이라는 말로 바꾸어 말해도 하등의 무리가 없다. 이상적인 수업은 가치 있는 것을 전달해야 하며(규범적 기준), 인지적 변화가 수반되어야 할 뿐만 아니라(인지적 기준), 그 과정은 윤리적이어야 한다(과정적 기준). 이러한 논의 자체가 이미 수업과 도덕교육 전반과의 관련을 시사하고 있다는 점에도 주목할 필요가 있다. '교육을 왜 하는가' 하는 질문은, 그것이 궁극적인 가치 있는 것을 전달하려는 노력이라는 점에서 볼 때, 논리상 '좋은 삶을 왜 살아야 하는가' 하는 질문과 다르지 않다.[29] 이 점에 비추어 보면, 도덕교육과 교육의 개념적 기준을 충족하는 수업은 성격상 구분되는 양자가 따로따로 존재한다는 식의 사실적 관련을 맺고 있는 것이 아니라 도덕교육이라는 용어 속에, 또 수업이라는 용어 속에 이미 수업과 도덕교육이라는 용어가 개념상 관련을 맺고 있다는 의미에서의 논리적 관련을 맺고 있다.

부정적 수업

도덕과는 교사들 사이에 가르치기 어렵기로 손꼽히는 과목 가운데 하나이다. 이 어려움을 분석하는 일에 다양한 방법이 동원될 수 있겠지만, 피터즈의 구분을 참고하여 그 문제를 생각해 보겠다. 그는 교육이 갖추어야 할 세 가지 기준 가운데 '규범적 기준'은 '내용'에 관한 것이고, '인지적 기준'은 '안목'에 관한 것이며, '과정적 기준'은 '방법'에 관한 것이라고 말한 바 있다.[30] 첫 번째와 세 번째 기준은 '교육내용'과 '교육방법'에 관한 것이며, 두 번째는 '교육대상'에 관한 것이라고 구분해도 무리가 없을 것이다. 교육의 개념적 기준을 충족시키는 도덕과 수업의 모습은 그 구분과 관련된 어려움을 극복한 상태라고 말할 수 있는 만큼, 먼저 그 어려움을 분석할 필요가 있다.

먼저 도덕과의 '교육내용'에 관한 것이다. 도덕과의 교육내용으로서의 가치·덕목은 교사로 하여금 도덕과를 어려운 과목으로 이해하도록 하는 역할을 한다. 예컨대, '11×11의 정답은 무엇인가?', '빛의 세 가지 성질은 무엇인가?', '삼권분립은 무엇을 의미하는가?'와 같은 질문은 그 대답이 명료하다. 그러나 '공익의 의미는 무엇인가?'와 같은 질문은 사정이 완전히 다르다. 앞의 세 가지 질문은 분명한 대답을 할 수 있고, 그 대답은 사람들에게 널리 인정되고 받아들여지는 것이다. 그러나 후자의 질문에 들어있는 '공익'이라는 가치·덕목의 의미는 애초에 명제의 형태로 온전히 고정될 수 있는 것이 아니며, 그 질문에 애써 모종의 대답을 하더라도 공익의 의미가 완전히 드러나는 것도 아니다. 그도 그럴 것이, '사회 공동체의 이익'이라는 식으로 공익을 규정할 때 여기에서의 '사회 공동체'라는 용어의 범위는 어디까지인가, '이익'

은 어떤 의미에서의 이익을 가리키는가 등의 질문을 제기할 수 있고, 여기에 모종의 대답이 가능하다고 하더라도 이와 유사한 질문은 끊임없이 계속될 수밖에 없다. 나아가, 그 정의를 들은 뒤에 '은행에 침입하여 들키지 않고 금품을 훔치는 식으로 한 집단이 이익을 얻었다면 그것도 공익인가', '한 국가가 아무런 힘을 들이지 않고 다른 국가를 식민지로 삼아 수탈함으로써 자신의 국가에 막대한 이익을 얻게 되었다면 그것도 공익인가'라는 질문을 던질 수 있다. 분명히 말하여, 사회 공동체의 이익이라는 규정은 공익의 의미를 얼마간 드러내지만, 그것만으로는 온전한 의미가 되지 않는다. 셰플러는 '모든 지식이 명제적 지식은 아니며, 또 명제적 지식으로 환원되지 않는다'[31]라고 말하였다. 공익과 같은 도덕적 지식은 셰플러가 말하는 지식을 나타내는 사례라고 볼 수 있으며, 도덕과교육의 첫 번째 어려움은 바로 여기에서 비롯된다.

두 번째는 도덕과의 '교육방법'에 관한 것이다. '교육내용'에 관한 논의에서도 확인할 수 있는 바와 같이, 도덕과는 '공익'과 같은 신념의 체계를 다룬다. 이 말은 곧, 교육은 그 과정이 윤리적이어야 한다는 과정적 기준을 충족시키는 것이 어렵다는 점을 나타내고 있다. 교사가 명제의 형태로 고정된 덕목의 의미를 직접 일러주면 그것은 이미 이데올로기 교육으로서의 '교화'라는 비판에서 자유롭지 않으며, 오늘날 그렇게 강조되는 '아동 존중'의 의미에도 부합하지 않는다. 사정이 이렇다고 하여, 아동의 입장을 그대로 존중하는 것은 '상대주의'를 따르는 것으로서, 가치 있는 것을 추구하는 활동이라는 수업의 개념적 기준에서 벗어나 있을 뿐만 아니라 애초부터 도덕과교육과 양립할 수 없는 입장이라고 보아야 한다. 나아가 교사가 학생들에게 특정 덕목의 이러저러한 의미를 일러주는 것은 어디까지나 일종의 '정보'를 전달하는 것에 지나지 않으며, 또 학생들이 배운 내용을 자신의 일상생활에서 꾸준히 실천할 것인가 하는 문제가 우연의 영역에 남겨질 가능성이 크다. 요컨대, 도덕적 지식을 전달해야 하는 교사는 이데올로기 수업도 아니고, 상대주의를 따르는 수업도 아닌 수업을 해야 한다는 점에서 어려움을 겪는다.

세 번째는 도덕과의 '교육대상'인 학생에 관한 것이다. 도덕과 수업이 어렵게 느껴지는 데는 학생들로 하여금 무엇인가를 학습했다는 느낌을 받도록 하는 일이 쉽지 않다는 점과 관련되어 있다. 애초에 학생들은 '정의로워야 한다', '정직해야 한다', '협동해야 한다', '배려해야 한다'와 같이 도덕과에서 취급하는 교육내용에 관한 이야기를 줄기차게 듣고 자라왔으며, 그런 만큼 그것에 관하여 모종의 견해를 가지고 수업에 들어온다. 이런 상황에서 '정의로워야 한다', '정직해야 한다', '협동해야 한다', '배려해야 한다'는 점을 되풀이하여 가르친다면 도대체 학생들은 무엇을 학습한 것이 되는가? 또한 정의라는 덕목에 부합하는 모범적인 인물을 제시하고 그렇게 살아야 한다고 가르친다면 학생들은 무엇을 학습한 것이 되는가? 그것은 자신이 이미 습득해 놓은 지식을 다시 확인한 것에 지나지 않는다. 이 입장에 대하여 누군가가 '학생들이 이미 그것을 잘 알고 있다는 점에 동의한다. 그러나 학생들은 알고 있는 그것을 실천에 옮기는 일에 어려움을 겪고 있다.

따라서 도덕과 수업은 해당 덕목에 관한 구체적이고 다양한 실천 방안을 습득하고 반복 연습하도록 해야 한다'라는 식으로 말한다면, 그는 '정보의 전달이 곧 교사의 과업이다'라고 말하는 것이요, 수업과는 개념상 구분되는 다른 활동, 이를테면 '훈련'을 하겠다는 입장을 취하는 것이다. 교사가 학생으로 하여금 정의, 정직, 협동, 배려와 같은 교육내용에 관해 무엇인가를 배웠다는 느낌을 받도록 하기 위해서는 그 덕목에 관해 학생들이 기존에 가지고 있던 의미 이상을 전달해주어야 한다. 도덕과 수업은 학생으로 하여금 사고의 도약이라고 불릴 수 있을 만한 인지적 변화를 경험하도록 할 수 있을 때라야 교육적인 것이 될 수 있다.

도덕과의 교육내용, 교육방법, 교육대상에 관한 이상의 분석은 도덕과를 가르치는 일이 얼마나 어려운가 하는 점을 보여주고 있다. 교육내용은 모호하고, 필요한 정보를 전달하는 형태의 교육방법을 취해서는 안 되며, 교육대상은 이미 교육내용에 관한 견해를 가지고 수업에 들어온다. 진정한 의미에서의 도덕과 수업은 이러한 세 가지 문제를 극복할 수 있는 것이어야 한다. 이를 극복하는 거의 유일한 방안은 그 문제 모두를 인정하고 받아들이는 것이라고 보아야 할 것이다. 덕목의 의미가 무한히 열려있다는 점을 받아들이고, 단순히 정보를 전달하는 것 이상의 방식을 취하되, 전달의 거점은 교육대상이 이미 가지고 있는 특정 덕목에 대한 견해여야 한다. 달리 말하여, 교사는 명제의 형태로 고정된 덕목의 의미를 가지고 있지 않으며, 그런 이유로 그것을 완성된 정보의 형태로 제공하지 못한다. 따라서 그것의 전달은 명제의 형태로 고정된 덕목의 의미로부터 출발하는 것이 아니라 아동이 그 덕목에 관하여 이미 가지고 있는 견해로부터 출발하여 그 견해를 완전히 뒤흔드는 방식으로, 그리하여 아동에게 전혀 문제가 아니었던 것을 심각한 문제로 받아들이도록 하는 방식으로 이루어져야 한다. 여기에서 교사가 전달하는 것은 정보의 무더기가 아니라 오우크쇼트가 "학습과 교수"라는 글에서 말한 '판단'에 해당한다고 말할 수 있다. 판단은 '망각된 지식의 잔영'[32]이라는 그의 주장은 교사가 전달하는 지식이 무기력한 정보가 아니라, 학생의 마음의 한 부분을 이룰 때라야 진정한 의미에서의 수업이 될 수 있다는 점을 나타낸다고 말해도 좋을 것이다.

이상의 아이디어에 입각하면, 학습은 문제를 해결하는 것이라는 통념적인 의미가 아니라 오히려 '새로운 문제를 일으키는 것'[33]이라는 의미를 갖게 된다. 한 연구에 의하면, 이러한 학습을 가능하게 하는 수업은 '부정적 수업'이라는 용어로 요약될 수 있다. 이와 관련된 부분을 직접 인용해 보겠다.

> 교사는 학생들이 상식적으로 옳다고 믿고 있는 내용에 대하여 적극적으로 문제를 일으켜야 한다. 소위 '문제사태'에 대하여 학생들이 가지고 있는 견해는 십중팔구 학문에 의하여 도야되지 않은 상식적인 견해일 것이며, 따라서 교사가 당연히 해야 할 일은 학생들의 견해에 대하여 비판적인 질문을 하는 일이다. 교사들은 그러한 상식적인 견해를 부정하는 학문적인 견해가 있다는 것을 학생들에게 보여주어야 한다. 이 일은 교사만이 할 수 있는 일이며, 또 이 일을 할 수 있는 사람만이 교사가 될 수 있다. 이런 교

> 사에게 배울 때 학생들은 이때까지 자신이 가지고 있던 상식적인 견해와 교사에게서 배운 학문적인 견해를 비교할 수 있게 되고 그것에 비추어 자신의 견해를 수정할 수 있게 된다. 이런 원리에 따라 이루어지는 수업을 한마디로 규정한다면 '부정적 수업'('무엇 무엇이다'가 아니라 '무엇무엇이 아니다'를 가르치는 수업)이라고 부를 수 있을 것이다. 역사상 '부정적 수업'의 원리를 전형적으로 예시한 사람은 소크라테스이며, 또 소크라테스처럼 그것을 잘 예시한 사람은 아무도 없었다고 보아도 좋다. 소크라테스의 교육방법에서 그토록 강조된 바와 같이, '부정적 수업'은 학생들로 하여금 교과를 자기 자신의 것으로 소화하도록 하는 아마 유일한 방법일 것이다.[34)]

부정적 수업이라는 아이디어는 지금까지 우리가 익숙했던 사고방식을 뒤집는다는 뜻에서의 '혁명적 성격'을 나타내고 있다. 이 성격은 도덕과교육의 경우에도 의미의 손상 없이 그대로 적용될 수 있다. 콜버그가 이미 지적한 바 있듯이, '사회화', '적극적 가치의 교수', '덕 보따리 식 접근'으로 요약되는 전통적인 도덕교육의 방법은 학생들이 모르는 것을 '일러주는 것'이었다. 전통적인 도덕교육의 방법의 경우 적어도 교육내용의 중요성을 인정하고 받아들임으로써 수업의 '규범적 기준'을 충족시키기 위한 노력을 기울였다는 점은 존중되어야 한다. 그러나 그것은 '인지적 기준'과 관련하여 상당한 수준의 의문을 불러일으키는 것이 사실이며, '과정적 기준'을 염두에 둔다면 그 기준을 명백히 이탈한 사례라고 보아야 한다. 실지로 콜버그는 그것을 교화로 규정하였다.

이와는 달리, 부정적 수업은 규범적 기준을 충족시키면서도 인지적, 과정적 기준을 배제하지 않는 수업이 어떤 모습인가를 충실히 예시하며, 그리하여 앞서 분석한 도덕과 수업의 난점을 일거에 해결하는 아이디어이다.

여기에서 부정적 수업에서 다루는 내용이 '일러주기'와 같은 방식과는 다르게 학생이 의식적으로 수용하고 추구해야 할 대상으로 간주되지 않는다는 점을 설명할 필요가 있을 것이다. 부정적 수업에서 객관적 지식을 전달한다면, 그것은 어디까지나 학생이 그것을 망각할 수 있도록, 그 지식이 마음의 한 부분이 될 수 있도록 하기 위해서이다. 망각이라는 표현을 쓴다고 하여 '그것은 불필요하고 무의미한 일 아닌가' 하는 생각을 해서는 곤란하다. 이를테면, 부정적 수업이 부정하는 것은 공정이라는 덕목이 가리키는 대상이 아니라, 그 대상을 가리킬 때 사용했던 공정이라는 용어에 관한 이러저러한 의미, 이른바 '의관념'(false idea)이다. 부정적 수업은 공정에 관한 규정된 의미, 자신이 이미 알고 있다고 생각하는 그 의미를 망각하도록 하는 방법으로서, 그것을 매개로 하여 학생의 마음에 '공정이란 무엇인가' 하는 원칙상 결론이 있을 수 없는 질문을 품게 만드는 수업, 진정한 의미에서의 관념을 형성해 주는 수업을 가리킨다. 부정적 수업의 특징은 교사의 전달 행위가 근본적인 수준에서의 삶의 변화로 귀결되도록 한다는 데 있으며, 이 과정은 교사에게 교육적 의미에서의 망각을 실현하도록 이끄는 특별한 언어 구사를 요구한다. 그러한 언어 구사를 통해 학생에게 전달되는 것은 덕목에 관한 이러저러한 의미로서의 객관적 지식이 아니라, 학생 자신이 알지 못하는 것을 발견하려는 열의와 열망, 즉 주관적 지식이라고 명명되는 바로 그것이다.

적어도 2,500여 년이 지난 오늘날까지도 『메논』이 교육을 담당하는 사람에게 여전히 관심의 대상이 되는 것은 그 책이 도덕교육의 가능성이라는 교육의 근본 문제를 취급하고 있다는 점 이상으로 교육의 개념에 부합하는 수업의 전형적인 사태를 예시하고 있기 때문이라고 말해도 좋을 것이다. 분명한 것은 거기에서 도덕교육의 가능성이라는 교육의 근본 문제가 구체적인 수업사태와 별도로 논의되는 것이 아니라 긴밀한 관련성을 갖고 있다는 전제 아래에서 논의되고 있다는 사실이다. 특히, 소크라테스가 시범한 '부정적 수업'은 교육적 수업다운 도덕과 수업을 전형적으로 예시하며, 도덕과 수업에 관심을 기울이는 사람에게 훌륭한 모범이 된다. 도덕과 수업을 수업답게 하는 일이 도덕과 수업 바깥에서 확립된 이론을 수용하고 적용함으로써 가능하다는 생각은 그 일이 결국 도덕과 수업의 본래적 과업, 즉 도덕적 지식의 전달이 갖는 의미와 가치를 격하시킨다는 점에서 자가당착이라고 보아야 한다. 차라리 그 일은 소크라테스가 시범한 부정적 수업과 같은 장구한 역사를 가진 생각을 인정하고 받아들이는 것, 그리하여 "모르는 것을 탐구해야 한다는 점에 있어서 우리가 서로 동의하였으니, 덕이란 무엇인지 함께 찾아나서 보겠는가"[35)]라는 소크라테스의 초대에 기꺼이 응하는 것이다.

3. 도덕과 수업의 원리로서의 교학상장

듀이는 "교육이론의 역사가 '내부로부터의 발달'과 '외부로부터의 형성'이라는 견해 사이의 대립으로 점철되어 왔다"고 말한다.[36] 실지로 도덕교육은 서로 대립하는 두 개의 이론적 관점이 일정한 주기로 호응을 얻는 경향을 보였으며, 따라서 도덕교육의 역사는 진자운동에 비유될 수 있다. 이론과 실천, 교사와 학생, 사회와 개인, 교육과 발달 등과 같은 구분이 이미 학계에서 널리 사용되어 왔으며, 도덕교육과 관련된 다양한 이론을 그러한 구분에 입각하여 정리하는 것이 불가능하지 않다는 점에서 보면, 도덕교육을 바라보는 관점이 일정한 주기로 서로 대립하는 견해 사이에서 운동하고 있다는 식의 연상은 자연스러운 일이다. 이 연상은 순전히 연상으로 그치고 마는 것이 아니라, 그중 어느 편에 방점을 찍는가에 따라 실지로 일어나는 도덕교육이 완전히 다른 모습으로 나타난다고 말해도 좋을 정도로 직접적인 영향을 미치고 있다. 예컨대, 이론에 일방적인 관심을 기울이는 도덕교육은 아리스토텔레스의 '실천적 지혜'라는 표현에 어울리지 않는 학생을, 실천에 일방적인 관심을 기울이는 도덕교육은 칸트가 아리스토텔레스의 습관 개념을 가리켜 '행위의 기계적 반복'이라는 요지의 비판을 했을 때의 그 표현에 어울리는 학생을 길러낼 가능성이 크다.[37]

그러나 이렇게 '실천 없는 이론'과 '이론 없는 실천'이 다 같이 비판의 대상이 될 수밖에 없다면, 진자운동의 비유는 도덕교육이 확고한 기반을 갖추지 못하고 이리저리 흔들리고 있다는 한계를 나타내는 것으로 보아야 한다. 진자운동의 비유가 도덕교육 이론의 자연스러운 변화 경향, 아무런 문제가 될 수 없는 그러한 경향을 설명하기 위한 것이 아니라, 그러한 변화 경향 자체가 심각한 문제라는 점을 지적하기 위해 도입된 비유라면 그 비유는 도덕교육이 극복해야 할 대상이 된다. 물론, 이 극복의 방향은 어느 하나의 관점을 일방적으로 지지하는 것도, 양자를 동시에 부정하는 것도 아니어야 한다. 철학자들의 표현을 써서 말하자면, 양자는 '종합'의 대상이다. 두 관점이 대립을 이룬다는 점을 인정하면서도, 동시에 양자를 긍정해야 한다는 주장은 '파라독스'와 다르지 않지만, 이론과 실천, 교사와 학생, 사회와 개인, 교육과 발달이 종합된 상태가 도덕교육이 지향해야 할 상태라는 점을 인정한다면, 그 파라독스는 적극적으로 해명될 필요가 있다. 그도 그럴 것이, 그 종합의 대상이 되는 요소 가운데 어느 하나를 배제한 도덕교육은 이미 그 자체로 불완전할 수밖에 없다.

교사와 학생의 바람직한 관계를 구체화하기 위하여 이 절에서는 『예기』의 학기편(學記篇)에 등장하는 '교학상장'이라는 말에 주목한다. 합리적 사고를 강조하는 지적 분위기 때문인지는 모르겠지만, 교사와 학생이 '서로 다른 일'을 한다는 생각은 거의 통념으로 되어 있다. 그 통념에 의하면, 의사와 환자의 관계와 마찬가지로 교사와 학생은 가르치는 일과 배우는 일이라는 서로 다른 일을 한다. 문제는 이 구분이 '아는 사람'으로서의 교사와 '모르는 사람'으로서의 학생이라는 구분을 전제로 하며, 다시 이 전제는 교사가 일러주는 내용을 학생이 일방적으로 수용해야 한다는 생각으로 연결된다는 데 있다. 이 생각은 다양한 각도에서 설명될 수 있겠지만, 그것이 '교학상장'이라는 말과 완전히 구분되는 상태를 나타내고 있다는 점만은 분명하다. 이하에서는 종래의 통념과 교학상장이라는 아이디어 사이의 차이를 도덕과 수업과의 관련 속에서 살펴보겠다.

도덕과 수업의 두 관점: 교화와 상대주의

일반적으로 '수업'은 가치중립적 성격을 지닌 활동으로 이해되는 경향이 있으며, 그 경향 하에서 수업은 어떤 성격의 내용과 방법을 사용하는가와는 무관하게 '가르치는 일'로 간주된다. 그러나 이런 방식의 이해는 도대체 우리가 알고자 하는 '수업' 개념에 관하여 아무것도 설명해 주는 바가 없으며, 사실상 그것의 의미를 문제 삼지 못하도록 방해하는 역할, 나아가 수업의 개념 자체를 부정하는 역할을 한다. 그도 그럴 것이, 가르치는 일 전부가 수업이라면 애초에 수업이라는 개념 자체가 왜 필요하단 말인가?

그러나 그렇지 않다. 우리가 '수업이란 무엇인가' 하는 질문을 던지고 그것의 의미를 파악하기 위하여 애써 노력하는 것은 우리가 원하는 수업의 개념이 '교육적인 의미에서의 수업', 즉 '교육적 수업'이기 때문이다. 달리 말하여, 수업이 지식, 그것도 가치 있는 지식을 전달하는 이유는 지식이 이러저러한 문제를 해결하는 데 유용하다거나 도움이 되기 때문이 아니라, 그것이 마음을 도덕성이라는 용어로 특징지어지는 바람직한 방향으로 변화시키는 데 기여하기 때문이다. 교과가 가치 있는 것을 다루고 있다면, 그것의 학습을 통해 형성된 학생의 마음, 혹은 안목은 교과와 마찬가지로 가치 있는 상태가 되었다고 말해야 하며, 이 점은 도덕과를 포함한 모든 교과에도 동일하게 적용된다. 일찍이, 헤르바르트가 '도덕성' 개념으로 요약되는 크고 아름다운 마음의 형성을 겨냥하는 수업을 특별히 '교육적 수업'(*erziehender Unterricht*)이라고 명명하고 부단히 강조한 것은 이러한 사정과 긴밀한 관련을 맺고 있다.

물론, 마음이나 안목이 가치 있는 상태에 있다고 말할 때, 그 상태가 어떤 상태인가 하는 점에 대해서는 수많은 논의가 있어 온 것이 사실이다. 다만, 르네상스를 기점으로 하여 이 관점은 식별 가능한 형태로 변화하였다고 말할 수 있다. 자신의 시대를 '종교적 도덕성'에서 '세속적 도덕성'으로 도덕교육의 체계가 급변하는 전환기로 규정한 바 있는 뒤르껭의 견해, 특히 '교육의 세속화'라는 그의 표현은 이 관점의 변화를 잘 요약하고 있다.[38] 그에 의하면, 이 전환기에 종교적 도덕성에는 존재하지 않았던 도덕성의 요소, 즉 합리적 이성에 입각한 '자율'이 등장하였다. 주지하다시피, '자율'이라는 요소는 현재에도 교육과정 문서에 명시적으로 나타나고 강조되고 있으며, 그리하여 그것은 교사와 학생의 관계를 염두에 두고 현재의 수업 일반이 가질 수 있는 문제점을 파악하는 데 좋은 거점이 될 수 있다. 수업의 실천이 도덕성의 요소로 널리 인정받고 있는 자율을 보장하는가의 여부는 각각 교사

중심과 학생 중심 수업을 가르는 척도가 될 수 있는 만큼, 그것을 통해 교사와 학생 그 어느 한 편을 강조하는 수업이 어떤 특징을 가지게 되는가를 분명하게 확인할 수 있을 것이다.

오늘날 교육의 목적을 말할 때 '자율적 인간'의 형성이라는 취지의 설명은 지극히 자연스러운 것으로 받아들여지고 있다. 그러나 교육의 '목적'을 설명할 때 자율이라는 용어를 쓰는가와는 별도로, 그 목적을 실현하기 위한 구체적인 '실천'이 어떤 방식으로 이루어지고 있는가를 염두에 두면, 사정은 완전히 다르다. 아닌 게 아니라, 도덕과를 포함한 모든 수업의 실천 과정에서 자율을 보장하고 있는가, 겉으로는 자율을 내세우면서도 정작 그 과정에서는 자율을 억압하는 일이 암묵적으로 이루어지고 있는 것 아닌가 하는 질문은 여전히 중요한 의미를 갖는다.

브루너가 '종래의 교육에서는 물리학자들이 하듯이 물리현상을 탐구하도록 하지 않고, 다른 무엇을 해 왔다'[39]라고 말했을 때 그가 생각한 '다른 무엇'은 이른바 '중간언어'를 전달하는 것, 학자들이 탐구를 통해 얻어낸 결과를 학생들에게 일방적으로 전달하는 것이었다. 그가 제안한 수업 방법은 이미 우리에게 익숙한 '발견학습', 혹은 '탐구학습'이다. 중간언어의 전달에 비하여 '발견학습'이 학생의 '자율'을 보장하는 수업 방법이 될 것이라는 점은 별도의 설명이 필요하지 않다. 그러나 발견학습이 익숙한 용어로 자리 잡은 지금의 시점에서도 '주입식 교육'과 '공장식 찍어내기 교육'이라는 말이 교육의 문제점을 지적하는 용어로 타당성을 인정받고 있는 현실은 주입식 교육을 부추기는 모종의 세력, 혹은

그것을 불가피하게 요청하게 하는 그럴 만한 사정이 있는 것 아닌가 하는 생각을 불러일으킨다.[40)]

교육을 뜻하는 영어 단어 'education'은 각각 '틀에 찍어내다'와 '끌어내다'라는 뜻에 가까운 라틴어 단어 '*educare*'와 '*educere*'에 뿌리를 두고 있다고 알려져 있다.[41)] 교육이라는 단어가 서로 다른 의미의 두 개의 단어를 어원으로 한다는 점은 진자운동의 비유가 완전히 허황된 것이 아니라는 점을 보여준다. 물론, 그 두 개의 단어로 이해되는 교육은 각각 별도의 상세한 고찰이 필요하다. 따라서 이하에서는 앞서 언급한 진자운동의 비유를 받아들이고, 그 안에서 일어났을 법한 복잡한 상황을 상상력을 발휘하여 생각해 보겠다.

우선 주입식 교육, 혹은 공장식 찍어내기 교육이 당장 해결해야 할 심각한 문제로 등장했다고 치자. 그 문제는 어떻게 해결되어야 하는가? 해결해야 할 문제로서의 주입식 교육에서 벗어나기 위해서는 교사는 주입하는 일이 아니라 '촉진하는 일'을 해야 하며, 공장식 찍어내기 교육에서 벗어나기 위해서는 찍어내는 일이 아니라 '끌어내는 일'을 해야 한다. 이제 촉진하는 일과 끌어내는 일을 하기 위해서는 이전의 수업에 모종의 조치를 가해야 한다. 여기에서 생각할 수 있는 가장 단순하고도 간편한 조치는 당장 주입할 내용을 모조리 쏟아버리고, 찍어낼 때 사용하던 틀과 결별하는 것이다. 그러나 주입할 내용과 찍어낼 때 사용하던 틀은 우리가 가르치고 배우던 '지식', 더 구체적으로 그것을 체계적인 형태로 정리해 놓은 교과가 아닌가? 교과를 버리고 나면 무엇을 교육해야 하며, 어떻게 교육해야 하는가 하는 질문이 제기될 수밖에 없다.

이제 가르쳐야 할 사람은 이전의 방식으로 회귀할 것인가, 아니면 교육을 포기할 것인가 사이에서 결단을 내려야 하는 처지에 있다. 교사가 어느 편을 선택하게 될지는 불 보듯 뻔한 일처럼 보일지 모른다. 가르치는 자로서의 교사가 교육을 포기하는 일은 있을 수 없기 때문이다. 그리하여 자율적 인간의 형성이라는 목적을 달성하기 위하여 자율을 억압하는 방법을 사용하는 것이 교육을 포기하는 일보다 정당하다는 생각에 미치게 되고, 주입과 찍어내기가 '불가피하다'는 필요에 입각한 정당화 주장이 힘을 얻게 된다. '주입식이라는 오명에서 벗어날 수 있는 수업은 가능한가'와 같은 질문은 여기에서 전혀 고려의 대상이 되지 못한다. 이제 널리 가치 있다고 인정받은 교육내용을 전달하는 것이 전달하지 않는 것보다 낫다는 생각은 주입식 교육에 대한 확신으로 연결된다. 그 확신의 근거는 이미 200년도 더 이전에 헤르바르트에 의하여 비판의 대상이 된 바 있듯이, "장차 고마워할 날이 올 것이다"[42]라는 순전히 믿음으로만 성립되는 무책임한 생각이다.

물론, 교육자들은 나름으로 학습자에게 최선의 노력을 다해 왔다고 말해야 한다. 그 노력의 결과로 도저히 주입받고 싶지 않은 학생, 교사가 마련한 틀에 스스로 끼워질 가망이 없다고 생각하는 학생, 교육을 거부하는 것처럼 보이는 그 학생에게 애써 동정적 시선과 함께 따뜻한 격려를 건네는 것은 이제 교사가 무엇인가를 가르쳐야 하는 한 불가피한 일이요, 자연스러운 일로 이해된다. 여기에서 무엇인가 잘못된 것이 있다면, 그것은 오로지 주입받지 않겠다는 학생, 누군가가 어떤 방식으로든지 미리 마련해 놓은 틀에 순순히 들어가지 않겠다고 몸부림치는 학생이다. 역설적이게도 그 학생이 잘못한 것은 국가, 사회, 학교, 교사가 마련한 '자율적 인간'이라는 틀에 순순히 순응하지 않은 것이요, 순전히 '타율적 인간'이 되려고 하지 않았다는 데 있다.

주입식 교육은 그 이전의 형태와는 다른 '새로운' 형태의 주입식 교육, 공장식 찍어내기 교육으로 진화해 왔다고 말해야 할지도 모른다. 새로운 형태의 주입식 교육은 학생이 애처로운 처지에 있다는 사실을 인정하고 받아들이는 것, 국가, 사회, 학교, 교사가 학생을 불쌍한 존재로 인정하는 것을 골자로 한다. 그러나, 그러한 교육은 그 핵심에 해당하는 것에는 아무런 조치를 하지 않으면서 불쌍한 존재, 즉 학생을 위한다는 명목으로 이루어지는 지극히 상투적인 '응원'을 덧붙인 것에 지나지 않는다. 그리하여 주입식이라는 표현 앞에 '따뜻한'과 같은 도저히 그것과 양립할 수 없는 것으로 보이는 수식어를 선사해야 할지도 모른다. 물론, 그 수식어가 어울리는가 하는 점과는 무관하게 최신의 주입식 교육과 공장식 찍어내기 교육은 이전의 그것과 '교사 중심'이라는 근본적으로 동일한 성격을 공유하고 있다. 학생을 배제하고 교사, 교과, 그리고 교육과정을 중심에 두고 수업을 생각하는 한, 소위 주입과 찍어내기는 교육의 항구적인 문제로 간주되면서도 그 명맥을 유지하게 되는 것이다.

누군가는 이상의 문제가 심각한 문제라면, 이제 한 가지 방법이 남아 있지 않느냐 하는 반문을 던질지도 모른다. 그렇다. 이제 교육을 포기하는 방법, 교사라면 도저히 납득 불가능한 것으로 보이는 방법이 남아 있다. 교사 스스로 자신의 의미와 가치를 격하시키는 관점을 주장하고 수용한다는 점이 이상해 보일지 모르겠지만, 이 관점은 엄연히 교육계에 한 자리를 차지하고 있고 심지어 이 관점을 받아들이지 않는 교사는 좋은 교사가 아니라는 생각까지도 암암리에 전해지고 있다. 교사는 언제나 '가치중립적'이어야 한다는 발상이 그 영역의 존재를 짐작하게 해주며, 소위 '아동에게로의 교육'이 아니라 '아동으로부터의 교육'을 강조하는 '아동 중심 교육', 더 구체적으로 '우리는 교과를 가르치는 것이 아니라, 아동을 가르친다'[43)]라는 명백히 문법적 오류에 해당하는 '아동 중심 교육'의 구호는 그러한 영역을 분명하게 확인시켜 준다. 이 구호는, 그것의 진정한 의미가 무엇인지와는 상관없이, 교육적으로 중요한 것을 가르쳐야 한다는 생각을 학생에게 '필요한 것'을 가르쳐야 한다는 생각으로 대치하도록 하는 데 지대한 공헌을 하였다. 아닌 게 아니라, 아동 중심 교육은 다음과 같이 묘사되는 '가서 가르치는 교육'의 이론적 근거가 된다고 말해도 무리가 없다.

> 교사가 가는가 학생이 오는가와는 관계없이, '가서 가르치는 교육'에서 학생은 마치 교사의 열성과 노력을 짜내는 것이 그의 권리이기라도 한 듯이 버티고 앉아 있고, 교사는 무뚝뚝하고 시무룩한 학생을 어르고 달래고 하여 어떻게 해서든지 그의 '학습'을

> 이루어 내는 것을 자신의 의무로 받아들인다. 극단적인 경우에 교사는 그가 가르쳐야 할 것을 학생이 배우고 싶어 하는 것으로 바꿔치기도 한다. 이것이야말로 그의 노력이 성과를 얻는 손쉬운 방법이기 때문이다.[44]

이상의 관점이 어떠한 결과를 가져올 것인가 하는 점은 오늘날 교육계의 가장 심각한 문제로 인식되고 있는 '교권 추락'과 상당한 수준으로 관련되어 있다고 말해도 좋을 것이다. 가엽고 불쌍한 존재로서의 학생에게 교육내용을 주입하는 교사, 자신이 마련한 틀에 학생을 욱여넣던 권위적인 교사의 모습은 이제 서서히 그 자취를 감추게 되고 '따뜻한', '친절한', '격식을 차리지 않는'과 같은 수식어가 어울리는 '친구 같은 교사'가 좋은 교사의 상이 된 것이다. 그리하여, 권위를 내세우는 교사는 주변 사람들로부터 '구식 교사'라는 이미지를 얻게 되고, 심지어 현대 교사라면 가급적 피해야 할 모습으로 간주되기도 하는 처지에 이르렀다. 교권 추락은, 순전히 추론이기는 하지만, 교육의 포기라는 관점과 자연스럽게 연결된다. 이러한 변화의 긍정적 측면을 애써 부정할 필요는 없겠지만, 적어도 교권 추락이라는 현상이 교육의 포기라는 관점과 자연스럽게 연결된다는 점은 분명하다.

학생의 편에서도 이 관점은 좋은 결과를 가져오지 않았다. 극단적인 형태의 아동 중심 교육은 '모든 것을 아동으로부터' 끌어내려는 것이요, 꼭 배워야 할 내용을 배우지 못하고 자신의 일상생활에 매몰된 학생이라는 결과로 나타난다. 이제 우리는 학생에게 부여했던 자율성을 다시 빼앗아 권위적인 교사의 상을 되찾아야 할 형편에 있다고 말해도 이상할 것이 없다. 화이트헤드의 말대로 "인류를 위대한 것으로 이끈 모든 교육 혁명은 생기 없는 관념에 대한 격렬한 항거"[45]였으며, 아동 중심 교육은 명백히 그 항거의 구체적인 표현 가운데 하나라고 보아야 한다. 그러나 지금에서 보면, 아동 중심 교육은 생기 없는 관념에 대한 지나친 저항이 생기 있는 관념의 배척이라는 그 자신도 원하지 않았을 결과로 연결될 수 있다는 점을 간과하였다.[46]

한쪽에는 '주입식 교육', '공장식 찍어내기 교육'이라는 표현으로 설명되는 '교사 중심', 혹은 '교과 중심'의 수업이 있고, 다른 한쪽에는 '교육의 포기'라는 표현으로 설명되는 '아동 중심'의 수업이 있다. 양자는 두 가지 '관념적 극단'에 지나지 않으며, 따라서 현실은 그사이 어딘가에 놓여 있다는 점을 인정해야 한다. 다만, 어떤 수업이 양쪽 극단 어느 한 편에 가까운 형태로 이루어지고 있다면, 그것은 그 극단의 한계를 얼마간 공유한다고 보아야 할 것이다. 일단 이 점을 분명히 하기 위하여, 수업에 관한 두 개의 관점을 가지고 도덕과 수업을 생각해 보겠다.

사실 '주입식 교육'과 '교육의 포기'라는 말과 '교사 중심', '아동 중심'이라는 말을 사용했을 때, 이 책의 내용을 충분히 숙지한 예리한 독자라면 콜버그의 문제의식을 떠올렸을지도 모른다. 도덕교육에 관한 콜버그의 문제의식은 '교화와 상대주의'라고 요약되는 바로 그것이었다.[47] 그가 보기에, 한편에는 일련의 덕목을 나열하고 전달하는 '덕 보따리 식 접근', 특정한 사회의 규준과 표준을 내면화하는 '사회화', 그리고 정체가 모호하고 막연한 관념을 순전히 교사의 자의적인 해석에 의존하는 '적극적 가치의 교수'가 있고, 다른 한편에는 상대주의를 조장하는 '가치명료화' 접근이 있다. 말할 필요도 없이, 양자는 주입식과 교육의 포기, 그리고 교사 중심, 아동 중심 수업이라는 구분에 정확하게 상응한다.

콜버그는 양자에서 동시에 벗어나는 일을 도덕교육의 과제로 인식하였다. 교사가 도덕적 지식을 일방적으로 전달해서는 안 되며, 학생의 판단을 일방적으로 존중해서도 안 된다. 그가 가설적인 도덕적 딜레마를 활용하여 도덕성 발달 단계의 상승을 촉진해야 한다는 처방을 내린 것은, 그 처방이 무엇보다도 학생의 '자율'을 보장하는 윤리적, 교육적으로 바람직한 도덕교육의 방법이 된다고 생각했기 때문이다. 그러나 도덕과교육과 관련하여 콜버그의 처방이 가진 문제는 도덕적 지식의 전달을 주입식 교육과 같은 형태로 간주함으로써 '엄연히 일어나고 있고, 또 일어나야 하는 도덕적 지식의 전달에 의한 인간 발달의 문제, 교사와 학생 간의 상호작용을 통해 일어나는 인간 발달의 문제를 설명하는 면에서 한계를 보인다'는 데 있다.

'콜버그 이후'를 모색하기 위해 다양한 이론적 접근이 등장했다는 것은 주지의 사실이다. 그러나 그러한 이론적 접근들에 주목하기에 앞서 '교사와 학생 간의 상호작용'을 통해 일어나는 인간 발달의 문제를 설명하지 못하는 이론적 접근들은 도덕과 수업을 설명하는데 적합하지 않다는 점을 분명히 할 필요가 있다.[48] 실지로 콜버그가 내린 처방에 의한 수업에서는 도덕적 지식은 심각한 관심의 대상이 되지 못하며, 그보다 학생의 발달 단계를 확인하는 것이 우선시될 수밖에 없다. 바로 이 점 때문에 콜버그는 '교육에 대한 발달 우위의 관점'을 취하고 있는 것으로 이해된다. 그러나 교육적인 의미에서의 수업은 교사와 학생, 또는 교육과 발달 그 어느 편에도 치우침 없이 서로 조화를 이루는 방향으로 설명되어야 하며, 그렇게 될 때 가장 이상적인 의미에서의 도덕성 발달이 가능하다고 보아야 한다. 이제 다음과 같은 질문을 던질 필요가 있다: 교사와 학생 간의 바람직한 상호작용을 바탕으로 도덕성 발달을 일으키는 수업이 가능한가?

지금까지의 논의에 의하면, '이것이냐/저것이냐' 하는 식으로 문제를 해결하려고 하는 것은 종래의 문제를 반복하는 것에 지나지 않는다. 주입식으로 교육하거나 혹은 교육을 포기하거나 둘 중 하나를 선택하는 것이 그릇된 결론으로 귀착되는 것이 상수라면, 우리는 다른 길을 모색해야 한다. 그 다른 길은 주입식과 같이 전적으로 가르치는 일에만 매몰되지도 않고, 반대로 아동 중심 교육이 불러일으키는 그릇된 오해와 같이 전적으로 배우는 일에만 매몰되지 않아야 한다. 이 점을 염두에 둔다면, '교학상장'이라는 말은 그 길을 모색하는 데 좋은 길잡이가 될 것이다.

도덕과 수업의 원리: 교학상장

교학상장은 『예기』 학기편에 나오는 말로서, '가르침과 배움은 서로를 자라게 한다'라는 뜻을 가지고 있다. 교학상장은 '배우고 난 뒤에야 앎이 부족한 줄 알며, 가르치고 난 뒤에야 앎이 어려운 줄 안다. 앎이 부족한 줄 안 뒤에야 스스로를 돌아볼 줄 알며, 앎이 어려운 줄 안 뒤에야 스스로 강하게 된다'[49]라는 말 뒤에 나와 있다. 그 말은 '가르치는 일과 배우는 일을 동시에 할 때, 다시 말하여 가르치듯이 배우고 배우듯이 가르칠 때, 앎이 정확하고 깊어진다는 것'을 뜻한다.[50] 『예기』에 적힌 교학상장이라는 말의 취지는 특히 '교사'를 향하고 있다는 인상을 준다. 한 연구에 의하면, 그 말 뒤에 등장하는 효학반(斅學半), 즉 '가르치는 일의 반은 배우는 일이다'라는 말과 함께, 교학상장은 '교사에게 해당하는 교훈'[51]이요, 거기에서 가르침과 배움은 교사 한 사람의 내부에서 상호작용하는 것으로 이해된다.

교학상장의 의미가 교사에게 해당하는 교훈이라는 해석은 그 자체만으로도 교육에 관한 대단히 중요한 시사를 제공하는 것이 사실이지만, 교학상장을 그 의미로 한정하는 것은 『예기』라는 책이 학생의 역할을 부당하게 축소하고 있다는 식의 오해 가능성을 열어준다고 보아야 한다.[52] 학기편의 다음과 같은 말은 이러한 의문이 정당하다는 점을 보여준다.

> 군자가 가르침이 흥성하게 되는 이유와 폐지되는 이유를 알고 있다면, 그런 뒤에는 남의 스승이 될 수 있다. 따라서 군자가 가르침을 베풀 때는 이끌면서도 억지로 이끌지는 않고, 뜻과 기상을 굳세게 만들지만 억누르지 않으며, 단서를 열어주지만 모든 절차에 대해서 알려 주지 않는다. 이끌면서도 억지로 이끌지 않는다면, 스승과 제자의 관계가 조화를 이루게 되고, 뜻과 기상을

> 굳세게 만들어주고 억누르지 않는다면, 가르침을 받아들임에 쉽게 익히게 되며, 단서를 열어 주되 모든 것을 알려주지 않는다면, 학생들이 스스로 생각하여 터득하게 된다. 조화롭고 쉽게 학문을 익혀 생각하게 된다면, 좋은 가르침이라고 평가할 수 있다.[53)]

인용문에 의하면, 좋은 교육의 의미는 '화(和)와 이(易)로써 사(思)를 함'(和易以思)이라는 식의 시간 순서를 따라 설명될 수 있다.[54)] 그러나 교육을 출발하는 시점에서 이미 '교사와 학생의 조화'가 이루어졌다고 생각하기는 어려운 만큼, 그 설명을 뒤집어 이해해 볼 필요가 있다. 즉, 교사는 학생으로 하여금 스스로 생각하도록 해야 하며, 그 과정에서 쉽게 익히도록 하려면 학생들의 판단 능력을 억누르기보다 존중해야 한다. 이끌면서도 억지로 이끌지 않는 것, 교사와 학생이 조화를 이룬 상태는 바로 이를 두고 하는 말이다. 이러한 해석의 가능성을 고려하여 이하에서는 교학상장을 '교사와 학생의 바람직한 관계'를 포착하는 용어로 간주하고, 나아가 그것이 인격형성의 원리로 이해될 수 있다는 점을 드러내 보겠다.

누누이 강조했다시피, 수업이 진정한 의미에서의 교육적인 것이 되려면 교사와 학생 그 어느 한 편에 주도권이 과도하게 쏠려서는 안 되며, 그러면서도 가치 있는 마음과 안목의 형성과 같이 '교육적'이라고 말할 수 있을 만한 현상이 일어나야 한다. 다양한 사례가 있겠지만, 아마 이를 가장 탁월하게, 그것도 실지 이루어지는 수업사태에 가까운 형태로 예시한 인물은 아테네 청년들에게 덕을 가르친 '소크라테스'라는 점에 대해서는 크게 이견이 없을 것으로 생각된다. 그가 사용한 방법은 소위 '산파술'로 명명되는 대화의 방법이었다. 이하에서는 소크라테스의 대화법을 '교학상장'의 원리가 구현된 교육적 수업으로 간주하고 그것을 따르는 도덕과 수업을 묘사해 보겠다.[55)]

교육적 수업의 대가로서의 교사는 소크라테스가 그렇게 하듯이 '아는 사람'으로서의 교사로 등장하지 않는다. 그 교사는 '모르는 사람'으로 등장하여 공부할 내용에 관한 학생들의 의견을 묻는 것으로부터 수업을 시작한다. 예컨대, '성실'이라는 덕목을 주제로 하는 도덕과 수업에서 그 교사가 가장 먼저 해야 할 일은 '성실이란 무엇인가'라는 질문에 대한 학생의 의견을 구하는 것이다. 학생은 거기에 대해 나름의 의견을 제시하고 교사는 그 의견을 차분히 듣다가 이상한 점을 발견하고는 그 이상한 점에 대해 다시 의견을 구한다. 예컨대, 그 교사는 다음과 같이 질문할 수 있다. 학생은 '목표를 정하고 그 목표를 실현하기 위하여 노력하는 것'이 성실이라고 말하였다. 그러나 '나 자신이 아니라 타인이 정해준 목표의 실현을 위해 노력하는 것도 성실인가?', '목표를 실현하는 과정에서 그릇된 수단을 사용한 것도 성실인가?', '도둑질과 같은 그릇된 목표를 실현하기 위해 노력하는 것 또한 성실인가?' 등등.

교육적 수업을 실천하는 교사는 도대체 성실의 명확한 규정, 즉 자신이 던진 질문에 대한 정답에 해당하는 것을 말할 생각이 없으며, 그것이 존재한다고 생각하는 것 같지도 않다. 그렇게 함으로써 교사는 오히려 학생으로 하여금 수업 과정에서 자신의 역할에 관해 심각한 혼란을 유발하고, 나아가 마치 자신이 교사의 입장에 서 있다는 착각에 빠지도록 한다. 교육적 수업을 구현하는 교사는 마치 소크라테스가 대화 상대자에게 하듯이 자신이 가진 답을 전달하기보다는 자신이 가진 질문, 도저히 마땅한 해답이라는 것을 기대하기 어려운 질문을 전달하는 데 거의 모든 힘을 쏟아붓고 있다. 교사가 미리 정해진 답을 가지고 있고, 어떤 방식으로든지 그것을 학생에게 전달하는 것이 수업이라는 일반적인 생각과는 달리, 질문에 대한 해답을 생각해 내는 것은 전적으로 학생의 몫으로 되며, 교사는 그 해답을 분석하여 다시 이러저러한 질문을 한다. 거기에서 뚜렷하게 드러나는 것은 '성실은 무엇인가?'와 같은 질문이며, 그리하여 도대체 성실에 대한 의미가 분명해지는 것처럼 보이지 않는다.

그러나 그 대화에서 가르치는 사람은 배우는 사람의 (질문하는) 역할을, 배우는 사람은 가르치는 사람의 (답하는) 역할을 떠맡게 된다는 점은 특별히 주목할 만하다. 아닌 게 아니라, 이렇게 가르치는 사람이 배우는 사람이 될 때, 가르치는 사람은 배우는 사람에 대하여 그가 가르치는 사람과 동일한 이성을 가진 존재라는 점을 인정하는 것과 같은 최대한의 존중을 발휘하게 되며, 배우는 사람이 가르치는 사람이 될 때, 배우는 사람은 가르치는 사람이 던진 질문을 자신의 것으로 진지하게 받아들이고 교사의 것과 조금도 다름이 없는 자신의 이성을 발휘하여 가르치는 사람이 던진 질문의 해명을 위하여 안간힘을 쓰는 것이다. 가르치는 사람이 발휘한 존중과 그것에 바탕을 둔 질문은 학생을 가르치는 사람으로 만들고, 배우는 사람이 자신의 것으로 받아들인 질문과 그것에 대해 스스로 안간힘을 써서 내어놓은 나름의 견해는 교사를 배우는 사람으로 만든다. 물론, 이 설명은 순전히 그 수업의 표면에 해당하는 것만을 말하고 있다. 거기에서 이루어지는 대화를 자세히 들여다보면, 교사와 학생은 모두가 가르치는 사람인 동시에 배우는 사람이 되어 있다. 거기에서 교사는 배우듯이 가르치는 것이요, 학생은 가르치듯이 배우는 것이다.

소크라테스가 아테네 청년들에게 덕을 가르칠 때, 특유의 아이로니적 자세로 일관했던 것은 대화 상대자가 자신의 것과 같은 질문을 품게 되리라는 기대 때문이었다. 물론, 소크라테스의 삶의 자세를 가리킬 때 사용되는 '아이로니'(irony)는 '에이로네이아'(*eironeia*)에서 온 것이며, 그것은 '무지의 가장' 또는 '가장된 무지'라는 뜻을 가지고 있다. 이 점을 염두에 두면, 소크라테스는 진정한 의미에서의 배우는 사람이 아니라 '배우는 사람인 척' 가장하고 있는 것은 아닌가 하는 의문이 가능할지도 모른다. 그러나 그 당시 아테네 지식인들이 소크라테스를 비난하는 투로 사용했던 '에이로네이아'—무지의 가장—는 소크라테스에게는 오히려 '무지의 고백'[56]이었다. 실지로 성실이라는 가치의 의미를 누가 완전한 형태로 정의할 수 있단 말인가? 정의, 사랑, 민주주의의 의미도 사정은 마찬가지이다. "정의할 수 없는 것을 정의하고자 하는 시도가 바로 진정한 오류"[57]라는 워녹(M. Warnock)의 말은 소크라테스가 적어도 그 오류에서만큼은 자유로운 사람이라는 점, 나아가 정의할 수 없는 것을 정의하려는 사람에 비하여 진리에 더 가까운 사람이라는 점을 알려준다.[58)]

이상의 설명에 의하면, 교육적 수업에서의 교사와 학생은 이제 '가르치는 사람/배우는 사람'이라는 구분에 구애받지 않는 상태, 서로 동일한 질문을 탐구하는, 서로 동일한 일을 하는 그런 상태에 있다. 가르치는 사람과 배우는 사람 모두가 동일한 질문을 탐구하는 일에 안간힘을 쓰고 있을 때라야, 서로 가르치고, 또 서로를 통해 배움으로써 서로가 서로를 성장하게 하는 것이다. "소크라테스는 질문에 대한 해답이 아니라 질문 자체를 지혜로 가는 길로 보았다"[59)]라는 만하이머(R. J. Manheimer)의 통찰은 교사와 학생이 동일한 질문을 탐구하는 수업이야말로 '인격형성'을 가능하게 하는 수업이요, 교학상장이 인격형성의 원리로 이해될 수 있다는 점을 보여준다.

그러나 도저히 마땅한 해답이라는 것을 기대할 수 없어 보이는 질문의 전달이 교육적 수업의 특징이라면, 도대체 그것은 어떤 의미가 있다고 보아야 하는가? 그것은 사실상 아무것도 전달한 것이 없으며, 이런 이유로 아무것도 변한 것이 없는 상태를 마주하게 된다고 말해야 하는 것 아닌가? 예컨대, 한 교사가 '성실은 무엇인가?' 하는 질문을 전달했다고 치자. 그 교사는 성실의 고정된 의미, 누군가가 규정해 놓은 의미를 전달하는 것에는 전혀 관심을 기울이지 않고, 마치 자기 자신은 성실에 관하여 아는 것이 전혀 없는 것처럼, 심지어 학생이 내어놓은 대답이 그릇된 것이기를 바라는 듯한 장난기를 발휘하여, 학생이 애써 내어놓은 대답에 대립하는 견해를 제시하는 일에만 몰두하고 있다. 아마 소크라테스의 방법이 비판의 대상이 되었던 것과 마찬가지로, 그 수업은 학생을 혼란과 동요 속에 몰아넣고서 냉담하게 걷어차는 것과 같은 형태라고 이해할 수도 있을 것이다. "저의 영혼과 저의 입이 모두 마비되어, 저는 정말로 당신에게 대답해 드릴 것이 없습니다"[60]라는 소크라테스를 향한 메논의 불만 섞인 말은 그가 얼마나 곤혹스러운 처지에 놓이게 되었는가를 보여준다. 그리고 다음과 같은 키에르케고르의 발언은 이 문제의 심각성을 한층 부각시킨다.

> 소크라테스는 개인에게 변증법의 진공 펌프를 들이대고 이때까지 그 개인이 들이마시던 공기를 빼버린 채 그를 방치해 둔다. 이런 꼴을 당한 개인은, 혹시 순수한 진공을 들이마실 수 있다면 모르지만 그렇지 않은 한, 아무것도 가진 것이 없게 된다. 그러나 소크라테스는 더 이상 그에게 관심을 갖지 않고 서둘러 새로운 실험을 하러 나선다.[61]

인용문에 나타난 그의 발언은 교육적 수업이 '지식의 전달'이라는 교사의 본래 역할을 망각한 것 아닌가 하는 의문으로 자연스럽게 연결된다. 부정의 상태에서 배회하고 있을 뿐인 소크라테스가 대화 상대자를 이상적인 경지로 끌어 올리는 데는 전혀 무관심한 것처럼 보인다는 것이다. 그러나 그 의문은 정곡을 벗어나 있다. 구체적으로 말하여, 거기에는 두 가지 치명적인 문제가 있다. 먼저, 앞서 말한 것처럼 누구도 '성실'의 의미를 온전히 정의할 수 없다는 점, 다음으로 답을 일러주는 것은 학생을 의존적인 인간으로 만든다는 점이다. 명확한 형태로 정의할 수 없는 성실의 의미를 구태여 객관적 지식의 형태로 만들어 일러주라고 요구하는 것은 누구라도 벗어나기를 원하는 '교화', 즉 이데올로기 교육을 스스로 바라는 것이며, 자율적 인간을 형성해야 할 교사가 타율적 인간의 형성을 지향하는 것은 '자기모순'이다.

나아가, 거기에는 더욱 깊게 생각해 보아야 할 문제가 있다. 따지고 보면, 질문을 전달하는 사태에서 아무런 변화를 포착할 수 없다고 말하는 것은 이치에 맞지 않는다. 앞서 언급한 성실에 관한 대화에서도 충분히 짐작되듯이, 학생이 처음 가지고 있던 성실에 대한 의미, 즉 '목표를 정하고 그 목표를 실현하기 위하여 노력하는 것'이라는 의미는 도둑질을 열심히 하는 것, 최선을 다하여 그릇된 일을 하는 것도 성실인가 하는 식의 그것과 대립하는 질문에 의하여 부정되며, 그 이후의 대화 과정을 통하여 학생은 전보다 발전된 성실의 의미를 갖게 되었다고 말해야 한다. 이 과정에서 학생이 자신에게 부여된 자율을 마음껏 느끼고 사용하게 될 것이라는 점, 즉 누군가로부터 건네받은 사실상 이데올로기에 가까운 해답에 구애받음 없이 자신의 판단 능력을 자유롭게 발휘하게 될 것이라는 점은 애써 설명할 필요가 없다. 그러나 자신의 판단 능력을 발휘하여 얻은 결과, 즉 그 학생이 얻은 성실의 의미는 소위 '객관적 지식'과 같은 형태가 아니다. 그 의미는 학생의 마음속에서 '형성'되었다고 말해야 하며, 이것은 '내면화'의 의미에 정확히 부합하는 사태이다.[62]

결국, 교학상장을 원리로 삼는 교육적 수업이 마치 아무런 변화를 유발하지 않은 것처럼 보이는 것은 우리가 확인하고 싶어하는 변화가 교육적 수업이 기대하는 변화와 다르기 때문이라고 보아야 할지도 모른다. 교육적 수업은 누구라도 쉽게 확인할 수 있는 마음 바깥의 변화를 기대하는 것이 아니라, 학생과 함께 가르치고 배움을 실천해 온 바로 그 사람에 의해서 진면목이 드러날 가능성이 있는 마음 안의 변화, 혹은 내적 안목의 변화를 기대한다. 이 점에서 보면, 수업을 통해 가시적인 결과를 기대하는 사람은, 적어도 교육은 백년지대계(百年之大計)라는 널리 인정되고 있는 발상을 부정하는 사람이요, 그가 교육적 수업에 불만스러운 견해를 피력하는 것은 지극히 자연스러운 일이다.

우리가 인격형성의 원리로서의 교학상장에 부합하는 '질문을 전달하는 수업', '답을 스스로 생각하게 하는 수업'에 혼란스러워하는 이유는 객관적 지식만이 지식이라는 뿌리 깊은 통념 때문일지도 모른다. 그렇다면, 마음속에 각인된 지식은 지식이 아닌가? 지식이 '객관적 지식'의 형태로 존재한다는 생각은 거의 무의식적으로 받아들여지는 통념처럼 되어 있지만, 지식(knowledge)은 엄연히 '앎'과 동의어이다. 도대체 교육의 영역에서 '안다'는 것이 책에 적혀 있는 객관적 지식을 줄줄 외울 수 있다는 뜻을 가리키는 것인가, 아니면 객관적 지식이 가리키는 그러한 수준의 '안목'을 갖추게 되었다는 뜻을 가리키는 것인가는 곰곰이 생각해 볼 문제이다.

만일 안다는 것이 객관적 지식의 수준을 넘어서는 것이 사실이라면, 그것과 대비되는 것은 '주관적 지식'이라고 명명해도 좋을 것이다. 명제의 형태로 고정된 객관적 지식을 동일한 형태로 되풀이할 수 있는 수준이 아니라, 객관적 지식이 내면화되어 그것이 학생의 '안목'으로 된 상태, 끊임없이 성실이라는 표현이 가리키는 이상적인 상태를 추구하고 지향하는 역동적인 마음 상태, 그러한 마음이 내비치는 열정이 바로 주관적 지식 혹은 앎이요, 지식을 이런 방식으로 이해한다면 질문을 전달하는 사태가 아무런 변화를 일으키지 못한다는 생각은 받아들이기 어렵다. 『예기』 학기편에도 이미 시사되어 있는 바와 같이, 교학상장을 원리로 삼는 수업은 '점필'(佔畢), 즉 '책의 글자를 읊조릴 뿐 내용에 대한 깊은 이해에는 이르지 못한 상태'[63]를 기대하지 않는다. 그것은 '자득'(自得)의 상태, 즉 지식이 자아의 한 부분을 이루게 된 상태를 지향하고 추구한다. 교육의 결과로 기대되는 인격형성이 후자의 상태를 가리킨다는 점은 별도의 설명이 필요하지 않을 것이다.

그렇다면 마지막으로 다음과 같이 질문해 보자: 교사와 학생은 서로 다른 일을 하는가? 그렇지 않다. 교사와 학생은 장구한 세월 동안 이루어진 인류의 지적 모험에 동참하는 일, 그 지적 모험의 원동력이 되었던 인류의 질문을 자신의 질문으로 만드는 일, 그 질문이 유발하는 열정과 흥미를 공유하는 일과 같이 서로 '동일한 일'을 하는 것이다.

4. 논의: 품격의 구현체로서의 교사

화이트헤드의 표현을 써서 말하자면, 생기 없는 관념을 일방적으로 전달하는 사태는 '주입식 교육의 그림자'[64]에 비유되는 교사와 학생 간의 상호작용이 없는 수업을 가리킨다. 교육내용에 관한 지적 호기심, 자발적 흥미와 같은, 화이트헤드가 강조한 바 있는 '교육의 리듬'을 고려하지 않고, 산만하고 단편적 지식을 긁어모아 가르치는 백화점 나열식의 교육 방법은 분명 우리가 지양해야 하는 바이다. 지식교육에 대한 세간의 불신은 이러한 방식의 수업을 겨냥하고 있는 것으로 이해된다. 그러나 지식교육이라는 것이 이와 같은 관점에서만 이해될 수 있는 것은 아니다. 오히려 이와 같은 관점은 지식교육에 대한 오해에서 비롯되었다고 말할 수 있다. 오늘날 도덕교육에서 지식교육의 실효성을 부정하는 시각에는 '지식은 지식이고 덕은 덕'이라는 식의 사고방식, 즉 지식과 덕을 각각 분리된 실체로 간주하는 전제가 깔려있다.

그러나 지식은 사람됨의 요소와 분리 불가능한 상태를 이루고 있다. 이 점과 관련하여 '사람이 곧 지식'[65]이라는 말이 어떤 의미를 내포하고 있으며, 그것이 지식교육에 대한 종래의 비판적 시각에 어떤 대안적 관점을 제공하고 사고의 전환을 가져오는지 심각하게 생각해 볼 필요가 있다. '사람이 곧 지식'이라는 생각은 지식을 지식답게, 지식교육을 지식교육답게 이해하게 함으로써 지식과 지식교육의 본래적 가치와 그 기능을 드러내는 데 결정적인 도움을 제공한다. 이 점에 관한 한 교육의 리듬에 대한 화이트헤드의 통찰은 간과할 수 없는 교육적 시사를 제공하고 있는데, 그것은 지성의 발달이 리드미컬하게 일어날 수 있도록 수업에서 교사와 학생 간의 교육적 대화가 심도 있게, 그리고 역동적으로 일어나야 한다는 것이다.[66]

올리버(D. W. Oliver)는 화이트헤드의 교육론이 교과 활동에 주는 시사점을 다음과 같이 정리하고 있다. '학생은 교사가 지향하는 교과의 세계에 참여하는 과정에서 교사와 함께 공통의 세계를 공유해야 한다'.[67] 올리버의 이 발언은 지극히 통념적인 말로 들릴 수도 있다. 그러나 진정한 교육적 대화가 설 자리가 갈수록 줄어드는 학교 현실을 고려하면, 위의 발언은 교사와 학생이 지녀야 할 역할과 자세가 무엇인지를 탐색하는 데 중요한 시사점을 제공한다. 화이트헤드에 따르면, '단지 박식한 지식을 갖춘 인간은 이 세상에서 가장 쓸모없는 인간'[68]이지만, 교육의 이상태로서의 '지혜로운 인간'은 교육받은 인간이 취할 수 있는 교양 있는 정신의 최종적 산물이다.[69] 교사는 '지적 탐구를 행복으로 아는 교사', 달리 말하여 지성의 가치를 존중하고 향유하는 태도를 몸소 시연하는 '품격(品格, style)을 갖춘 사람'[70]이 되기 위하여 자신의 온 열정을 다해야 한다. 품격은 인간의 마음이 교육에 의해 도달해야 할 궁극적 차원의 도덕성이자 진정한 지혜이기 때문이다. 어린 시절 한때 함께 공부한 제자가 어른이 되어 자아와 세계에 대한 이해의 지평이 확장되고 근본에 대한 고마움을 깨닫는 품격을 갖춘 사람이 되었다면, 그러한 성장과 도약은 그 학생과 공통의 세계를 공유한 스승, 바로 그 '스승'으로 말미암아 일어났다고 보아야 할 것이다.

"위대한 것에 대한 습관적 상상이 없이는 도덕교육은 불가능하다"[71]라는 화이트헤드의 의미심장한 발언은 심성함양의 문제를 위대한 것과 점점 분리시키려는 현대의 교육사상적 분위기를 고려할 때 도덕과교육에서 더욱 깊이 고민하고 재삼 강조할만한 문제이다. '위대한 것에 대한 감지'는 교사로서 지녀야 할 '도덕교육의 기초'이며, 그것은 또한 두터운 인성교육을 구현하고 정립하기 위한 '수업 실천의 조건'이다. 위대한 것에 대한 감지가 도덕교육의 기초이자 수업 실천의 조건이라면, 교사는 맡은 소임을 성실하게 수행하는 '위대한 것을 보호하고 전수하는 파수꾼'이 되어야 한다.

> 인간은 자기가 부정을 당할 것을 경계하기보다도 부정을 저지르는 것을 경계해야 한다. 인간이 무엇보다도 명심해야 하는 것은 공사(公私) 간에 훌륭한 인간이라고 인정받는 것이 아니라 실제로 훌륭한 인간이 되는 것이다 …… 정의를 비롯하여 그 밖의 모든 덕을 숭상하면서 살다가 죽는 것이 가장 훌륭한 생활 태도이다.[72]

위의 인용문은 『고르기아스』(*Gorgias*) 편 마지막 부분에 해당하는 사후의 심판에 이어 칼리클레스(Callicles)와의 대화에 등장하는 소크라테스의 발언으로, 그야말로 아주 먼 과거 한 때의 이야기이다. 그런데 이 이야기에 담긴 메시지가 학교 교실에서 일어나는 교사와 학생 간의 교육적 대화의 한 토막을 이룰 때, 그것은 더 이상 과거 한때 있었던 이야기가 아니다. 소크라테스의 대화는 위대한 것을 감지하고 관념의 모험을 몸소 시연하는 현실적 존재로서의 교사와 그의 학생 간의 대화에 의하여 비로소 '영원'을 얻게 된다. 소크라테스와 화이트헤드 사이에는 엄연히 시공간의 간극이 존재하지만, 화이트헤드의 '교육의 리듬'에 함의된 메시지는 소크라테스의 교육적 대화가 전달하고자 한 메시지와의 관련 속에서 그 의미가 더욱 분명하게 드러난다. 현대 도덕교육이 '교육의 리듬'을 강조한 화이트헤드에 특별히 주목해야 하는 이유, 그 이유가 바로 여기에 있다.

註

제1장 도덕과교육의 이해

1) 이 절의 내용은 다음의 글에서 발췌하되, 이 책에 맞는 형태로 수정 · 보완한 것이다. 이재호(2010), "초등 도덕과교육의 정당화 방안에 대한 소고", 『초등도덕교육』 33, 한국초등도덕교육학회.
2) 대안적 관점으로서의 심화 모형을 제외하고, '단순 모형'과 '확대 모형'이라는 개념은 이홍우 교수의 용어를 그대로 사용한 것이다. 그러나 양자가 지칭하는 의미와 사용 범주는 같지 않다는 점을 밝힌다. 이홍우 교수의 모형에 대한 상세한 고찰은 "두 가지 도덕과 두 가지 교육", 『교육의 목적과 난점』(서울: 교육과학사, 1998) 참고.
3) 임병덕, 유한구, 이홍우(1998), 『초등학교 도덕과교육론』, 서울: 교육과학사, 2.
4) 도덕과의 경우, '지식교육'은 전통적인 도덕교육의 특징을 언급할 때 사용하는 개념인 교화(敎化, indoctrination)와 함께 사람들 사이에 부정적인 용어로 사용되기도 한다. 그러나 '온전한 의미에서의' 지식교육은 그 자체로 도덕과교육에서 깊이 숙고해야 하는 중요한 문제이다.
5) Dewey, J.(1909), *Moral Principles in Education*, Boston: Houghton Mifflin. 조용기 역(2011), 『교육의 도덕적 원리』, 대구: 교우사, 18.
6) 교육해석학에 관한 상세한 논의는 다음을 참고하기 바람. 이재호(2010), "교육해석학의 관점에 비추어 본 초등 도덕과 수업", 『초등도덕교육』 32, 한국초등도덕교육학회.
7) 위의 글, 262.
8) 리쾨르의 삼중의 미메시스론에 관한 설명과 논의는 '자아형성과 해석'을 주제로 하는 제5장 3절에서 집중적으로 다루고 있다.
9) 여기에 언급된 해석학적 순환은 마치 우리 집은 도서관 옆이고 도서관은 우리 집 옆이라고 설명하는, 달리 말해 A에 관한 설명을 B로 미루고, B에 관한 설명을 A로 미루는 '순환론의 오류'를 저지르지 않는다. 해석학적 순환은 이를테면 총체와 그 양상 간에 나타나는 순환으로서, 총체와 그 양상을 설명할 때 발생하는 불가피한 순환이라고 말해야 한

다. 이 불가피한 순환은 앞의 미주에 언급된 제5장 3절에 등장하는 '이념의 실현을 위한 실천'에서 확인할 수 있다.

10) 이 절의 내용은 다음의 글에서 발췌하되, 이 책에 맞는 형태로 수정 · 보완한 것이다. 이재호(2014), "인성의 의미와 인성교육의 방향에 대한 소고", 『열린교육연구』 22(1), 한국열린교육학회.

11) Hall, C. S. & Linsey, G.(1957), *Theories of Personality*, N. Y.: John Wiley & Sons, 7~10.

12) 이드, 에고, 초자아에 관한 설명은 임병덕, 유한구, 이홍우(1998), 앞의 책, 69~70 참고.

13) 위의 책, 15~16, 68~72.

14) 이 이론은 '선택하기-존중하기-행동하기'라는 일련의 절차를 수업사태에 적용할 수 있는, 실제적 관심에 초점을 둔 발전된 형태를 특징으로 하고 있다. 이 절차에서 확인할 수 있듯이, 가치명료화 수업 방법은 지, 정, 행의 통합적 접근을 취함으로써 심리적, 정서적 측면을 고려하고 있다고 볼 수도 있다. 그러나 가치명료화 이론에 입각한 수업은 학생 개인의 이성적 숙고에 따른 자기 선택, 존중, 행동에 초점을 두기 때문에, '교사와 같은 타자의 인격적 감화력이 반영된 영향력(예컨대 사람됨의 요소)으로서의 심리적, 정서적 측면'은 부차적인 관심사이거나 심지어 배제될 가능성이 크다. 이 이론이 구체적인 수업 절차와 다양한 수업 방법-대화 전략, 쓰기 전략, 결과인식확대 전략 등-을 제시하고 있음에도 불구하고, 도덕 상대주의(moral relativism)의 색채를 강하게 띠고 있다는 점, 그리고 가치의 선택, 존중, 행동으로 나아가기 위한 일련의 과정에서 교사의 가치중립적 자세를 강조하고 있다는 점은 타자의 인격적 감화력이 반영된 영향력을 어떠한 시각으로 파악하고 있는지를 가능하게 한다.

15) 이 문제는 인지발달 이론이나 가치판단 이론이 지니는 한계를 극복의 대상으로 삼은 '배려 윤리'에 기초한 도덕교육 이론가가 주장하는 바와 관련지어 이해하는 것이 도움을 제공한다.

16) 여기에서 사용되는 '하는 지식'과 '보는 지식'의 개념적 구분은 이홍우 교수의 『교육의 목적과 난점』(2016) 제6장을 참고한 것임을 밝힌다.

17) 이 사례는 이홍우(1982), "도덕교육의 내용으로서의 윤리학", 『도덕교

육연구』 1(1), 한국도덕교육학회, 120에 의존하고 있다.

18) 임병덕(2005), "초등도덕과교육의 근본: 교과의 의미로서의 도덕", 『도덕교육연구』 16(2), 한국도덕교육학회, 30.

19) Herbart, J. F., *Herbart' ABC of Sense: Perception and Miner Pedagogical Works*, W. J. Eckoff(trans.)(1896), New York: D. Appleton and Company, 92. 자세한 설명은 이환기(1996), 『헤르바르트의 교수이론』, 서울: 교육과학사, 제4장 참고.

20) '학교 인성교육의 핵심 교과로서의 도덕과'라는 주제로 이루어지는 논의는 박대호(2022), "슈프랑거 초등교육론에 비추어 본 초등 도덕과교육의 성격", 『초등도덕교육』 79, 한국초등도덕교육학회, 제3장 2절의 내용 일부를 수정한 것임.

21) 天命之謂性 率性之謂道 修道之謂教 則天命 遵聖法 述此篇 俾 爲師者 知所以教 而弟子知所以學, '立教' 도입.

22) 임병덕(2003), "초등 교과교육의 성격과 과제", 『도덕교육연구』 15(1), 한국도덕교육학회, 76.

제2장 도덕과교육의 발달적 기초

1) Lapsley, D. K.(1996), *Moral Psychology*. 문용린 역(2000), 『도덕 심리학』, 서울: 중앙적성출판사, 83.

2) 피아제와 콜버그의 관계와 콜버그의 도덕발달론에 관한 이하의 논의는 임병덕, 유한구, 이홍우(1998), 앞의 책, 제2장 1~2절의 내용에 의존하고 있다.

3) 임병덕, 유한구, 이홍우(1998), 앞의 책, 52.

4) 임병덕, 유한구, 이홍우(1998), 위의 책, 52~53에서 재인용.

5) Kohlberg, L.(1981), *The Philosophy of Moral Development: Moral Stages and the Idea of Justice, Essays on Moral Development*, vol(I), San Francisco: Harper & Row. 김민남, 김봉소, 진미숙 역(2000), 『도덕발달의 철학』, 서울: 교육과학사, 51.

6) 임병덕, 유한구, 이홍우(1998), 앞의 책, 53.

7) 이하 콜버그의 도덕성 발달 단계 번역은 위의 책, 57~60에서 가져온

것이다.

8) Kohlberg, 김민남, 김봉소, 진미숙 역(2000), 앞의 책, 65.

9) 위의 책, 244.

10) Kohlberg, 김민남, 김봉소, 진미숙 역(2000), 위의 책, 168~169. 콜버그의 도덕교육론에 관한 이하의 논의는 박대호, 이재호(2022), "콜버그와 헤르바르트: 도덕심리학과 도덕교육의 관계 정립을 위한 탐색, 『초등도덕교육』 78, 한국초등도덕교육학회, 제2장을 수정 · 보완한 것임.

11) Kohlberg, 김민남, 김봉소, 진미숙 역(2000), 위의 책, 44.

12) 위의 책, 55.

13) 위의 책, 149~150.

14) 위의 책, 67.

15) Blatt, M.(1969), *The Effects of Classroom Discussion on the Development of Moral Judgment*, Ph. D. dissertation, University of Chicago.

16) Higgins, A.(1995), "Educating for Justice and Community: Lawrence Kohlberg's Vision of Moral Education", W. M. Kurtines & J. L. Gewirtz(eds.), *Moral Development; An Introduction*, New York: Wiley. 문용린 역(2004), 『도덕성의 발달과 심리』, 서울: 학지사, 98.

17) 도덕성 발달의 단계가 퇴행할 수 있다는 것은 단계가 불변의 계열을 의미한다는 콜버그의 주장에 정면으로 대치되는 사실이다. 콜버그는 이 문제를 자신의 '채점 체계'에 의해 발생한다고 보고 채점 체계를 수정한 바 있으며, 또 4½단계를 도입하여 그 문제를 해소하고자 하였다. 도덕성 발달 단계의 퇴행 문제에 관해서는 김하연(2021), "인지발달이론에서 도덕발달 단계의 퇴행 문제: 성인 도덕발달의 불연속성에 대한 콜버그의 해명을 중심으로", 『인성교육연구』 6(2), 23~43 참고.

18) Higgins, A., 문용린 역(2004), 앞의 글, 103에서 재인용.

19) Peters, R. S.(1981), *Moral Development and Moral Education*, London: George Allen & Unwin. 남궁달화 역(1993), 『道德發達과 道德敎育』, 서울: 문음사, 121~122.

20) 피터즈의 콜버그에 대한 비판과 관련한 상세한 논의는 현상익(2021), "콜버그 도덕발달이론에 대한 피터즈의 비판: 도덕교육에서 내용과 형

식의 관계", 『도덕교육연구』 33(1), 79~97 참고.

21) 본문에서 취급하는 발달과 교육의 관계 문제는 이재호(2000, 2014)의 두 편의 글, "비고츠키 발달이론의 도덕교육적 함의"(『도덕교육연구』 12(2), 한국도덕교육학회, 157~174), "비고츠키 손상학의 도덕교육적 함의"(『초등도덕교육』 45, 한국초등도덕교육학회, 299~318)에 기반을 두고 있다. 이 두 연구에 의하면, '발달심리학에 초점을 둔 비고츠키의 이론에 관한 연구는 발달이 교육에 선행한다는 전통적인 개체발생론에 대비되는 관점으로, 오히려 "교육[훌륭한 교수]이 발달을 주도한다"라는 한 문장으로 압축하여 표현할 수 있다'(이재호, 2014, 301). 본문의 발달과 교수의 관계를 요약하는 발언은 피아제와 비고츠키의 차이를 드러내는 이 문장을 참고한 것이다.

22) 이 문제에 관해서는 이홍우(2001), "도덕성의 형식과 내용"(『아시아교육연구』 2(1), 아시아태평양교육발전연구단) 참고. 본문에서 참고한 문장을 그대로 옮기면 다음과 같다. 'Kohlberg의 인지발달적 접근이 가지고 있는 문제점은 그것이 도덕교육의 접근으로서 부적합하다는 데에 있다기보다는 차라리 형식과 내용의 구분 및 양자 사이의 관련을 그릇된 방식으로 설명한다는 데에 있다. 앞에서 말한 바와 같이, 형식과 내용은 동일한 도덕성을 상이한 측면에서 추상한 것이며, 따라서 그 양자의 구분은 이미 통합을 전제로 하고 있다'(143).

23) Peters, R. S., 남궁달화 역(1993), 앞의 책, 211.

24) 이 문제에 관해서는 다음의 글을 참고할 수 있다. 특히, 여기에 사용된 '도덕교육의 심리학'이라는 표현은 이 글에서 가져온 것이다. 박대호, 이재호(2022), "콜버그와 헤르바르트: 도덕심리학과 도덕교육의 관계 정립을 위한 탐색, 『초등도덕교육』 78, 한국초등도덕교육학회.

25) 다음의 글을 참고하기 바람. 조주영(2008), "새로운 도덕 패러다임으로서의 보살핌 윤리: 헤크만의 길리건 해석을 중심으로", 『한국여성철학』 9, 한국여성철학회. 조주영(2009), "캐롤 길리건(Carol Gilligan): 도덕윤리로서의 보살핌", 『여성이론』 21, 여성문화이론연구소. 이정은(2009), "현대 여성주의 철학에서 보살핌 윤리: 실천적 판단에서 특수 윤리와 보편 윤리의 전환 가능성", 『한국여성철학』 11, 한국여성철학회.

26) 다음의 글을 참고하기 바람. 이윤경(2003), 『보살핌 윤리가 갖는 의미에 관한 연구: 캐롤 길리건(Carol Gilligan)의 논의를 중심으로』, 이화

여자대학교 대학원 석사학위논문. 김진(2011), “콜버그 대 길리건: ‘정의’와 ‘배려’는 도덕원리로서 양립 가능한가”, 『대동철학』 57, 대동철학회. 박병춘(2013), “정의윤리와 배려윤리의 상호 관련성 연구”, 『윤리연구』 93, 한국윤리학회.

27) 다음의 책과 글을 참고하기 바람. 박병춘(2002), 『배려 윤리와 도덕 교육』, 서울: 울력. 박형빈(2014), “도덕성 성차 논의의 도덕교육적 함의”, 『초등도덕교육』 46, 한국초등도덕교육학회.

28) 이 절의 내용은 다음의 글에서 발췌하되, 이 책에 맞는 형태로 수정 · 보완한 것이다. 이재호(2021), “내러티브와 심성함양: 목소리, 경청, 그리고 관계성을 중심으로”, 『초등도덕교육』 71, 한국초등도덕교육학회.

29) Brown, L. M. & Gilligan, C.(1991), “Listening for Voice in Narratives of Relationship”. In Tappan, M. B. & Packer, M. J.(ed.), *Narrative and Storytelling: Implications for Understanding Moral Development*, San Francisco: Jossey-Bass INC, 43.

30) Gilligan, C.(1982/1993), *In a Different Voice: Psychological Theory and Women’s Development*, Harvard University Press. 허란주 역(1997), 『다른 목소리로: 심리 이론과 여성의 발달』, 서울: 동녘.

31) 박병춘(2002), 앞의 책, 53.

32) Brown & Gilligan(1991), 앞의 글, 43~62.

33) 위의 글, 43.

34) 위의 글, 43.

35) 위의 글, 44.

36) 위의 글, 54~55.

37) 위의 글, 49~55.

38) 12살 타냐는 여동생과 어린 사촌 동행과 함께 캠프를 갔는데, 통제가 일상화된 엄격한 합숙 생활의 분위기에서 부모님과 집에 향수를 가진 어린 사촌의 마음을 전혀 고려하지 않는 교관의 행동을 목격한다. 타냐는 처음에는 자신과 어린 사촌이 처한 갈등 사태에 대해 고민하다가 자신의 윤리적 결단에 따라 행동한 것, 그리고 그 결단 및 행동에 대한 자신 내면의 목소리를 청자에게 들려주는 과정에서 자신의 윤리적 결단 및 행동이 이를 가능하게 하는 다양한 주변의 목소리와 관계되어

있음을 이야기한다(위의 글, 56~60).

39) Tappan, M. B.(1991), "Narrative, authorship, and the development of moral authority". In Tappan, M. B. & Packer, M. J. (ed.), *Narrative and Storytelling: Implications for Understanding Moral Development*, San Francisco: Jossey-Bass INC, 20.

40) 비고츠키에 관한 이하의 내용은 주로 다음의 두 개의 글에서 가져와 수정 · 보완한 것임을 밝힌다. 이재호(2000), "비고츠키 발달이론의 도덕교육적 함의", 『도덕교육연구』 12(2), 한국도덕교육학회. 이재호, 박대호(2023), "손상과 보완: 비고츠키 이론에 기반한 도덕과 수업의 방법적 원리 탐색", 『교원교육』 30(3), 한국교원대학교 교육연구원.

41) 잘 알려져 있듯이, 국내 학계에서 이 용어는 '근접발달영역'(ZPD)이라는 용어로 번역되어 널리 사용되고 있다. 그러나 이 책에서는, 비고츠키가 본래 사용한 러시아어(*зона ближайшего развития*, zona blizhayshego razvitiya)가 가지는 의미의 깊이를 고려하여, 이홍우 교수의 표현(2000)을 따라 '중추발달지대'(中樞發達地帶)로 번역하여 사용한다("교과의 내면화", 『아시아교육연구』 1(1), 아시아태평양교육발전연구단, 251). proximal은 본래 해부학적 용어로서 '기부(基部)-기초 혹은 기원이 되는 부분-에 점점 가까운'이라는 의미를 지니고 있으며, 이는 비고츠키 이론을 총체적인 안목에서 고려할 때 '인간 마음의 핵심부에 점점 가까운'이라는 교육적 의미로 이해될 수 있고 또한 이해될 필요가 있다. 이에 관해서는 이재호(2000)의 위의 글을 참고하기 바람.

42) Vygotsky, L. S.(1978), *Mind in Society: The Development of Higher Psychological Processes*, Edited by Cole, M. et al., Cambridge: Harvard University Press. 91. 이홍우(2000), "교과의 내면화", 『아시아교육연구』 1(1), 아시아태평양교육발전연구단, 268.

43) Vygotsky(1978), 위의 책, 86.

44) 위의 책, 85~86.

45) 이와 관련해서는 다음의 글을 참고하기 바람. 이재호(2014), "비고츠키 손상학의 도덕교육적 함의", 『초등도덕교육』 45, 한국초등도덕교육학회. 박대호, 이재호(2022), "콜버그와 헤르바르트: 도덕심리학과 도덕교육의 관계 정립을 위한 탐색, 『초등도덕교육』 78, 한국초등도덕교육학회.

46) 이재호(2004), "구성주의 도덕교육론: 비고츠키 발달이론의 한 해석", 『학습자중심교과교육연구』 8, 학습자중심교과교육학회, 4.
47) Vygotsky, L. S.(1960), "The Genesis of Higher Mental Functions", In J. V. Wertsch(1981), *The Concept of Activity in Soviet Psychology*, Armonk, N.Y.: M.E. Sharpe, 162.
48) 이홍우(2000), 앞의 글, 최미옥(2004), 『비고츠키의 발달이론에 비추어 본 언어와 도덕성 발달의 관계』, 한국교원대학교 대학원 석사학위 논문.
49) Wertsch, J. V.(1985), *Vygotsky and the Social Formation of Mind*, Cambridge: Harvard University Press. 한양대 사회인지발달연구모임 역(1995), 『비고츠키 마음의 사회적 형성』, 서울: 정민사, 75~80. 박채형(2006), "비고츠키의 발달이론에 대한 인식론적 해석", 『도덕교육연구』 18(1), 한국도덕교육학회, 142~143.
50) Vygotsky(1978), 앞의 책, 56.
51) Vygotsky(1960/1981), 앞의 글, 163.
52) Vygotsky, L. S.(1993), *The Collected Works of L. S. Vygotsky Volume 2: The Fundamentals of Defectology*, New York: Plenum Press, 17.
53) 본 연구에서 '보완'으로 번역하여 사용하고 있는 원어(러시아어)는 콤펜사치야(*компенсация*)이며, 영미권에서는 compensation으로 번역하여 사용하고 있다. 잘 알려져 있듯이, compensation은 국내 (교육) 심리학계를 비롯하여 아들러 연구에 초점을 둔 상담심리와 교육상담 분야에서 '보상'으로 번역되어 널리 사용되고 있으나, 비고츠키 연구가들 사이에서는 '보완'으로 번역되어 사용되고 있다. 보상과 보완이라는 용어가 유사한 의미를 공유하고 있다는 점 이상으로, 보상과 보완은 이 양자가 겨냥하고 있는 활동의 성격과 그 활동에 붙박여 있는 의미를 고려할 때 결코 유사하다고 보기 어려운 중요한 차이가 있다. 이에 대해서는 별도의 심도 있는 연구가 필요하다.
54) Vygotsky(1993), 앞의 책, 52~53.
55) 위의 책, 56.
56) 위의 책, 57.
57) 위의 책, 58.

58) 여기에 등장하는 마음의 '이념 지향성'은 인간의 마음이 무엇에 근거해야 하고 또한 무엇을 형성해야 하는지를 압축적으로 표현한 용어이다. 이 용어가 지니는 의미는 서구 철학사를 거슬러 가면 칸트 이론과 관련해서, 그리고 비고츠키의 이론이 후대에 미친 영향을 고려하면 그의 이론에 모태를 두고 있는 바흐친(M. M. Bakhtin)의 이론과 관련해서 심도 있게 이해할 필요가 있다. 이 문제와 직접적으로 관련하여, 시간적 차원에서 일어나는 교육의 실천 사태를 염두에 두고 칸트와 관련하여 헤르바르트의 입장을 논의한 "헤르바르트 흥미이론의 도덕교육학적 해석"이라는 제목의 박대호(2021)의 박사학위논문과 글, 그리고 '이념'(*идеология*[ideologiya])은 발달의 이상태를 표현하는 것이면서 동시에 형성을 설명하는 데 통찰을 제공한다는 점을 염두에 두고 바흐친의 입장을 논의한 태펀(M. B. Tappan, 1991)의 글("Narrative, authorship, and the development of moral authority", In M. B. Tappan & M. J. Packer(Eds.), *Narrative and Storytelling: Implications for Understanding Moral Development*, San Francisco: Jossey-Bass INC, 이재호 역(2022), 『내러티브와 스토리텔링: 도덕성 발달의 이해』, 서울: 박영스토리, 21~22)을 참고하기 바람.

59) Vygotsky(1978), 앞의 책, 73.

60) 위의 책, 73.

61) Vygotsky(1993), 앞의 책, 62.

62) 위의 책, 62.

63) Oakeshott(1991), "The Tower of Babel", *Rationalism in Politics and Other Essays*, Liberty Fund, 471.

64) Vygotsky(1993), 앞의 책, 64.

65) 임병덕, 유한구, 이홍우(1998), 앞의 책, 72~74 이하.

66) 이홍우(2001), "도덕성의 형식과 내용", 『아시아교육연구』 2(1), 아시아태평양교육발전연구단, 143.

67) 이하 형식과 내용의 관련 방식에 관한 논의는 다음 글의 '가법적 접근'과 '승법적 접근'의 아이디어에 기초하고 있음을 밝힌다. 이홍우(1996), "전인교육론", 『도덕교육연구』 8, 한국교육학회 도덕교육연구회, 5~10.

제3장 도덕과교육의 사회적 기초

1) Kant, I.(1788), *Kritik der praktischen Vernunft*, 백종현 역(2015), 『실천이성비판』, 서울: 아카넷. 최재희 역(2018), 『실천이성비판』, 서울: 박영사. 이 부분은 제2부 '순수 실천이성의 방법론'을 참고한 것이다. 그리고 이하 이 장의 서문과 1절의 내용은 다음의 글을 이 책에 맞는 형태로 수정, 보완한 것이다. 박대호, 이재호(2024), "사회화로서의 도덕교육: 뒤르껭, 다시 읽기", 『도덕교육연구』 36(4), 한국도덕교육학회.
2) 이홍우(2009), 『교육의 개념』, 서울: 문음사, 260.
3) Durkheim, E.(1961), *Moral Education*. E. K. Wilson & H. Schnurer (trans.), New York: The Free Press, 8.
4) 위의 책, 9.
5) 위의 책, 6.
6) 위의 책, 19.
7) 위의 책, 11.
8) 위의 책, 35.
9) 임병덕, 유한구, 이홍우(1998), 앞의 책, 91.
10) Durkheim(1961), 앞의 책, 29.
11) 위의 책, 45.
12) 위의 책, 102.
13) 위의 책, 79.
14) 위의 책, 85.
15) 위의 책, 89.
16) 위의 책, 91.
17) 임병덕, 유한구, 이홍우(1998), 앞의 책, 92.
18) Durkheim(1961), 앞의 책, 113.
19) 뒤르껭이 직접 언급하고 있는 것은 아니지만, 칸트에 대한 비판은 현대 과학적 교육학의 아버지로서의 위상을 인정받고 있는 헤르바르트를 참고한 것이라고 말해도 좋을 것이다. 이 점에 관해서는 장차 별도의 연구가 필요하다.

20) 뒤르껭이 칸트의 견해를 비판의 대상으로 삼는다고 하여 양자가 서로 무관한 이야기를 하고 있다고 이해해서는 곤란하다. 뒤르껭의 비판은 의지의 자율성에 관한 칸트의 견해 그 자체에 대한 부정이 아니라, 그 자율성이 인간이 실지로 몸담고 살아가고 있는 사회 속에서 그러한 경지에 도달할 수 있는가에 관심을 기울인 결과라고 보는 것이 타당하다. 이러한 해석에 관해서는 황종관(2001), "道德教育에서의 權威와 自律性의 關係", 『도덕교육연구』 13(2), 한국도덕교육학회, 3절을 참고하기 바람.

21) 지정민(2018), "뒤르껭의 인간, 사회, 교육: 칸트 철학과 관련하여", 『도덕교육연구』 30(4), 한국도덕교육학회, 91.

22) 위의 책, 123~124.

23) 위의 책, 111.

24) 이홍우(2009), 앞의 책, 140.

25) Durkheim, E.(1956), *Education and Sociology*, S. D. Fox(trans.), Yew York: The Free Press, 78. 이하의 논의는 이홍우(2009), 『교육의 개념』의 제4장과 임병덕, 유한구, 이홍우(1998), 『초등학교 도덕과 교육론』의 제3장 1절을 주로 참고하였다. 아울러, 이하에 등장하는 대부분의 번역은 대체로 이홍우 교수의 책 『교육의 개념』 4장에 의존하고 있음을 밝힌다.

26) 이홍우(2009), 앞의 책, 29~30에서 재인용. 이 키에르케고르의 우화는 '진리는 주관성이다'라는 명제를 설명하는 부분에 나온 것이다. 그 우화에 관한 자세한 설명은 이홍우(2009), 앞의 책, 198~201을 참고하기 바람.

27) 이홍우(2016), 『교육의 목적과 난점』, 파주: 교육과학사, 178.

28) Durkheim(1956), 앞의 책, 71.

29) 위의 책, 72.

30) 위의 책, 65.

31) 위의 책, 65.

32) 위의 책, 65.

33) 위의 책, 66.

34) 위의 책, 74.

35) 위의 책, 75.

36) 위의 책, 75~76.

37) 이홍우(2009), 앞의 책, 143.

38) Durkheim(1956), 앞의 책, 82.

39) 위의 책, 82.

40) 위의 책, 89.

41) 위의 책, 89.

42) 위의 책, 88.

43) 임병덕, 유한구, 이홍우(1998), 앞의 책, 89.

44) Durkheim(1956), 앞의 책, 120.

45) 이 말을 두고, 앞선 사람들의 유산을 무조건적으로 수용하고 보존하여 유지해야 하며, 새로운 제도를 들여와서는 안 된다는 식으로 이해해서는 안 된다. 피히테(G. Fichte)의 구분을 차용하여 말하자면, '문자'와 '정신'은 구분되어야 하며, 우리는 '정신'을 따라야 한다. 앞선 사람들이 남긴 유산을 소중히 대하라는 말은 제도와 같은 형태로 나타난 겉모습이 아니라, 그 정신을 소중히 대하라는 뜻이다.

46) 위의 책, 65.

47) 임병덕, 유한구, 이홍우(1998), 앞의 책, 95.

48) 이 문장은 함린의 다음 책에서 가져온 것이다. Hamlyn, D. W.(1978), *Experience and the Growth of Understanding*, London: Routledge & Kegan Paul. 이홍우 역(2010), 『교육인식론: 경험과 이해의 성장』, 파주: 교육과학사, 33.

49) 임병덕, 유한구, 이홍우(1998), 앞의 책, 94.

50) 이하의 논의는 『정치에서의 합리주의』라는 책에 수록된 오우크쇼트의 글 '바벨탑'을 요약 및 정리하여 이 책의 성격에 맞게 수정한 것이다. Oakeshott, M.(1991), "The Tower of Babel", *Rationalism in Politics and Other Essays*(New and Expanded Edition), Indianapolis: Liberty Fund, 465~487. 이 과정에서 저자는 유한구, 이홍우(1998), 『초등학교 도덕과교육론』의 3장 2절과 김안중(1990)의 글 "덕목교육의 재음미", (『도덕교육연구』 4, 3~24)를 주로 참고하였다.

51) 오우크쇼트는 『경험과 그 양상』(*Experience and Its Modes*, 1933)에서 대다수가 가진 편견과 혼동의 상당 부분은 '구분이 차이로 격상'되는 데서 비롯된다는 견해를 피력하고 있다(Oakeshott, 1933, 10). 관례적 도덕성과 반성적 도덕성이 관념적 극단이라는 점에 대한 그의 강조는 이 편견과 혼동에 빠지지 말아야 한다는 경고를 나타낸다고 말해도 좋을 것이다.

52) Oakeshott(1991), 앞의 책, 468.

53) 위의 책, 469.

54) 위의 책, 469.

55) 김안중(1990), "덕목교육의 재음미", 『도덕교육연구』 4, 한국도덕교육학회, 10.

56) 앞의 책, 470.

57) 위의 책, 471.

58) 위의 책, 476.

59) 위의 책, 476. 앞의 글, 14에서 재인용.

60) 위의 책, 478~479.

61) 임병덕, 유한구, 이홍우(1998), 앞의 책, 100.

62) Oakeshott(1991), 앞의 책, 479~480.

63) 위의 책, 480.

64) 위의 책, 481.

65) 위의 책, 487.

66) 위의 책, 487.

67) 임병덕, 유한구, 이홍우(1998), 앞의 책, 102.

68) Oakeshott, M.(1991), "Rationalism in Politics", *Rationalism in Politics and Other Essays*(New and Expanded Edition), Indianapolis: Liberty Fund,, 5~42.

69) Rationalism, 오우크쇼트는 플라톤이나 스콜라주의자들로 대표되는 고대나 중세의 합리주의를 비판하는 것이 아니라 이른바 '근대적 합리주의'를 비판한다. '이성의 오용'이라는 문제가 두드러지는 것은 근대적 합리주의에서이다. 그는 근대적 합리주의를 일반적인 의미에서의

합리주의와 구분하기 위하여 첫머리를 대문자로 표기하고 있다. 임병덕, 유한구, 이홍우(1998), 앞의 책, 120.

70) Oakeshott(1991), 앞의 책, 6.

71) 위의 책, 6~7.

72) 위의 책, 8.

73) 위의 책, 8~9.

74) 위의 책, 36.

75) 위의 책, 36.

76) 위의 책, 39.

77) 위의 책, 37~38.

78) 위의 책, 34.

79) 위의 책, 26~27.

80) Oakeshott, M.(1972), "Education: the Engagement and it Frustration", R. F. Dearden, P. H. Hirst and P. S. Peters(eds.), *Education and the Development of Reason*, Routledge and Kegan Paul, 최원형 역(2003), "교육: 그 임무와 좌절", 『현대 교육목적론』, 41~42.

81) 맥킨타이어의 책 *After Virtue*는 현재 이진우에 의하여 '덕의 상실'이라는 서명으로 번역되어 있다. 그 번역은 맥킨타이어의 시대 진단에 초점을 맞춘 것이다. 다만 그러한 문제를 극복하기 위한 맥킨타이어 자신의 처방에 초점을 맞추면 그의 책은 '덕의 추구'라고 번역해도 무리가 없으며, 여기에서는 후자를 강조하는 입장에서 '덕의 추구'로 번역하여 표기한다.

82) 이홍우(2001), "도덕성의 형식과 내용", 『아시아교육연구』 2(1), 136.

83) MacIntyre, A., *After Virtue: A Study in Moral Theory*, University of Notre Dame Press. 이진우 역(1997), 『덕의 상실』, 서울: 문예출판사, 19.

84) 위의 책, 17 참고.

85) 위의 책, 18. 최은순(2014), "맥킨타이어의 덕윤리와 도덕교육", 『도덕교육연구』 26(1), 한국도덕교육학회, 53에서 재인용.

86) MacIntyre, 이진우 역(1997), 앞의 책, 25.

87) 위의 책, 27.
88) 위의 책, 32.
89) 위의 책, 50.
90) 위의 책, 26.
91) 위의 책, 90.
92) 위의 책, 90.
93) 최은순(2014), 앞의 글, 55.
94) 이재호, 박준식, 한찬희, 박대호, 임병덕(2021), 『도덕철학과 도덕교육』, 교육과학사, 120.
95) MacIntyre, 이진우 역(1997), 앞의 책, 318.
96) 위의 책, 307.
97) 위의 책, 326.
98) 이재호, 박준식, 한찬희, 박대호, 임병덕(2021), 앞의 책, 212.
99) MacIntyre, 이진우 역(1997), 앞의 책, 329.
100) 최은순(2014), 앞의 글, 63.
101) 위의 글, 65.
102) 맥킨타이어의 토미즘에 관해서는 다음 연구를 참고하기 바람. 한찬희(2021), "맥킨타이어의 토미즘: 도덕교육에 주는 시사", 『도덕교육연구』 33(3), 한국도덕교육학회.
103) 임병덕, 유한구, 이홍우(1998), 앞의 책, 107.
104) 지정민(2018), 앞의 글, 99.
105) 한찬희, 이재호(2022), "2022 도덕과 교육과정 개정의 주요 쟁점 탐색: 초등 도덕과를 중심으로", 『초등도덕교육』 79, 한국초등도덕교육학회, 61.
106) 이홍우(1992), "교과의 정당화 개념으로서의 동기와 이유", 『증보 교육과정탐구』, 박영사, 411~428.

제4장 도덕과교육 이론의 새 지평

1) Kohlberg, L.(1981), *The Philosophy of Moral Development: Moral Stages and the Idea of Justice, Essays on Moral Development*, vol(I),

San Francisco: Harper & Row. 김민남, 김봉소, 진미숙 역(2000), 『도덕발달의 철학』, 서울: 교육과학사, 12.

2) 이 절의 출처는 다음의 글이며, 이 책에 맞는 형태로 수정 · 보완한 것이다. 이재호(2017), "내러티브 접근에서의 도덕성 발달과 도덕교육: 태펀(M. B. Tappan)의 관점을 중심으로", 『초등도덕교육』 58, 한국초등도덕교육학회.

3) 콜버그는 인지와 정서의 관련 문제에 대하여 '동일한 정신작용의 상이한 측면'이라는 견해를 피력하였다. 그러나 도덕성 발달의 주요 요인이 인지적 추론 활동에 있으며, 그의 이론과 실제에서 정서가 부차적인 문제로 취급되었다는 많은 학자들의 지적은 상당한 정도의 설득력이 있다.

4) Tappan, M. B.(1991), "Narrative, Authorship, and the Development of Moral Authority", 5~25, in Tappan, M. B. & Packer, M. J.(1991), *Narrative and Storytelling: Implications for Understanding Moral Development*, San Francisco: Jossey-Bass INC, Publisgers, 8.

5) MacIntyre, A.(1984), *After Virtue: A Study in Moral Theory*, South Bend, Ind.: University of Notre Dame Press, 194, 197.

6) MacIntyre(1984), 위의 책, 216.

7) Bruner, J. S.(1985), "Narrative and Paradigmatic Models of Thought", In Einer(ed.), *Learning and Teaching the Ways of Knowing*, MA: Harvard University Press.

8) Tappan(1991), 앞의 글, 10.

9) 위의 글, 11.

10) 다음 책 제목에서도 확인되듯이, 바흐친은 responsibility와는 상이한 용어이지만 동일한 의미의 성격을 가지고 있는 용어로 answerability를 사용하기도 한다. Bakhtin, M. M.(1990), *Art and Answerability: Early Philosophical Essays*, V. Liapunov, Trans., Austin: University of Taxas Press.

11) MacIntyre(1984), 앞의 책, 195.

12) Arendt, H.(1968), *Between Past and Future*, New York: Penguin Books.

13) Tappan(1991), 앞의 글, 11.

14) Bakhtin, M. M.(1981), *The Dialogic Imagination*, Emerson, C. & Holquist, M. (trans.), Austin: University of Taxas Press, 293.

15) Tappan(1991), 앞의 글, 5~6, 21~22.

16) 데이(J. M. Day)는 "도덕적 판단과 행동의 중재로서의 내러티브"라는 자신의 글에서 '도덕적 청중'이라는 용어를 사용하고 있다. 그에 의하면, 도덕적 판단 및 행동의 사태에서는 그것을 가능하게 하는 동인으로서, 또는 동일시가 전제된 모델링의 대상으로서 타자의 목소리-부모, 위인전의 인물, 선생님 등-가 공존하는데, 이를 일컬어 '도덕적 청중'으로 명명하고 있다. 한 개인에게 있어 도덕적 청중의 존재는 개인의 도덕적 판단과 행동에 결정적인 영향을 제공한다. 자세한 내용은 다음의 글을 참고하기 바람. Day, J. M.(1991), "The Moral Audience: On the Narrative Mediation of Moral 'Judgment' and Moral 'Action'", 27~42, in Tappan, M. B. & Packer, M. J. (1991), *Narrative and Storytelling: Implications for Understanding Moral Development*, San Francisco: Jossey-Bass INC, Publisgers. 이재호 역(2022), 『내러티브와 스토리텔링: 도덕성 발달의 이해』, 파주: 피와이메이트.

17) Bakhtin(1981), 앞의 책, 333.

18) Tappan(1991), 앞의 글, 20.

19) 위의 글, 20.

20) Tappan, M. B. & Brown, L. M.(1989), "Stories Told and Lessons Learned: Toward a Narrative Approach to Moral Development and Moral Education", *Harvard Educational Review*, Vol. 59, 182~205. 그리고 Tappan (1991), 위의 글, 20.

21) Wertsch, J. V. & Tulviste, P.(1992), "비고츠키와 현대 발달심리학", 399~425. 이민희·정태연 역(2004), 『발달심리학 거장들의 핵심이론 연구』, 서울: 학지사, 418.

22) 여기에서 종래의 입장이라는 것은, '교육은 발달에 종속된다'라는 입장, '발달과 교육 사이에는 아무런 긴장 관계가 존재하지 않는다'라는 입장, '발달은 인간의 전 생애를 통한 성숙과의 관련 속에서 의미를 지닌다'라는 관점을 지칭한다. 이에 대한 상세한 고찰은 비고츠키(1962)

의 『사고와 언어』(*Thought and Language*) 참고.

23) 지금의 시각에서 볼 때 한 세기 이전인 그 당시 실험 연구를 통해 교수 활동의 이론적 정당화를 정립했다는 것은 큰 성과로 평가될 수 있다. 이 점에서 오늘날 비고츠키의 이론이 피아제의 이론과 대등한 수준의 평가를, 또는 피아제의 이론적 한계를 극복하는 대안이 된다는 평가를 받는 것은 기이한 일이 아니다.

24) 태펀은 비고츠키의 중추발달지대를 도덕교육과의 관련 속에서 직접 연구한 바 있다. 이에 대한 상세한 고찰은 "중추발달지대에서의 도덕교육"("Moral education in the zone of proximal development", 1998, *Journal of Moral Education*, 141~160)을 참고하기 바람.

25) 교육부(2015), 『도덕5 교사용 지도서』, 5~6학년군 도덕①, 서울: 천재교육, 32~35.

26) 여기에서 '형식상'이라는 것은, 교사용 지도서에서는 직접적 가치 전수와 간접적 탐구를 별도로 구분하여 소개하고 있는데, 직접적 가치 전수 중 '도덕 이야기하기' 안에 간접적 탐구에 해당하는 저작 과정으로서의 '도덕적 자기 경험 이야기'를 포함하여 기술하고 있다는 것을 뜻한다.

27) 교육부(2015), 앞의 책, 54~55.

28) 정확히 말하면, 태펀이 강조하는 실제적 조치에 해당하는 것은 '학생 자신의 도덕적 경험을 발표함으로써 도덕적 이야기를 구성하는 것'이다. '절차4'의 '유사한 상상의 이야기 구성'은 '학생 자신의 도덕 이야기 구성'이라는 활동에 포함된 누군가에 의해 창안된 유의미한 하위 활동으로 분석된다.

29) 신현우(2011), "초등 도덕교육에서의 도덕이야기 수업모형 개선 방향 연구", 『윤리연구』 83, 한국윤리학회, 266.

30) 교육부(2015), 앞의 책, 55.

31) 이 절의 출처는 다음의 학위논문(특히 제4장 1절)이며, 이 책에 맞는 형태로 수정·보완한 것이다. 박대호(2021), 『헤르바르트 흥미이론의 도덕교육학적 해석』, 한국교원대학교 대학원 박사학위논문.

32) Herbart, J. F.(1841), Lange, A. F.(trans.)(1904), *Outlines of Educational Doctrine*, N. Y.: The Macmillan Company, 44.

33) Dewey, J., 이홍우 역(2007), 『민주주의와 교육』, 파주: 교육과학사, 209.
34) Dewey, 이홍우 역(2007), 위의 책, 207.
35) 실지로 여러 헤르바르트 연구자들은 헤르바르트 교육학에 관한 종래의 여러 비판들이 헤르바르트가 아니라 헤르바르트주의에 해당된다는 점을 공통적으로 지적하고 있다. 그러나 『민주주의와 교육』에서 헤르바르트가 직접적으로 언급되는 것으로 볼 때, 듀이의 그 비판은 헤르바르트와 헤르바르트주의를 모두 포괄하고 있다고 보는 편이 더 안전할 것이다. 이하에서 드러나게 될 바와 같이, 헤르바르트와 듀이는 '이원론'을 대하는 방식에서 현격한 차이를 보이며, 바로 여기에서 듀이는 헤르바르트를 비판할 근거를 찾고 있다.
36) Dewey, 이홍우 역(2007), 앞의 책, 207~208.
37) 위의 책, 208.
38) Dewey, J., 조용기 역(2015), 『흥미와 노력 그 교육적 의의』, 대구: 교우출판, 33~34.
39) 위의 책, 34.
40) Dewey, 이홍우 역(2007), 앞의 책, 208.
41) 위의 책, 208~210.
42) Dewey, 조용기 역(2015), 앞의 책, 30.
43) Dewey, 이홍우 역(2007), 앞의 책, 220.
44) 위의 책, 210.
45) Dewey, 조용기 역(2015), 앞의 책, 125.
46) 듀이의 「아동과 교육과정」이라는 글에도 이와 유사한 표현이 등장한다. "사실 흥미란 가능한 경험에 대한 태도를 지칭할 뿐이며, 그것 자체가 우리가 성취해야 할 최종적인 목적일 수는 없다. 흥미는 그것이 최종적인 성취물이기 때문에 가치를 지니는 것이 아니라, 무엇인가에 도달하기 위한 수단을 제공하기 때문에 가치를 지닌다." Dewey, J., 엄태동 역(2019), 『존 듀이의 경험과 교육』, 서울: 박영사, 134.
47) Dewey, 조용기 역(2015), 앞의 책, 125.
48) 임병덕(2005), "초등도덕과교육의 근본: 교과의 의미로서의 도덕", 『도덕교육연구』 16(2), 한국도덕교육학회, 26.

49) Herbart, J. F.(1806), *Allgemeine Pädagogik aus dem Zweck der Erziehung abgeleitet*. Willmann, O.(hrsg.)(1880), *Johann Friedrich Herbarts Pädagogische Schriften*, Bd.1, Leipzig. Felkin, M. H., Felkin, E.(trans.)(1892), *The Science of Education: Its General Principles Deduced from its Aim*, London: Swan Sonnenschein & Co, 193.

50) 위의 책, 독어판, 150.

51) 위의 책, 193.

52) 위의 책, 128~129.

53) 위의 책, 131.

54) 위의 책, 영어판, 49.

55) 김정국(1999), "헤르바르트와 듀이의 흥미론 비교: 도덕교육에 주는 시사", 『도덕교육연구』 11(1), 한국도덕교육학회, 215.

56) 여기에서는 듀이와의 관련성을 고려하여, 이론적 이해와 실제적 문제 해결이라는 용어를 사용하고 있지만, 이환기는 이 양자를 '이론적 흥미', '일상적 흥미'라는 용어를 써서 설명하기도 한다. 또한 이재호는 흥미의 심리적 의미와 관련 맺는 흥미를 '일차적 흥미'로, 규범적 의미와 관련 맺고 있는 흥미를 '이차적 흥미'로 구분하고 바로 이 구분이 '욕망'을 존중해야 한다는 관점과 '교과'가 추구하는 가치를 존중해야 한다는 관점에 따르는 차이라고 말한다. 그는 이차적 흥미에 주목할 것을 촉구하면서 그것을 특별히 '메타 흥미'(meta interest)로 명명하고 있다. 이 메타 흥미는 본 연구에서 말하는 '조화로운 다면적 흥미'에 그대로 상응한다. 이환기(2004), 『헤르바르트의 교수이론』, 서울: 교육과학사, 114~115 참고. 이재호(2016), "초등도덕과 수업활동에 관한 쟁점 탐색", 『초등도덕교육』 54, 한국초등도덕교육학회, 359~361, 369~370 참고.

57) Herbart, J. F.(1806/1880), 앞의 책, 독어판, 131.

58) 위의 책, 131.

59) 이환기(2004), 앞의 책, 115.

60) Herbart, J. F.(1806/1880), 앞의 책, 독어판, 129~130.

61) 위의 책, 196.

62) 위의 책, 80.

63) 이 절의 출처는 다음의 학위논문(특히 제4장)이며, 이 책에 맞는 형태로 수정 · 보완한 것이다. 이재호(2008), 『리쾨르 서사해석학의 도덕교육적 함의』, 한국교원대학교 대학원 박사학위논문.

64) Ricoeur, P.(1981), *Hermeneutics and the Human Sciences: Essays on language, action and interpretation*, Edited, translated and introduced by J. B. Thompson, Cambridge University Press. 윤철호 역(2003), 『해석학과 인문사회과학: 언어, 행동 그리고 해석에 관한 논고』, 서울: 서광사. 영어판, 145.

65) 브루너(J. S. Bruner)에 의하면, 인간의 사고 양식은 두 가지로 구분되는데, 하나는 '명제적 사고'(paradigmatic mode of thought)이고 다른 하나는 '서사적 사고'(narrative mode of thought)이다. 서사적 사고는 서사적 상황, 달리 말하면 이야기를 주고받는 행위가 교육의 과정에서 중요한 기능을 발휘한다는 점에 기초하고 있으며, 이는 브루너 자신의 '인식론적 변화'를 여실히 보여주는 개념이다. 이와 관련해서는 다음 글을 참고하기 바람. Bruner, J. S., "Narrative and Paradigmatic Models of Thought, in Einer(ed.)(1985), *Learning and Teaching the Ways of Knowing*.

66) 이와 관련해서는 다음의 글을 참고하기 바람. Tappan, M. B.(1990), "Hermeneutics and moral development", *Developmental Review*, Vol. 10(3). Tappan, M. B.(1991), "Narrative, language and moral experience", *Journal of Moral Education*, Vol. 20(3). Vokey, D. (1991), "Narrative and Moral Discourse", *Philosophy of Education*, Philosophy of Education Society(ed.), Illinois State University. Witherell, C. & Noddings, N.(1991), *Stories Lives Tell*, New York: Teachers College Press.

67) Ricoeur, P.(1990), *Soi-même comme un autre*, Paris: Seuil, Blamey, K(trans.)(1992), *Oneself as Another*, Chicago & London: The University of Chicago Press, 213~214.

68) Ricoeur, P.(1986), *Du Texte à l'action*, Paris: Seuil, Blamey, K. & Thomson, J. B. (trans.)(1991), *From Text To Action: Essays in HermeneuticsII*, Northwestern University Press, 박병수, 남기영 편

역(2002), 『텍스트에서 행동으로』, 아카넷, 139.

69) Ricoeur, P.(1969), *Le Conflit des Interprétations*, Paris: Seuil. Edited by Ihde, D. (1974), *The Conflict of Interpretations: Essays in Hermeneutics*, Northwestern University Press, 양명수 역(2001), 『해석의 갈등』, 아카넷. 영어판, 11~16.

70) Ricoeur, P.(1983), *Temps et Récit, Tome* Ⅰ, Paris: Seuil. Translated by McLaughlin, K. & Pellauer, D.(1984), *Time and Narrative*, Vol. 1, Chicago & London: The University of Chicago Press. 김한식, 이경래 역(1999), 『시간과 이야기1: 줄거리와 역사 이야기』, 문학과지성사, 299.

71) Ricoeur, P., 박병수, 남기영 편역(2002), 앞의 책, 133.

72) Ricoeur, P.(1969), 앞의 책, 불어판, 16 참고.

73) Ricoeur, P.(1983), 앞의 책, 영어판, 65.

74) 서용석(2005), 『해석학적 경험으로서의 이해의 의미: 교육에서의 교사의 위치를 중심으로』, 서울대학교 대학원 석사학위논문, 51.

75) Ricoeur, P.(1985), *Temps et Récit, Tome* Ⅲ*: Le Temps Raconté*, Paris: Seuil, Blamey, K. & Pellauer, D.(trans.)(1988), *Time and Narrative*, Vol. 3, Chicago & London: The University of Chicago Press. 김한식 역(2004), 『시간과 이야기3: 이야기된 시간』, 문학과지성사, 201.

76) Ricoeur, P.(1985), 앞의 책, 불어판, 356.

77) Ricoeur, P.(1983), 앞의 책, 불어판 107.

78) 위의 책, 영어판, 11 참고.

79) 이홍우(2018), 『미국 교육학의 정체』, 파주: 교육과학사, 5.

80) 메타프락시스에 관한 이하의 논의는 다음의 연구에 크게 의존하였다. 이홍우(2005), "도덕교육의 東洋的 傳統", 『도덕교육연구』 17(1), 한국도덕교육학회. 이홍우(2006), "주희와 듀이: 교육이론의 메타프락시스적 성격", 『도덕교육연구』 18(1), 한국도덕교육학회. 이홍우(2014), 『성리학의 교육이론』, 파주: 교육과학사. 이홍우(2018), 『미국 교육학의 정체』, 파주: 교육과학사.

81) 이홍우(2005), 위의 글, 20.

82) 이홍우(2014), 앞의 책, 306~307.
83) 위의 책, 308.
84) 임병덕(2006), "교육윤리학의 성립 가능성 탐색", 『사회과학교육연구』 9, 한국교원대학교 사회과학연구소, 1-16.
85) 위의 글, 3.

제5장 도덕과 수업의 성격과 교사의 역할

1) 이하에서 취급하는 논의는 박대호, 이재호(2023), "초등 도덕과 수업 실천사례 탐색: 도덕과 교육과정에서의 '성실'의 가치를 중심으로", 『초등도덕교육』 85, 한국초등도덕교육학회, 2장의 내용을 발췌 및 수정한 것임.
2) 이 문제는 다음의 연구를 참고하기 바람. 이인재(2022), "2022 개정 초등 도덕과 교육과정 시안의 핵심 아이디어와 내용 구성 요소에 대한 비판적 고찰", 『한국도덕윤리과교육학회 학술대회 자료집』, 한국도덕윤리과교육학회. 임유나(2023), "2022 개정 교육과정의 '핵심 아이디어'에 대한 비판적 검토", 『학습자중심교과교육연구』 23(18), 학습자중심교과교육학회. 추정완(2022), "2022 개정 도덕과 교육과정(안)의 개선을 위한 과제", 『도덕윤리과교육』 76, 한국도덕윤리과교육학회. 한찬희, 이재호(2022), "2022 도덕과 교육과정 개정의 주요 쟁점 탐색: 초등 도덕과를 중심으로", 『초등도덕교육』 79, 한국초등도덕교육학회.
3) 이홍우(2015), 앞의 책, 58.
4) 이경원, 김철호, 김아영, 김완수(2022a), "2022 개정 초등학교 도덕과 교육과정 개발 방향 탐구", 『초등도덕교육』 77, 한국초등도덕교육학회, 48.
5) 임유나(2023), "2022 개정 교육과정의 '핵심 아이디어'에 대한 비판적 검토", 『학습자중심교과교육연구』 23(18), 학습자중심교과교육학회, 749.
6) 이홍우(2015), 앞의 책, 505.
7) 한찬희, 이재호(2022), 앞의 책, 57.
8) 온정덕(2013), "이해중심 교육과정과 맞춤형 수업의 통합: 초등예비교사들의 현장 적용을 중심으로", 『한국초등교육』 24(1), 서울교육대학

교 초등교육연구소, 27.

9) 교육부(2022), 『도덕과 교육과정』, 세종: 교육부, 일러두기.

10) 이홍우(2006), 『지식의 구조와 교과』, 파주: 교육과학사, 60.

11) 이경원, 김철호, 김아영, 김완수(2022b), “2022 개정 초등학교 도덕과 교육과정의 핵심 아이디어 탐색”, 『도덕윤리과교육』 75, 한국도덕윤리과교육학회, 71.

12) 한찬희, 이재호(2022), 앞의 글, 60.

13) 이홍우(2006), 앞의 책, 299.

14) 이하의 내용은 다음 글의 일부를 본 절에 맞게 수정한 것임. 박대호(2023), “도덕과교육과 부정적 수업”, 『도덕교육연구』 35(4), 한국도덕교육학회.

15) 도덕과교육이 ‘생활과의 밀접한 관련’이라는 특징을 갖는다는 생각, 그리고 도덕교육을 ‘모든 교과교육’과 ‘학교 교육 전반’에 걸쳐 실행해야 한다는 생각은 이미 도덕과 교육과정과 지도서 총론에도 반영되어있다. 특히, 후자는 도덕교육의 중요성을 강조하면서도 도덕과의 시수를 2시간에서 1시간으로 축소한 제6차 교육과정기에 관한 설명에 그대로 나타나 있다. 도덕과 지도서 총론에 ‘2015 도덕과 교육과정 개정의 중점 사항’으로 소개되는 ‘도덕과의 정체성 확립’이라는 표현이 짐작하게 해 주는 바와 같이, 도덕과의 설정 근거 문제는 주요한 연구 주제 가운데 하나이다.

16) Peters, R. S.(1966), 이홍우, 조영태 역(2003), 『윤리학과 교육』, 서울: 교육과학사, 19~22,

17) 위의 책, 21.

18) 위의 책, 23.

19) 실지로 ‘교육적 수업’(*erziehender Unterricht*)이라는 일견 독특해 보이는 헤르바르트의 표현은 바로 이 점을 나타내고 있다. 그것은 교육의 개념적 기준에 부합하는 수업, 수업다운 수업을 가리키는 용어이다.

20) 위의 책, 24.

21) 위의 책, 24.

22) 위의 책, 24~25.

23) 위의 책, 27.

24) 위의 책, 27.

25) 위의 책, 33.

26) 위의 책, 50.

27) Scheffler, I.(1960), *The Language of Education,* Springfield, Illinois: Thomas, 58.

28) Scheffler, I.(1965), *The Conditions of Knowledge,* 김정래 역(2017), 『지식의 조건』, 학지사, 61.

29) Peters, R. S., 이홍우, 조영태 역(2003), 앞의 책, 30.

30) 위의 책, 61.

31) Scheffler, 김정래 역(2017), 앞의 책, 70.

32) Oakeshott, M.(1967), "Learning and Teaching", R. S. Peters (ed.), *The Concept of Education*, London: RKP. 차미란 역(1992), "학습과 교수(상, 하)", 『교육진흥』(봄-여름), 52.

33) 이홍우(2006), 앞의 책, 68.

34) 위의 책, 69.

35) Plato, *Meno*, 박종현 역(2010), 『프로타고라스, 라케스, 메논』, 파주: 서광사, 86b.

36) Dewey, J.(1938), *Experience and Education*, New York: The Macmillan Company, 17.

37) 본 절의 내용은 다음 글의 내용을 발췌 및 수정한 것임. 박대호(2024), "인격형성의 원리로서의 교학상장", 『초등도덕교육』 86, 한국초등도덕교육학회.

38) Durkheim, E.(1961), *Moral Education*, E. K. Wilson & H. Schnurer (trans.), New York: The Free Press, 6.

39) Bruner, J. S., 이홍우 역(2006), 앞의 책, 299.

40) 주입식 교육을 부추기는 세력과 그럴 만한 사정이라는 말을 할 때, 혹자는 오늘날의 교육제도를 떠올렸을지도 모른다. 이 생각은 상당한 타당성을 갖지만, 오늘날의 교육제도를 상상하기 어려웠던 시기에도 이 문제가 동일한 문제로 지목되어 왔다는 점은 여기에서 다루는 문제가 교육제도의 문제를 넘어선다는 점을 보여준다. 교육제도의 문제는 주

입식 교육의 근본적인 원인이라기보다 그것의 결과요, 다시 그것을 조장하고 부추기는 요소로 이해되어야 한다.

41) Bass, R. V. & Good, J. W.(2004), “Educare and Educere: Is a Balance Possible in the Educational System?”, *The Educational forum* 68(2), KAPPA DELTA PI, 162.

42) Herbart, J. F.(1806), M. H. Felkin & E. Felkin(trans.)(1892), *The Science of Education: Its General Principles Deduced from its Aim*. London: Swan Sonnenschein & Co, 106.

43) We teach children, not subjects. 이홍우(2006), 앞의 책, 35.

44) 이홍우(2024a), 『왼손으로 쓴 교육학』, 파주: 교육과학사, 34.

45) Whitehead, A. N.(1967), *The Aims of Education and Other Essays*, Toronto: Collier-Macmillan Canada Ltd, 2.

46) 화이트헤드가 제안한 두 가지 교육의 기본 원칙, 즉 “너무 많은 과목을 가르치지 말라”, “가르쳐야 할 것은 철저하게 가르치라”는 바로 주입식 교육과 아동 중심 교육을 각각 겨냥하고 있다고 말해도 무리가 없다(위의 책, 2).

47) Kohlberg, L.(1981), *The Philosophy of Moral Development: Moral Stages and the Idea of Justice, Essays on Moral Development*, vol(I), San Francisco: Harper & Row. 김민남, 김봉소, 진미숙 역(2000), 『도덕발달의 철학』, 서울: 교육과학사, 44.

48) 2022 개정 도덕과 교육과정의 개발 총괄을 담당한 연구자가 도덕과교육에 관한 인식의 중요성을 애써 강조하면서 사용한 ‘미국에는 없는 교과가 바로 도덕과’라는 표현은 오늘날 도덕과교육에 영향을 미치고 있는 다양한 이론적 접근들이 도덕과 수업을 설명하는데 적합하지 않다는 문제의식을 담고 있다고 말해도 무리가 없다. 이 점에 관해서는 다음의 글을 참고하기 바람. 박병기(2022), “2022 개정 도덕과 교육과정의 지향점과 우리 교육의 미래”, 『2022년도 도덕·윤리과 연합학술대회 자료집』, 1-13.

49) 이 번역은 이홍우(2024b), 『이홍우의 아폴로기아』, 파주: 교육과학사, 91쪽에서 가져온 것이다.

50) 위의 책, 91.

51) 권윤정(2007), "『禮記』에 나타난 교육활동의 성격: 學記篇을 중심으로", 『도덕교육연구』 19(1), 한국도덕교육학회, 194.

52) 김민재(2017), "『禮記』「學記」편의 도덕교육적 함의 고찰", 『교과교육연구논문집』 6, 국립안동대학교 교과교육연구소, 22.

53) 君子旣知教之所由興, 又知教之所由廢, 然後可以爲人師也. 故君子之教喩也, 道而弗牽, 强而弗抑, 開而弗達. 道而弗牽則和, 强而弗抑則易, 開而弗達則思. 和 · 易以思, 可謂善喩矣. 이 번역은 정병섭(2014)이 편역한 『禮記集說大全 學記』 158쪽에 의존하되, 필요한 부분은 수정을 가하였다.

54) 김민재(2017), 앞의 책, 17.

55) 이하에서 언급되는 '성실'을 주제로 하는 도덕과 수업은 박대호, 이재호(2023)의 글 "초등 도덕과 수업실천사례 탐색: 도덕과 교육과정에서의 '성실'의 가치를 중심으로" 3장의 수업실천사례를 부단히 참고한 것임을 밝힌다.

56) 이홍우(2024b), 앞의 책, 252.

57) Warnock, M.(1966), *Ethics Since 1900*, Oxford University Press, 13.

58) 워녹의 이 발언은 무어(G. E. Moore)의 '자연주의적 오류'(naturalistic fallacy)의 오류를 지적하는 데 사용된 것이다. 그녀가 보기에, 무어의 '자연주의적 오류'가 오류인 이유는 비자연적인 것을 자연적인 것으로 취급하여 정의하는 데 있는 것이 아니라 도대체 정의할 수 없는 것, 즉 도덕을 정의하려는 시도 그 자체에 있다(위의 책, 13).

59) Manheimer, R. J.(1977), *Kierkegaard as Educator*. 이홍우, 임병덕 역(2003), 『키에르케고르의 교육이론』, 서울: 교육과학사, 59.

60) Plato, *Meno*, 박종현 역(2010), 앞의 책, 80b.

61) Manheimer, R. J., 이홍우, 임병덕 역(2003), 앞의 책, 47에서 재인용.

62) 이 점에 관해서는 2장 3절에서 설명한 비고츠키의 견해를 참고하기 바람.

63) 이홍우(2014), 『성리학의 교육이론』, 파주: 교육과학사, 54.

64) Whitehead, A. N.(1967), 앞의 책, 21. 이 표현이 들어 있는 화이트헤드의 글을 옮기면 다음과 같다. "이와 같은 황금기(대략 8에서 12, 13세까지의 소년기)에 주입식 교육의 그림자가 드리워진다는 것은 대단히 안타까운 일이다".

65) 이 말은 사람됨의 요소와 분리되지 않은 지식의 의미와 가치를 주장한

것으로 알려져 있는 소크라테스와 폴라니(M. Polanyi)의 견해에 근거하고 있다. 이에 대한 논의는 이재호(2010), 『리쾨르와 현대 도덕교육』, 교육과정철학총서 20, 교육과학사, 4, 30 참고.

66) 이하 도덕과 수업에 대한 논의는 이재호(2013), "도덕교육에서의 심성과 내러티브", 『초등도덕교육』 43, 한국초등도덕교육학회, 361~ 362에 반영된 아이디어와 내용 일부를 발췌한 것이다.

67) Oliver, D. W.(1989). *Education, Modernity, and Fractured Meaning: Toward a Process Theory of Teaching and Learning*, State University of New York Press, 162.

68) Whitehead, A. N.(1967), 앞의 책, 1.

69) 위의 책, 12. 박상태(2005), "서평: 화이트헤드 지음 『교육의 목적』", 『화이트헤드 연구』 11, 한국화이트헤드학회, 100.

70) Whitehead, A. N.(1967), 앞의 책, 12.

71) 위의 책, 69.

72) *Gorgias*, 527b~e. 최민홍 역(1973), 『플라톤 전집: 소크라테스의 대화 3』, 상서각, 231~232.

찾아보기

◆ 인명 ◆

◆ 내용 ◆

저자 소개

박대호(朴大虎)

광주교육대학교에서 칸트(I. Kant)의 윤리학에 관한 연구로 석사학위를, 한국교원대학교에서 헤르바르트(J. F. Herbart)의 교육학에 관한 연구로 박사학위를 취득하였다. 현재 청주교육대학교 윤리교육과 교수로 재직하고 있으며, 주로 도덕교육이론과 도덕과교육방법론을 연구하고 있다. 저서로는 『도덕철학과 도덕교육』(2021)이 있으며, 주요 논문으로는 "인격형성의 원리로서의 교학상장", "도덕과교육과 부정적 수업", "헤르바르트의 교육적 슬기 개념: 교육이론의 메타프락시스적 성격" 등이 있다.

이재호(李在浩)

한국교원대학교에서 비고츠키(L. S. Vygotsky)의 도덕심리학에 관한 연구로 석사학위와 리쾨르(P. Ricoeur)의 해석학에 관한 연구로 박사학위를 취득하였으며, 2012년부터 광주교육대학교 윤리교육과에 부임한 이래 예비교사와 함께 가르침과 배움을 함께 하면서 도덕철학과 도덕심리학에 기반한 도덕(과)교육의 이론과 방법론에 관한 연구를 수행하고 있다. 2019학년도에는 해외파견교수의 자격으로 캘리포니아대학교(University of California at Riverside)로부터 초청받아 방문학자로서 학술교류 및 연구를 수행하였다. 저서로는 『도덕철학과 도덕교육』(2021), 『학생과 소통하는 행복한 학급 만들기』(2021), 『도덕과교육방법론』(2019), 『초등학교 인성교육 살리기』(2011), 『리쾨르와 현대 도덕교육』(2010)이 있고, 역서로는 『내러티브와 스토리텔링: 도덕성 발달의 이해』(2022, M. B. Tappan & M. J. Packer)가 있으며, 도덕철학과 도덕심리학, 그리고 도덕(과)교육에 관한 다수의 학술 논문이 있다.

도덕교육연구시리즈 01

도덕과교육론

2025년 1월 5일 1판 1쇄 인쇄
2025년 1월 10일 1판 1쇄 발행

저 자: 박 대 호 · 이 재 호
발행인: 한 정 주
발행처: 교 육 과 학 사

저자와의 협의하에 인지생략

경기도 파주시 광인사길 71
전화 (031)955-6956~8 / 팩스 (031)955-6037
Home-page: www.kyoyookbook.co.kr
E-mail: kyoyookbook@daum.net,
등록: 1970년 5월 18일 제2-73호

낙장 · 파본은 교환해 드립니다.
Printed in Korea.

정가 19,000원
ISBN 978-89-254-2004-2
978-89-254-1998-5(세트)